U0740061

赋智·重构

数据智能驱动的
企业数字化转型

冯　杰　华竹轩　刘智琼
刘开开　陈　娜　朱明英　著

人民邮电出版社
北　京

图书在版编目（CIP）数据

赋智·重构：数据智能驱动的企业数字化转型 / 冯
杰等著. -- 北京：人民邮电出版社，2024.5（2024.6重印）
　ISBN 978-7-115-64220-2

　Ⅰ. ①赋… Ⅱ. ①冯… Ⅲ. ①企业管理－数字化－研
究 Ⅳ. ①F272.7

中国国家版本馆CIP数据核字(2024)第075514号

内 容 提 要

　　本书深入探讨了企业数字化转型方面的一系列重大问题，强调了业务重构和技术重构的必要性。全书共 6 章。第 1 章阐明数据智能驱动是企业数字化转型的关键。上篇（第 2、3章）介绍支撑数字化转型业务重构的能力框架，以及"四步法"业务顶层规划，辅以中国电信 BSS3.0 案例，展示"四步法"在大型系统重构中的应用。下篇（第 4、5 章）则聚焦于技术重构，提出了有针对性的技术实施框架，涉及云化基础设施、业务中台、数据中台、能力开放体系等多个方面，并结合中国电信的实施案例，提供丰富的技术细节与运营经验。第 6章总结了数据智能驱动企业数字化转型重要的 12 个基本观点及方法论。

　　本书为企业数字化转型提供了宝贵的实践指南，旨在为大中型企业的 CEO、CIO、数字化转型架构师及项目管理者提供一套实用的数字化转型方法论。

◆ 著　　　冯　杰　华竹轩　刘智琼
　　　　　　刘开开　陈　娜　朱明英
　　责任编辑　韦　毅
　　责任印制　马振武

◆ 人民邮电出版社出版发行　　北京市丰台区成寿寺路 11 号
　　邮编　100164　　电子邮件　315@ptpress.com.cn
　　网址　https://www.ptpress.com.cn
　　固安县铭成印刷有限公司印刷

◆ 开本：720×960　1/16
　　印张：15　　　　　　　　　　　2024 年 5 月第 1 版
　　字数：235 千字　　　　　　　2024 年 6 月河北第 5 次印刷

定价：99.00 元

读者服务热线：(010)81055410　印装质量热线：(010)81055316
反盗版热线：(010)81055315
广告经营许可证：京东市监广登字 20170147 号

离开数字技术谋划企业转型，无异于搭建脱离时代的空中楼阁；但是，如果仅仅把数字技术当作工具来看待和使用，实际上是把计算机当算盘，穿着新鞋走老路。数字化不仅是技术革命，更是一场思维范式、经营模式和生产方式的革命。企业转型必须对企业各种生产要素进行全方位系统重构。本书给出的落实国家"上云用数赋智"行动的信息化顶层框架、"四步法"、案例等，值得所有有志于数字化转型的企业借鉴。

——工业和信息化部信息通信经济专家委员会顾问、

人民邮电报社前总编辑　武锁宁

数字化转型是关乎企业生存与发展的重大变量。数字化转型与过去数十年的信息化浪潮一脉相承，但又展现出突出的新特征，即以数据为关键要素，驱动业务体系、创新范式和资源配置方式的智能化变革，实现效率提升、价值增长。数字化转型是涉及企业全域全环节的系统性变革，从战略设计到实战操作，均面临复杂的问题与挑战。本书基于中国电信的完整实践和作者深刻的洞察力，揭示了数字化转型的关键要素，提供了清晰实用的策略、工具和案例，相信从理论到实践对广大企业推进数字化转型都具有启发意义和参考价值。

——中国信息通信研究院院长、党委副书记　余晓晖

在充满变革和挑战的时代，数字化转型是企业重塑竞争优势、实现持续超越的必由之路。本书作者凭借在信息化领域的丰富经验、深入洞察，提炼出一套既有理论价值又具备可操作性的数字化转型方法论，通过丰富案例展示了我国大型央企实现数字化转型的生动实践，为千行百业提供了数字化转型的战略指南和宝

贵经验。本书是数字化时代相关人员保障企业稳健前行的必读之作。

——亚信科技控股有限公司执行董事兼首席执行官　高念书

今天，企业数字化转型不是干不干的问题，而是怎么干的问题。本书给出了一个很好的答案。本书尤为可贵之处在于对数字化转型的剖析不仅仅停留在理论思考层面，而是基于真实的战略制定、框架设计和落地实践。作者总结的"四步法"与"五层能力框架"对很多正为转型路径所困扰的企业具有借鉴意义。本书可以作为企业数字化转型战略推进过程中 CIO 的参考指南，不容错过！

——浩鲸云计算科技股份有限公司董事长、

总经理兼国内业务总经理　鲍钟峻

这是一本关于大型企业数字化转型的专著。作者不仅仅是企业数字化转型的规划者、实践者，更是具有系统和框架思维的理论架构师。他们从企业发展和经营的基本原则出发，将理论与实践相结合，深入浅出地阐述了数字化转型的核心内涵，这对传统产业的数字化转型具有参考和借鉴作用。强烈推荐每一位关心企业未来发展的企业家、管理者，以及相关领域的学者、企业数字化转型的其他相关人员阅读此书，相信它能为您的企业和事业带来全新的发展视角和机遇。

——北京思特奇信息技术股份有限公司董事长　吴飞舟

序 一

在产业数字化转型的大潮中，传统产业正迅速向智能化、绿色化、融合化的新阶段迈进。新产业、新业态、新模式如雨后春笋般涌现，引领着生产方式和生活方式的深刻变革。在当今快速变化的商业环境中，任何企业都无法置身事外。对众多企业，尤其是国有企业来说，数字化转型不仅仅是技术上的改变，更是战略上的转变。只有通过数字化转型，积极拥抱变革，大力推动"上云用数赋智"，运用新一代信息技术加快生产经营的数字化进程，企业才能在激烈的市场竞争中立于不败之地，并为未来的发展打下坚实的基础。

然而，数字化转型并不会一帆风顺。由于产业数字化转型的复杂性及长期性，许多企业面临着"不会转、不能转、不敢转、不善转、不愿转"等难题，尤其是中小企业，在数字化转型方面相对滞后。2022年，我国企业业务"上云"普及率仅为41.4%，而美国企业业务"上云"普及率为85%以上，欧盟企业业务"上云"普及率约为70%。埃森哲发布的《2023中国企业数字化转型指数》指出，大部分中国企业仍只关注单一业务的转型，尚未认识到数字化转型对企业是一个持续、动态的过程：只有22%的受访中国企业全面考量转型部署，不到三成（28%）的企业认为数字化转型需要持续进化。此外，我国不同行业、区域和群体的数字化基础存在差异，发展不平衡的问题越发凸显。

许多企业在数字化转型的过程中，由于对数字化转型的认识不足和缺乏方法论的支持，难以制定清晰的战略和实践路径。数字化转型不仅是技术层面的更新，更是涵盖经营理念、组织、战略和运营等的全方位深刻变革，需要我们从全局的角度进行周密谋划。

目前，市面上有关数字化转型的书很多，但往往缺少理论结合实践的深入思考和体系化的描述，理论论述较多，实践经验较少，一体化端到端的实践更是凤毛麟角。这本书以独特的视角和丰富的实践案例，为这一领域提供了宝贵的指导。这本书的核心价值在于，它不仅仅是一本理论著作，更是对中国电信数字化转型实践的总结。作为一项重大工程，中国电信数字化转型涉及业务系统的全面重构，不仅包括技术的革新，更涵盖了业务及流程的深刻变革。这本书的作者凭借在大型央企信息化领域多年工作的丰富经验，总结出一套通用的企业数字化转型方法论，并结合中国电信的实践案例进行了详尽的阐述，为那些在数字化转型道路上感到迷茫的企业提供了宝贵的建议。书中重点提出，在业务重构中，要进行场景重构和流程重构，在重构过程中重点解决生态问题、效率问题、价值问题；技术重构要落实"上云用数赋智"，整体系统要进行合理的布局。

特别值得一提的是，这本书将"上云用数赋智"的数字化转型方针转化为可操作的具体方法。将"用数""赋智"融入企业运营环节的方方面面，让数据成为流淌在企业中的血液，真正融入企业生产运营中。这些理论与实践的结合，使得数字化转型不再是抽象的概念，而是可以落地的行动。

无论对于技术团队还是业务决策者，这本书都提供了实用的方法和策略，可以帮助他们在数字化转型的道路上少走弯路。我向致力于数字化转型的实践者强烈推荐这本书。它不仅能够帮助我们理解数字化转型的复杂性，更能够指导我们有效地实施转型策略，从而帮助企业在数字化时代保持竞争力和创新力。

韦乐平

工业和信息化部信息通信科学技术委员会顾问

中国电信科学技术委员会主任

中国 SDN/NFV/AI 产业联盟理事长

2024 年 1 月 24 日

序 二

我们身处一个信息爆炸又充满不确定性的新周期，数字化已成为企业发展的必然趋势。从中国数字化产业政策的推出到企业开始实施数字化转型，我们可以看到一个崭新的时代正向我们走来。在这个时代，我们需要一批具备前瞻性视野和创新精神的企业领导者，带领企业在数字化转型的道路上砥砺前行，中国电信的冯杰就是这样一位杰出的数字化转型领导者。

我和冯杰与数字化转型结缘的时间相近，2015 年华为启动了"供应链数字化转型 ISC（Integrated Supply Chain，集成供应链）+ 变革"，而中国电信 2016 年提出了企业转型升级 3.0 战略，并启动了新一代智慧市场营销服务支撑系统 BSS3.0 和大数据湖的建设。应该说，我们几乎同时踏入了数字化转型的大潮，同样面临着带领非数字原生大型企业实施数字化转型的挑战；但不同的是，我是从企业后端的供应链、从 2B 业务推进的，冯杰则是从企业前端的市场、从 2C 业务拓展的。然而，不管选择哪一条路径，经历了这些年的变革实践，我们都在转型路上取得了阶段性的成果，也惊喜地发现，我们对数字化转型竟有如此多的共识。

数字化转型对企业来说是一场深刻的革命，它不仅仅是一种技术变革，更是一种商业模式的创新。它既涉及千行百业，也涉及企业的研发、生产、营销、财务、管理等各个环节，要求企业在各个方面进行全面的改革和创新。它将彻底改变企业的运营方式和竞争格局。"所有行业都值得用数字化的方法重新做一遍。"

华为供应链的数字化转型经历了从数字化、数智化到数治化的过程：最初三年，进行数字化基础能力建设，将业务对象、规则和过程、结果数字化，以构建数据底座，将流程和 IT 解耦服务化，以构建面向场景的算法能力，从而实现业务数字化；接下来两年，从数字化到数智化，围绕业务现场驱动敏捷的灵蜂作业模式转型，在大数据基础上实现平时值班、战时指挥、察打一体的灵鲲运营模式转型；近几年，在逆全球化、自然灾害频发等充满不确定性的大背景下，通过数据共享、流程对接和场景共建，走向"韧性 + 极简"的数治化供应网络生态。在这场没有终点的变革中，我对数字化转型的理解，也经历了从技术驱动到业务重构，再到商业创新的变化过程。未来在 AI 大模型的加持下，这一场变革还将继续加速演变。

中国电信的数字化转型战略是要推进网络智能化、业务生态化、运营智慧化，其近几年的发展可谓有目共睹，客户体验和运营效能全面提升。但在变革初期，中国电信在数据、流程、智能等方面面临非常大的挑战，效果与预期有差距，这几乎是所有企业在数字化转型过程中都会遇到的难题。数据是基础要素，是业务转型的底座，算法和 AI 是为业务赋智、赋能的工具，场景设计和流程重构是转型的核心抓手，它们最终支撑客户体验改善、企业经营和可持续发展。围绕数据治理、算法 /AI 建模、场景和流程编排等，这本书既有高屋建瓴的战略设计，又有"解剖麻雀"般细致的实操指南，兼具"远光灯"与"聚光灯"功能；既是一本数字化转型宝典，又可作为实操和"避坑"指南。其中提炼的 CPCP、数字化转型顶层能力框架以及流程数智重构"四步法"等，对不同领域的数字化转型均具有适用性。这是作者及团队对过去多年业务管理经验与数字化转型实践的总结，当你遇到转型难题又转不过弯的时候，这本书能让你豁然开朗。此外，本书还从贯通业务变革与技术变革的视野，从技术的视角，结合中国电信的云化演进，提出了关于数字化架构、智能化技术和治理体系等"云网算一体"的实践思考，为所有企业数字化、云化转型的技术底座建设提供了参考。

数字化转型是一个系统工程，不管是中国电信还是华为的数字化转型实践，都印证了它不仅是一场技术革命，而且必须以业务和技术双轮驱动才能滚滚向前；同时，它不仅要以企业自上而下的"顶层设计"战略为导向，更需要各级业务组织自下而上地自发参与，实现"推拉结合"。其中，业务模式、运营模式、组织模式，甚至与上下游生态的协作模式，都将发生巨大变化。"不惧未来已来，唯恐过去未去"，新周期更需要我们以时代精神拥抱变革、以价值导向牵引变革、以大道至简的理念实施变革。

陆游诗云："闻道梅花坼晓风，雪堆遍满四山中。何方可化身千亿，一树梅前一放翁。"在数字化时代，希望这本书提供的方法论如繁花绽放于千千万万的企业，帮助企业在转型路上获得变革和创新的新动能，从而支撑企业做强、做优、做大。

熊乐宁

华为公司高级副总裁、全球供应链管理部总裁

2024 年 1 月 5 日

序 三

在数字技术大发展的时代，数字化转型、数据智能是热门话题，企业面临一系列重大挑战。中国电信的冯杰及其同事撰写的《赋智·重构：数据智能驱动的企业数字化转型》一书，深入探讨了企业数字化转型方面的一系列重大问题，对大中型企业具有非常重要的指导意义。

第一，这本书是对中国电信"上云用数赋智"数字化转型成功实践的系统总结。 2016 年以来，中国电信在数字化转型方面进行了大刀阔斧的探索，数据智能驱动的企业数字化转型推动企业在商业模式、产品和服务、客户体验及运营流程上的全新变革，全面提升了企业的核心能力。中国电信在全集团业务系统重构过程中，通过数据与业务的深度融合，创新提出了市场营销服务的 4 个流程框架，全面实现了市场营销与客户服务的精准性、科学性、高效率、生态开放，数智场景极其丰富。作为对真实、成功实践的总结，这本书对企业数字化转型实践的指导意义是显而易见的。

第二，这本书提供了具有指导意义的数字化转型方法论。数字化转型是大势所趋，AI 技术的作用也会越来越大。 但是，企业千差万别，AI 技术还在不断发展中，很多企业对数字化转型一方面有很高的期待；另一方面有很多的疑惑，不知道如何有效推进。这本书提出了一套完整的顶层能力框架与方法论，虽然基于中国电信的实践，但又远远超越了中国电信的实践，因而为其他有志于数字化转型的企业提供了科学的方法论指导。比如"上云用数赋智"的"四步法"：一是核心生产要素的数字化、智能化（数智化）；二是基于数智化的资产，设计需要 AI 注智的丰富的业务场景；三是重新设计生产流程，构建 AI 注智的业务场景；四是形成"数据—AI—BPR—数据"数智循环迭代模式，实现智慧运营。

又比如"敏捷注智技术框架"除了强调云化基础设施层的重要性，还特别强调能力建设层、能力开放层、业务编排层、应用层的高效配合，以有效承接企业各专业条线的数智化应用场景。能力建设层通过业务中台和数据中台提供丰富的业务服务能力及数据服务能力，并通过能力开放层向业务编排层与应用层开放；能力开放层对内实现应用与能力的解耦、应用的敏捷开发运营，对外提供标准服务能力，开放数字生态供第三方使用；业务编排层基于能力中心提供的丰富能力，实现面向业务场景的流程编排与能力编排，为上层应用提供灵活、可复用的业务场景，快速敏捷地满足业务需求，并保持业务中心的稳定。

第三，这本书对数字化转型过程中一些重点难点问题的总结、探讨、思考值得特别关注。比如，如何处理好数字化转型中学习借鉴其他企业经验与本企业自主探索的关系。在数字化转型初期，中国电信曾经一度希望学习和借鉴别人的成功经验，从而掌握"一招制胜、一步到位"的技巧，但是后来逐步认识到这是不可能的。企业需要紧密结合业务实际，通过一个个"小而具体"的数智化场景的优化或新建，在业务重构和技术重构的全面协同规划、设计、实施过程中，形成以数据为核心的智能化闭环，从而实现精确管理、精准营销、精细服务和精益网运，提升核心能力。

又比如，如何处理好企业数字化转型中"变"与"不变"的关系。对企业来说，业务创新与统一管控都是必需的，但是二者也存在矛盾。不断创新是业务发展的内在要求，但是基本业务规则、基本信息的统一管控等需求则相对稳定。对于如何兼顾创新与稳定，这本书提出了非常有价值的思路和解决方案。

再比如，如何处理好企业数字化转型中重要软件的自研与外购的关系。完全外购，不但存在潜在信息安全风险与运维复杂的问题，而且所购软件难以有针对性地反映企业的业务特点及其变化。完全自研，对信息安全及统一运营管理有好处，也可以更好地适应企业的业务特点和具体需求，但是成本、效率及内部应用生态方面面临不小的挑战。中国电信制定的涵盖业务系统常用的核心 PaaS 组件清单中，有自研组件 16 种、开源组件 38 种，在这方面处理得比较好。

冯杰及其同事在大型企业的数字化转型方面积累了非常丰富的经验，经历过喜悦，也经历过痛苦和无奈。认真学习这些经验，深入理解这些痛苦和无奈，高度重视数字化转型的方法论和顶层设计，高度重视数据智能全方位融入企业运营流程的必要性，高度重视业务重构与技术重构的协同，高度重视业务中台与数据中台的融合，高度重视对一个个具体应用场景的深刻理解和能力建设，一定能够把我国企业的数字化转型推到新的高度。

高旭东

清华大学经济管理学院教授

清华大学技术创新研究中心副主任

2024 年 1 月 28 日

前　言

　　近年来，随着新一轮科技革命和产业变革深入推进，以物联网、大数据、云计算、5G、AI 为代表的新一代信息技术加速发展，不断驱动着企业向数字化、网络化、智能化方向发展，数字技术在经济社会中得以广泛应用，推动各行各业数字化转型进入全新的时代。数字化转型不仅是企业追求效益最大化、提升科学决策能力、控制风险成本的需要，更是其适应市场变化、提升核心竞争力的重要手段。当前，数字化转型已经成为企业推进高质量发展与供给侧结构性改革的重要战略之一。

　　我们在与很多大企业的领导沟通后，感觉他们对数字化转型的效果十分期待，但从现实出发，对如何推动企业的数字化转型却存在很多疑问。比如：数字化转型道理都懂，但一到实施阶段，头绪太多，该从哪里下手？为什么企业对数字化转型的投入很大，但效果却不明显？如何科学利用数据全方位、成体系地提升企业的科学决策能力、市场服务能力，并有效降低运营成本？企业的信息基础设施该如何布局，才能满足数字化转型的长远发展需要？

　　中国电信早在 20 世纪末就实施了"九七工程"，实现了电信市话业务的信息化处理，使得管理更高效、更科学。中国电信收购中国联通 CDMA 移动网络业务后成为全业务运营商，面对日益激烈的市场竞争和集约业务诉求，不断调整和深化转型战略。然而，随着业务的迅猛发展，各类支撑系统复杂度不断上升，系统烟囱林立、流程贯通不畅、支撑效率低下、客户感知劣化、数据价值未显性化等一系列问题逐渐浮现。

　　为了应对这些挑战，中国电信自 2016 年起提出了企业转型升级 3.0 战略，并在 2020 年将其升级为"云改数转"战略。在数字化转型方面，中国电信紧密围绕企业智慧运营能力的提升来实施信息化战略，坚持集中、开放、云化的方向，构建企业中台，全面推进大数据和 AI 的应用。这一举措旨在实现信息化工作从功能提供向数据服务的转变，推动中国电信建立数据驱动的智慧运营体系，全方位推动企业的精确管理、市场的精准营销、客户的精细服务、网络的精益运营。

在这个过程中，我们不断地实践、摸索并优化，把"上云用数赋智"的数字化转型方针转化成了可操作的具体方法，逐步将"用数"与"赋智"有机融入企业运营环节的方方面面，使其成为企业高质量发展的助推器。实践中，我们摸索出了一整套推动数字化转型从战略到实践的完整的方法论，即信息化战略的顶层能力框架、业务创新规划的"四步法"及与之相对应的技术变革框架。这套方法论作为企业转型顶层战略与实施指引，已在中国电信内部全面推行，并取得了显著成效。

在支撑企业市场营销服务的系统变革实践中，我们运用了该方法论，对原有 BSS（Business Support System，业务支撑系统）进行了全面的重构，并体系化构建了适应力极强的底层技术框架。新一代智慧 BSS——BSS3.0 首次融通了数据中台与业务中台，将大数据与市场营销的数字化四要素（客户、产品、渠道、促销）进行组合编排、流程重构，围绕细分客户、细分市场以及生命周期对客户经营业务的支撑，创新了数据驱动的几百个营销服务场景，在市场的精准营销、客户的精细服务上，实现了数字化转型质的飞跃，极大丰富了服务手段。它带来了一场革命性的变革，解决了中国电信 10 多年来的业务痛点，重构后的新系统支撑场景丰富，被业务人员誉为"营销服务词典"。

随着 BSS3.0 的应用，中国电信在信息化基础架构上全面布局推进了IT "上云"、PaaS 组件自主研发、数据中台与业务中台建设、数字化能力开放平台建设等，为全方位推进企业数字化转型长远健康发展奠定了坚实的平台基础。新的平台架构还实现了业务敏捷灵活支撑、数据及 IT 能力生态开放、资源分钟级弹性伸缩，整体稳定可靠，打造了央企"上云"的标杆。

在实践过程中，我们深刻认识到大型企业数字化转型的复杂性和挑战性。要想成功实施这一转型，顶层思维至关重要。实施方法论的构建必须独立于企业内部专业运营，提炼出企业运营的一般规律，否则其指导意义将大打折扣，转型过程也将困难重重。尽管各个企业的生产、运营、管理方式千差万别，但鉴于这一方法论与通信企业业务系统弱相关，因此它仍可作为企业数字化转型的指南，对大中型企业的数字化转型具有普适性，能为企业实施数字化转型提供借鉴。

为了系统梳理创新实践、深化企业的重构创新，根据企业内外部的实际需要，我们撰写了本书。全书结构如下。

第 1 章阐述了企业数字化转型的关键驱动力，分析了数字化转型实施过程中会碰到的关键问题，提出了业务重构与技术重构的必要性。

上篇（第 2 章和第 3 章）针对业务重构板块，基于四大业务重构提升企业核心竞争力的关键内涵，提出了适合数据智能驱动企业数字化转型的能力框架，以及将数据智能融入企业运营的顶层业务规划的"四步法"。"四步法"与能力框架在业务规划中是相辅相成的，前者解决了"怎么做"的问题，后者解决了"能不能做"的问题，它们共同搭建了从业务重构到技术重构的桥梁。同时，上篇以中国电信 BSS3.0 的成功实施与应用为案例，说明"四步法"是如何在大型企业业务重构中发挥作用的。读者可以将方法论（第 2 章）与实践案例（第 3 章）一一对应阅读，以加深理解。

下篇（第 4 章和第 5 章）针对技术重构板块，提出了适合数据智能驱动企业数字化转型的技术框架，并围绕该框架，分别就云化基础设施、业务中台、数据中台及数据工厂、能力开放体系、业务编排及框架支撑的3个生态等方面展开讨论。这个框架的落地实施是一个系统工程，框架内部模块分工严密、逻辑一体，有效满足了业务重构板块输出的数字化业务场景需求。随着框架落地，业务的敏捷支撑、生态开放合作、数据价值变现等新的数字化竞争能力得以全面提升，实践证明该框架是一个可以长久支撑企业数字化转型的能力与技术实施框架，体现了考虑长远的针对企业信息基础设施的战略布局。对应技术框架的各个模块，第5章举例说明了中国电信是如何实操的，展示了很多技术细节及运营经验，读者可以有针对性地阅读或借鉴使用。

从实施角度看，大型系统重构通常会涉及两个重要的内容，即业务规范与技术规范。本书提出的适合数据智能驱动企业数字化转型的顶层能力框架、"四步法"与技术框架组成了一个逻辑严密的、有内在联系的理论体系，确保两个规范的有效落地，形成了企业数字化转型从构思到技术实现的闭环。

在第6章中，我们基于大量实践，总结了数据智能驱动企业数字化转型重要的12个基本观点及方法论，便于读者全局性地理解和把握。

在业务重构与技术重构的创新实践中，我们觉得有以下几个方面的经验和原则特别值得和大家分享。

● 企业不仅仅要"上云"，更重要的是实现"用数"与"赋智"。"用数"与"赋智"对企业的业务运营逻辑与信息化内核提出了很高的要求，内生的"用数"与"赋智"唯有通过业务重构和技术重构才能有效实现。

● 业务重构的目的在于落实企业数字化转型战略，以提高企业运营效率、效益，提升市场营销与客户服务等方面的能力，合理利用数据中台的数据，推动数智化场景的创新，重构企业各个方面的业务运营流程，即BPR+AI（叠加人工智能的流程重构），让数据真正成为流淌在企业中的血液。

● 技术重构的目的在于灵活、高效地承接各个业务领域的数智化场景，创新企业级云化基础设施、业务中台、数据中台、数字化能力开放平台等的协同布局与建设，构建与数字化转型相适配的、长远的、稳定的技术框架，从而持续推动企业数字化转型高质量发展。

●"四步法"为企业数字化转型提供了数据与传统业务深度融合的规划方法，是推动企业业务运营系统从数字化迈向智能化的关键路径，主要包括核心生产要素数智化、业务场景数智化、生产流程数智化、数智循环迭代化。

本书主要面向规模以上企业的 CEO、CIO，企业负责数字化转型的架构师、设计者，以及 IT 系统集成商与开发人员，旨在为大中型企业数字化转型顶层设计提供参考。我们衷心希望本书的出版能够为进一步推进央企的数字化转型提供可资借鉴的样本。

在本书的写作过程中，我们根据大量的业务系统重构实践，不断总结经验教训，提炼其中的规律，反复琢磨，反复迭代，几易其稿。我们得到了中国电信的黄礼莲、王桂荣、何忠江、陈靖翔、徐楠、童兴、梁天健、阮宜龙、田容、蒋华等诸多同事的帮助，在此，向这些同事表示深深的谢意！

作者

2023 年 12 月 1 日

目　录

第 1 章　数据智能驱动：企业数字化转型的关键 ············· 001

　　1.1　产业数字化是数字经济发展的重点突破方向 ·········· 002

　　1.2　"上云用数赋智"是数字化转型的重要手段 ··········· 003

　　1.3　以业务重构和技术重构推动企业数字化转型 ·········· 005

上　篇　业务重构：企业数字化转型的核心　　　　　　　009

第 2 章　企业数字化转型业务重构的思路与方法探索············ 010

　　2.1　业界数字化转型能力框架模型 ················· 010

　　2.2　数据智能驱动业务重构 ····················· 013

　　2.3　支撑数字化转型业务重构的能力框架 ············· 018

　　2.4　"四步法"落实数据智能驱动 ·················· 023

　　　　2.4.1　核心生产要素数智化 ·················· 025

　　　　2.4.2　业务场景数智化 ····················· 029

　　　　2.4.3　生产流程数智化 ····················· 032

　　　　2.4.4　数智循环迭代化 ····················· 033

　　2.5　适应数字化转型实践的配套组织体系 ············· 034

第 3 章　中国电信数字化转型的业务重构实践 ·············· 036

　　3.1　中国电信的企业背景 ····················· 037

3.1.1 中国电信数字化转型的历程 ················· 038

3.1.2 中国电信数字化转型需解决的业务问题 ········· 041

3.2 核心生产要素数智化实践 ················· 044

3.2.1 客户孪生信息构建 ················· 046

3.2.2 产品孪生信息构建 ················· 052

3.2.3 渠道孪生信息构建 ················· 061

3.2.4 促销孪生信息构建 ················· 064

3.3 业务场景数智化实践 ················· 066

3.3.1 重构快速响应市场的业务场景 ················· 067

3.3.2 重构精确细分市场的业务场景 ················· 068

3.3.3 重构精准客户经营的业务场景 ················· 070

3.3.4 重构实时事件营销的业务场景 ················· 072

3.4 生产流程数智化实践 ················· 074

3.4.1 重构销售品快速上架的生产流程 ················· 079

3.4.2 重构"千人千面"的营销服务诉求生产流程 ······ 090

3.4.3 重构客户全生命周期的精准营销服务生产流程 ··· 097

3.4.4 重构基于事件的实时精准营销服务生产流程 ······ 104

3.5 数智循环迭代化实践 ················· 110

上篇小结 ················· 114

下 篇 技术重构：企业数字化转型的基础 119

第4章 企业数字化转型技术重构的思路与方法探索 ········· 120

4.1 当下面临的技术问题 ················· 120

4.2 敏捷注智技术框架 ················· 121

4.3 企业级云化基础设施与应用开发生态 ················· 128

4.4 数智化管理业务中台 ················· 135

4.5　数据中台及数据应用开发生态 ················· 137

4.6　企业级数字化能力开放体系与数字化能力开放生态 ··· 145

4.7　编排能力实现注智 ························· 150

4.8　通过技术重构快速实现丰富的数智场景 ··········· 152

第 5 章　中国电信数字化转型的技术重构实践 ················· 154

5.1　数字化转型支撑系统面临的问题 ··············· 154

5.2　总体技术框架 ··························· 157

5.3　云化基础设施建设 ······················· 163

5.3.1　云化基础设施层统一管理 ··············· 163

5.3.2　规范核心 PaaS 组件，推动 PaaS 平台的开发生态··· 164

5.3.3　构建全国集约的"八统一"PaaS 治理体系········ 167

5.4　新一代业务中台建设实践 ··················· 168

5.5　数据中台建设实践 ······················· 175

5.5.1　中国电信特色的数据中台 ··············· 175

5.5.2　全域数据入湖 ····················· 175

5.5.3　大数据治理体系 ···················· 178

5.5.4　全域融合模型体系 ·················· 179

5.5.5　大数据和 AI 应用开发生态 ············· 181

5.5.6　营销服务大模型构建与应用 ············· 189

5.6　能力开放体系建设实践 ···················· 193

5.6.1　构建能力开放体系，形成企业级数字化开放生态··· 193

5.6.2　中国电信 DCOOS 功能 ··············· 194

5.6.3　中国电信能力网关 EOP 功能 ············ 197

5.7　数据中台与业务中台融通与注智实践 ············ 198

5.7.1　数据中台与业务中台的融通 ············· 198

5.7.2　双中台融通营销典型场景示例 ············ 199

5.8　数智化业务敏捷编排实践 ·················· 201

5.8.1　业务编排目标 …………………………………… 201

5.8.2　业务编排实现 …………………………………… 203

下篇小结 ………………………………………………… 206

第 6 章　企业数字化转型实施之术 …………………………… 210

第**1**章 数据智能驱动：企业数字化转型的关键

我国当前正处于数字经济发展的黄金时代。继农业经济、工业经济之后，随着科技的发展，一种新的经济形态逐渐形成，它以数据资源为关键要素，以现代信息网络为主要载体，以信息通信技术融合应用、全要素数字化转型为重要推动力，促进公平与效率的统一，我们称之为数字经济。

数字经济已经成为当前我国经济的重要支柱。当下，世界正处于百年未有之大变局，经济全球化遭遇逆流，我国经济下行压力不断增大，GDP 增速逐步回落，倒逼经济加快新旧动能转换。此时，以 5G、云计算、人工智能、大数据、区块链为代表的数字产业异军突起，在逆势中加速发展，展现出强大的韧性。2020 年，我国数字产业规模跃居世界第二，达到 39.2 万亿元，占 GDP 比重达 38.6%，我国成为引领全球数字经济创新的重要策源地。2021 年，我国数字经济发展更是取得新突破，数字经济规模达到 45.5 万亿元，占 GDP 比重达到 39.8%，同比名义增长 16.2%，该增速高于同期 GDP 名义增速 3.4 个百分点；数字经济在国民经济中的地位更加稳固、支撑作用更加明显。

2021 年 12 月 12 日，国务院印发《"十四五"数字经济发展规划》，这是我国数字经济领域的首部国家级专项规划，明确了"十四五"时期推动数字经济健康发展的指导思想、基本原则、发展目标和保障措施。此外，《中华人民共和国国民经济和社会发展第十四个五年规划和 2035 年远景目标纲要》提出，迎接数字时代，激活数据要素潜能，推进网络强国建设，加快建设数字经济、数字社会、数字政府，以数字化转型整体驱动生产方式、生活方式和治理方式变革。

1.1 产业数字化是数字经济发展的重点突破方向

2021 年 10 月 18 日，习近平总书记在中共中央政治局就推动我国数字经济健康发展进行第三十四次集体学习时强调："互联网、大数据、云计算、人工智能、区块链等技术加速创新，日益融入经济社会发展各领域全过程，数字经济发展速度之快、辐射范围之广、影响程度之深前所未有，正在成为重组全球要素资源、重塑全球经济结构、改变全球竞争格局的关键力量。要站在统筹中华民族伟大复兴战略全局和世界百年未有之大变局的高度，统筹国内国际两个大局、发展安全两件大事，充分发挥海量数据和丰富应用场景优势，促进数字技术与实体经济深度融合，赋能传统产业转型升级，催生新产业新业态新模式，不断做强做优做大我国数字经济。"他还指出："要推动数字经济和实体经济融合发展，把握数字化、网络化、智能化方向，推动制造业、服务业、农业等产业数字化，利用互联网新技术对传统产业进行全方位、全链条的改造，提高全要素生产率，发挥数字技术对经济发展的放大、叠加、倍增作用。"习近平总书记的指示为数字经济的发展指明了方向，数字经济发展的落脚点在于实体经济的升级改造，其重点就是将云、网、数、智等新兴数字技术与传统产业深度融合，通过对传统产业的数字化改造、重构，推动传统产业高质量发展，提升传统产业的全球竞争力。

数字经济发展实践，狭义上包含数字产业化和产业数字化两个方面。数字产业化主要指数据要素的产业化、商业化和市场化，产业数字化以数据为核心要素，利用现代数字信息技术、先进互联网和人工智能技术，以提高生产效率及增加产出为主线，对传统产业进行全方位、全角度、全链条的数字化改造，从而推动经济转型升级。

从统计数据看，当前数字产业化和产业数字化均延续快速增长势头。2022 年，我国数字产业化规模为 9.2 万亿元，同比名义增长 10.2%，占数字经济规模比重为 18.3%，占 GDP 比重为 7.6%，数字产业化向着强基础、重创新、筑优势方向转变；产业数字化规模达到 41 万亿元，同比名义增长 10.3%，占数字经济规模比重为 81.7%，占 GDP 比重为 34%，互联网、大数据、人工智能等技术在促进产业数字化进程方面发挥着重要作用。从上述数据可以看出，与数字产业化规模相比，产业数字化规模占数字经济规模的比重更大，是数字产业化规模所占比重的 4 倍多，并且产业数字化涉及的产业领域更多、市场规模更大，其必将是数字经济发展的重点突破方向。

国家发展改革委于 2022 年 1 月在《求是》杂志上发表题为《大力推动我国数字经济健康发展》的文章，进一步为传统产业数字化转型，加快数字技术和实体经济深度融合提出了具体实施建议。文章指出，"加快推进传统产业升级是建设现代化产业体系的重要内容，是提升数字生产力、激活发展新动能、建设现代化经济体系的有效抓手。要全面深化大中小企业数字化改造升级，鼓励企业打造一体化数字平台，提升企业内部和产业链上下游协同效率。实施中小企业数字化赋能专项行动，支持中小企业由点及面向全业务流程数字化转型延伸拓展。推进重点产业全方位、全链条数字化转型，大力发展产业互联网平台，提升产业集群化、生态化发展水平，鼓励智慧订单农业、供应链金融、服务型制造、商贸物流等一二三产业融通发展新模式，促进时空数据赋能数字化转型。培育数字化转型的支撑服务生态，推动市场化服务与公共服务双轮驱动，建设数字化转型促进中心，衔接集聚各类资源条件，打造区域产业数字化转型创新综合体"。

1.2　"上云用数赋智"是数字化转型的重要手段

为进一步加快产业数字化转型，培育新经济发展，助力构建现代化产业体系，实现经济高质量发展，2020 年 4 月 7 日，国家发展改革委、中央网信办联合印发《关于推进"上云用数赋智"行动　培育新经济发展实施方案》，该方案提出，"在已有工作基础上，大力培育数字经济新业态，深入推进企业数字化转型，打造数据供应链，以数据流引领物资流、人才流、技术流、资金流，形成产业链上下游和跨行业融合的数字化生态体系，构建设备数字化 - 生产线数字化 - 车间数字化 - 工厂数字化 - 企业数字化 - 产业链数字化 - 数字化生态的典型范式"。可以看出，企业的数字化转型涉及生产、业务、管理、供应链及生态等方方面面的环节，而各个环节都会包含"上云用数赋智"。"上云"是指企业要完成数字化和网络化，企业通过"上云"才能将经营管理过程中的数据积累沉淀下来，这是"用数"与"赋智"的基础与前提，但"上云"不是企业数字化转型的全部，企业竞争力的提升还取决于"用数"与"赋智"。"用数"的重点是更深层次推进大数据融合应用，提升企业决策的科学性与效率；"赋智"的重点是利用人工智能等新兴技术支持企业智能化改造，提高企业自动化、智能化生产与管理的水平。可见，"用数"与"赋智"在企业数字化转型方面发挥的作用更大。

展开来看，"上云"重点解决企业信息基础设施资源的弹性获取与数字化应用的敏捷构建及迭代升级等方面的问题。近年来，随着云计算技术的高速发展，公有云、私有云、混合云、边缘云等技术在 IT 开发的底层资源获取上给企业带来了很多全新的选择。与传统架构相比，新的分布式云化架构能更好地适应企业的各类应用，推动业务系统云原生化、微服务化和能力服务化，实现业务系统的敏捷开发、敏捷运营，快速响应市场环境变化对业务系统快速迭代的需求。同时，云计算也一定程度上降低了传统企业的数字化门槛，公有云服务的资源共享模式和按使用量付费的方式大大降低了单个企业的信息化成本。然而，"上云"绝不是简单的业务系统向云化架构迁移，更需要在业务系统迁移的过程中，从规划角度充分融入大数据、人工智能等新技术场景化顶层设计，对原有业务系统进行重构，使业务系统获得全新的能力，为企业"用数""赋智"做好充分的准备。

"用数"重点解决企业决策的科学性与效率问题。随着大数据技术的快速发展，各类模型和算法层出不穷，为企业从海量数据中进行规律探索，并将规律科学地应用于生产经营提供了全新的可能。原有的数据仓库与数据报表是通过人工探索发现规律的，而面对当下海量、多维度的数据，人工探索显得无能为力，运用大数据技术可以更有效、更自动地发现海量数据中的规律，从而更加科学、更加有效地促进企业生产、运营和管理的高效开展。科学"用数"也是企业高质量发展的必由之路，需要企业在数字化转型的过程中重点考虑。"用数"，贵在"用"，即用经过探索的智能化数据打通业务系统的决策流程，将数据充分融入企业生产经营中。

"赋智"重点解决企业各方面智能化水平提升的问题。近年来，人工智能技术高速发展，尤其是随着以 ChatGPT 为代表的大模型的出现，人工智能已经从实验室走向商用市场并被广泛应用。人工智能可以模仿人类解决问题和制定决策的过程，通过海量的数据训练形成推理算法模型，从而替代人工进行推理决策。目前，人工智能已经广泛应用于语音语义识别、计算机视觉、推荐引擎等各个细分领域，有的基本已经可以替代人类工作。在很多企业进行数字化转型的今天，人工智能将通过与企业生产、运营、管理等各种场景的深度融合，提高全要素生产率，实现降本增效，对企业经营发展产生成倍的推动作用。

有研究表明，与数字化转型相关的技术的使用可让企业的作业效率提高 60%，人力成本降低 20%，管理效率提高 50%。数字化转型也可使制造业企业成本降低 17.6%、营收增加 22.6%；使物流服务业企业成本降低 34.2%、营收增加 33.6%；使零售业企业成本降低 7.8%、营收增加 33.3%。

有研究机构对 2022 年我国的企业数字化运营成熟度进行了分析，发现实现数字化运营的领军企业的数据洞察能力、数据决策能力、数字运营能力及基于数据分析的优化提升能力，与一般企业相比明显提高，或者说这些领军企业的"用数""赋智"能力显著强于一般企业。

总之，各行各业要进行数字化转型，"上云用数赋智"是关键，企业需要深入领会，把握其中的要义，积极推动关键业务系统的变革，推动"上云"及流程重构，强化数据注智，坚持不懈，持续迭代升级。

1.3　以业务重构和技术重构推动企业数字化转型

数字化转型能给传统产业与实体经济带来巨大的好处，聚焦到企业数字化转型本身，我们需要把握思想与行动两个方面的重点，这对大中型企业的数字化转型尤其重要，因为大中型企业的数字化转型成本很高，如果企业犯了路线错误或方法论错误，将会导致转型结果与愿望相去甚远。

思想方面的重点面向企业关键决策者。企业关键决策者要深刻认识到为什么要推进数字化转型、数字化转型的目的是什么，要坚定当好数字化转型的决策者、支持者与协调者。因为推动企业数字化转型，比如推动业务系统上云重构、业务流程重构、产业链重构、生态重塑等，必将影响和挑战企业现有的核心业务形态、生产运营模式及固有的藩篱，还会涉及企业的组织架构变化与文化变革。经验表明，数字化转型成功的企业，往往是企业关键决策者亲自挂帅，明确方向，并且随着转型的深入推进，积极推动企业内部体制机制变革，优化组织与流程，以使企业适应全新的数字化转型发展模式。

行动方面的重点面向企业的首席信息官（Chief Information Officer，CIO）。确定了要实施企业数字化转型，CIO就是执行层面一个非常重要的角色。在基于"上云用数赋智"的数字化转型中，业务系统变革处于首要地位。先进的业务系统是企业的灵魂，是企业先进的管理思想与流程设计的IT形式的固化。数字化转型往往从面向未来重构业务系统开始。注意，这里说的是业务系统重构，而不是简单的优化升级，因为大量大数据、人工智能应用场景的引入，几乎会颠覆传统思维模式与发展路径，为企业的业务发展与生产经营带来全新的变化，原有旧的系统架构与业务流程难以满足新的需求。因此，CIO常常会碰到的问题是：业务系统重构从何处入手才能达到颠覆式的效果？

业务系统重构通常涉及两个方面。一是业务支撑能力方面。系统建成后应该具备哪些突破性的业务支撑能力？这是重头戏，具有创新突破的业务支撑能力是转型成功的关键。与以往的业务系统的设计不同，新的颠覆式系统的设计需要深入考虑大数据与人工智能应用场景的介入，以经过大数据、人工智能技术探索的企业数据（以下简称智能化数据，即经过模型分析后发现符合某种规律的数据）为突破点，将数据智能通过创新构建的应用场景融入企业的方方面面，即嵌入企业的流程中，对原有流程进行重构，可以是生产流程的重构，也可以是客户服务流程的重构、销售流程的重构，抑或是管理流程的重构、风险管理流程的重构等。有些流程是自动执行的，完全不需要人工干预，由数据智能驱动；有些是需要人工干预，需要人工参与决策的，比如资源的配置流程等。二是技术框架能力方面。实施数字化转型的企业，对技术框架是否有特定的要求？技术框架是否需要与数据智能驱动的业务逻辑相适配？答案是肯定的。在这里，我们不讨论技术栈（如分布式架构、大数据Spark、容器、中间件等）的问题，我们讨论的是技术框架或者技术布局。一个好的技术框架，能将各个业务及相应的支撑能力合理地布局在合适的位置，令其各司其职、开放共享，从而解决大中型企业系统大、系统多、系统间集成关系复杂的问题，确保企业能快速响应市场的需求。搭建适应企业数字化转型的技术框架需要关注以下问题：是否能满足业务应用的敏捷开发、敏捷运营、快速响应市场的需求？是否能满足各个专业部门、各层级的使用者对数据探索的需求？是否能把数据智能与业务紧耦合，确保数据真正驱动实际生产，真正推动企业的智能化发展？是否能够确保各个业务系统之间的有机衔接，包括各专业系统之间的衔接、总部与下属子企业系统的衔接，以及将内部能力统一标准化封装，打造生态平台，对外为合作伙伴提供数字化服务，并将企业数字化转型的成果与社会共享？

　　本书基于中国电信近年来在数字化转型过程中推动支撑系统重构的实践，积极思考探索一般企业，尤其是大中型企业数字化转型中最重要的支撑系统变革的一般发展规律问题，努力寻找一种"通用公式"，以全面、系统回答上文提到的若干问题，尤其是 CIO 应该关注的问题。本书分别从业务层面和技术层面，对企业数字化转型过程中系统重构的方法论进行探索，并用中国电信的系统重构实践辅以验证说明，期望能给读者以启示。

上　篇

业务重构：
企业数字化转型的核心

第 **2** 章　企业数字化转型业务重构的思路与方法探索

数字化转型是建立在数字化转换和数字化升级基础上，进一步触及企业核心业务，以新建一种商业模式为目标的高层次转型。数字化转型旨在通过开发数字技术及提升支撑能力来构建一种富有活力的数字化商业模式。数字化转型的成功实施需要企业对其业务进行系统的、彻底的（或重大的、完全的）重新定义，这里说的重新定义不是仅 IT 方面的重构，而是对组织活动、业务流程、业务模式和员工能力等方方面面的重新定义。

从上面的定义可以看出，数字化转型的范围很广，涉及管理、业务、技术等方面，其核心要点有 3 个：一是企业业务和商业模式变革，二是经营理念、流程、人员、组织等多个方面创新，三是以数字技术的应用达成以上两个要点。

数字化转型的最终目标，是通过业务与商业模式变革，提升客户满意度，推动企业降本增效，提升企业的竞争力。

企业数字化转型是一项涉及组织、业务、技术、运营等多个方面变革的复杂工程，业界一些著名咨询公司或标准化组织纷纷给出企业数字化转型能力框架，通过这些能力框架能看出企业实施数字化转型的方法与重点。

2.1　业界数字化转型能力框架模型

1. 德勤：从数字化到智能化的能力框架

2019 年 8 月 30 日，德勤管理咨询携手第四范式发布了双方共同研究并撰写的白皮书《数字化转型新篇章：通往智能化的"道、法、术"》。该白皮书详细阐述了企业智能化转型的原因和特征，以及企业即将面对的机遇与挑战。该白皮书首先指出，企业的数字化转型已经进入智能化阶段。大多数企业从互联网技术开始积极积累，度过了如核心系统改造、移动技术应用、分析认知等阶段，并初步进入自动化和智能化阶段。不少企业已经开始应用机器人、自动分析系统等，但是企业智能化转型远远不止这些内容。

企业数字化转型演进路径分为连接、分析、智能 3 个阶段。连接阶段解决的是基本业务协同问题，分析和智能阶段解决的是持续运营和能力提升问题。智能化转型是指企业在生产过程采用连接阶段产生的数据进行学习和决策，同时又将结果应用于业务协同，以优化产品功能，改善客户体验和客户服务质量。

企业要完成的数字化和智能化转型，是涉及战略、组织、人员、业务、数据、技术、运营等多方面的系统工程。如果没有以上各个方面的高效协同，很难真正成功实施数字化转型战略。

2. 毕马威：数字化转型框架和能力模型

毕马威提出了面向行业（更多针对直接面向 C 端的零售行业）的数字化转型框架和能力模型，为企业提供数字化转型方法和解决方案，帮助企业实现从战略层面到执行层面的数字化转型。在毕马威的零售数字化转型核心框架中，零售数字化能力建设以构建客户与品牌的高效连接、重塑增长方式、创造增量价值为"一个目标"；将深度运营客户、重新定义"货"和"场"、促进"跨边拉动效应"作为"三大抓手"；从产品、价格和营销，客户体验，无缝安全交易，以及敏捷供应链四个角度构建"四轮驱动"系统；加快构建"双模"式技术平台和内部组织能力的"两层地基"，并积极通过推动数据分析能力和外部生态合作体系升级，打造"双模"式"双向支柱"。基于该核心框架，毕马威构建了零售数字化转型能力模型——"智链企业"，从数字化运营、驱动、基础、组织和生态系统五个方面定义了零售数字化的"八大能力"。"八大能力"可以分解为 40 个子能力指标，这为数字化转型必须构建的能力体系提供了准确可行的定义。由于该核心框架更多针对零售行业，因此其更加强调产品创新和客户体验方面的内容。

3. 埃森哲：数字化转型路线

埃森哲提出，企业数字化目标通常包含两大侧重点：一是提高运营效率，二是驱动收入增长。前者关注如何以数字技术优化流程、提升企业敏捷性等；后者关注如何借助数字技术打造新的收入来源，例如用新技术改善消费体验、制定新的定价模式等。

例如，零售商沃尔玛的一项数字化行动的目标就是提升营销精准度，为此该公司在创新和优化算法的基础上创建了一个新的搜索引擎，并使用该搜索引擎分析消费者的搜索习惯和社交模式，然后根据分析结果向消费者推送其最感兴趣的商品。这一搜索引擎的使用为沃尔玛带来了 10% ~ 15% 的交易量提升。

在明确数字化转型目标后，企业必须进行更为深刻的内部变革，从人员观念到能力都需要进行变革。在整个转型过程中，首先是数字化思维方式的转变，其次才是技术的应用。

4. 中国信通院：企业数字化转型能力成熟度模型

2020 年 9 月 8 日，中国通信标准化协会云计算标准和开源标准推进委员会联合中国信息通信研究院（以下简称中国信通院）云计算与大数据研究所，正式发布《企业数字基础设施云化管理和服务运营能力成熟度模型》（IOMM）标准，该标准分为五类成熟度阶段，分别是基础保障类、业务支撑类、平台服务类、客户运营类和创新引领类，每个类别都有合理适用阶段和单位，用于对相应阶段的能力进行评估，并以价值分数进行效果验证。IOMM 标准涉及服务运营和云化管理两大领域、四大象限、六大能力、六大价值，可全面衡量企业数字基础设施的能力及其体现出的价值。其中，六大能力包括：服务产品化——数字基础设施不同层面的能力和服务产品化，能力平台化——构建不同层次的能力平台（如 iPaaS、aPaaS 等），数据价值化——数据一体化运营，管理精益化——管理思路标准化、敏捷化，运营体系化——服务体系层次化、场景化；风控横贯化——观察各业务部门的风控体系。中国信通院提出的这套能力成熟度评估体系较为完备地定义了数字技术层面需要具备的能力。

2.2　数据智能驱动业务重构

根据业界对数字化转型业务能力框架的分析，可发现数据智能驱动是数字化转型的重要特征，充分发挥数据价值、推动企业降本增效是数据智能驱动的目的，数据价值的有效利用将加快企业数字化转型进程，促使企业在数字化背景下形成核心竞争力。

下面就数据智能如何驱动业务重构、能为企业创新带来什么开展讨论。

数据是企业最核心的东西。所谓数据智能是指利用大数据和人工智能技术对海量数据集进行分析和挖掘，转化为知识与策略。数据智能不是指一个个简单的数据报表，而是指通过智能化手段服务企业科学决策，赋能企业数字化转型。

企业运营是对企业经营过程的计划、组织、实施和控制，是与产品生产、服务创造密切相关的各项工作的总称。企业每天都在运营，而数据智能驱动的运营是通过构建数据智能循环体系，将数据智能嵌入企业运营的全流程中，抛弃原有靠企业固有商业模式与运营流程以及专家经验制定业务策略的做法，开始使用数据、分析数据，从数据中挖掘出有效信息与知识，推动商业模式、产品和服务、客户体验、运营流程等几方面的重构，为企业运营带来增量价值。

将数据智能嵌入企业运营中，目的是引导企业更关注客户体验，通过分析和挖掘客户已有或潜在的需求，对产品和服务提出新的要求，根据客户消费侧的需求去推动自身供给侧的生产，从传统的 B2C 模式向 C2B 或 C2M 模式转变，而这种转变需要企业调整内部运营流程来匹配，即通过打造"数据—洞察—决策—执行—数据"的闭环流程，让数据成为企业数字化转型的主要驱动力量，推动商业模式重构、产品和服务重构、客户体验重构、运营流程重构。这四大业务重构不是相互并列的关系，其中商业模式重构是顶层设计。清华大学互联网产业研究院院长朱岩说过："数字化转型的根本目标在于为社会创造更大的价值，为企业带来更广阔的市场空间，它的核心在于构建新的商业模式。"商业模式重构要求企业对产品和服务、客户体验等进行重构，产品和服务重构是切入点，客户体验重构是目的，而运营流程重构是基础，是其他三大业务重构得以实现的保障。

1. 商业模式重构

商业模式是指把企业内外部各要素整合起来，形成一个完整的、高效率的、具有独特核心竞争力的运行系统，并通过最好的形式来满足客户需求、实现各方（包括客户、员工、合作伙伴、股东等利益相关者）价值，同时使该运行系统达成持续盈利目标的整体解决方案。商业模式重构最核心的 3 个环节是创造价值、传递价值、支持价值，如图 2-1 所示。这三者环环相扣、缺一不可。这 3 个环节中的具体举措均服务于商业模式重构的最终目标：提升企业的价值。

- 创造价值是指基于客户需求，提供产品和服务。

- 传递价值是指通过资源配置、活动安排来交付价值。

- 支持价值是指通过完整的运营和合作体系，来推动价值实现。

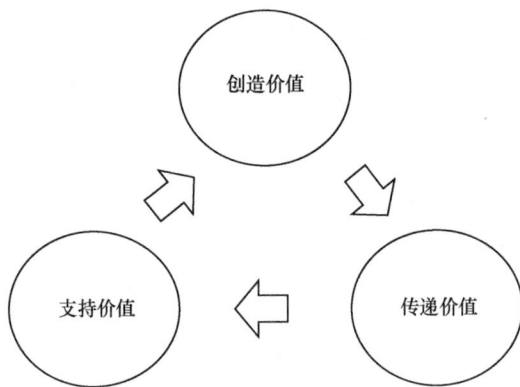

图 2-1　商业模式重构核心环节

创造价值的核心是提供产品和服务。管理大师彼得·德鲁克有一句名言："企业的终极目的，也就是经济活动的终极目的，即创造客户。"这句话的意思是：企业存在的目的是创造客户需要的产品和服务，解决客户的问题，满足客户的需求。数字化转型对创造价值的主要影响表现为将客户从过去只参与交易环节的顾客，变为现在参与设计、生产、营销、交易全过程的产消者。客户可以通过互联网工具参与产品的设计、生产过程，提出自己的需求；企业能够利用人工智能等技术，从客户的人口统计学信息、行为历史数据中挖掘出客户的潜在需求，并提供定制化的产品和服务。这对企业的产品和服务质量、产业链的灵活度以及基于数据的分析挖掘能力都提出了更高的要求。

传递价值包括如下3个方面的内容。

（1）了解客户

企业需要明确目标客户是谁，他们有哪些特点。每个企业提供的绝大多数产品和服务都有目标客户，而这些目标客户就构成了细分市场。因此，企业需要对客户的性别、年龄、消费喜好等有清晰的了解，并利用人工智能等技术分析客户的各种行为数据，挖掘客户需求，从而确定目标客户，有针对性地提供满足目标客户需求的产品和服务，制定更匹配的营销策略。

（2）市场营销

企业需要明确用什么样的方式去跟目标客户沟通。市场营销的本质是与目标客户沟通，让其知道、了解企业的产品和服务，进而产生真实的购买行为。数字化时代，营销更需要线上、实时的方式，营销的主体也不仅仅是企业，客户除了作为消费者，还可以作为企业的产品和服务甚至品牌的传播者。

（3）销售渠道

企业需要明确如何把产品和服务交付给目标客户。当目标客户决定购买企业的产品和服务，如何通过合适的渠道把企业的产品和服务传递给目标客户，是销售渠道方面需要考虑的。销售一般有线下、线上两个渠道，但随着数字化时代新零售的发展，线上线下的界限已经越来越模糊，产生了"全渠道销售"模式，销售渠道也需要更加精细的划分。

支持价值除了包括企业既有的人才、技术、资金、品牌、系统等核心资源，还包括合作伙伴和运营管理。

① 合作伙伴

任何企业，不管规模多大，都不可能占据整个产业链，而只能占据产业链中的某些位置，其他位置则由合作伙伴占据。数字化时代，企业需要与合作伙伴共建业务生态，将线性的价值链转变为价值网络和价值生态，从而实现颠覆式的业务创新。

② 运营管理

企业商业模式中的任何一环都需要运营管理才能落实，运营管理涉及组织、人才、制度及流程等。其中，企业的生产运营流程尤其重要，跟 IT 系统的结合也最紧密。数字化时代，企业需要将生产经营各环节采集的数据视为资产进行运营，并使数据贯穿企业运营全过程，同时将数据智能有机地运用到商业模式重构中，通过实行标签化、模型化，实现数据资产的价值运营，以此支撑商业模式的重构。商业模式重构具体由产品和服务（供给侧）、客户体验（消费侧）以及运营流程（运营支撑侧）3 个方面的重构来实现，如图 2-2 所示。

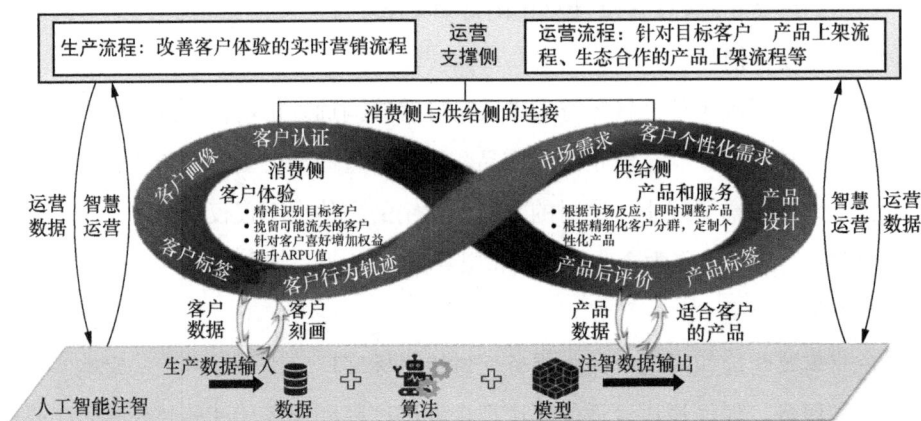

图 2-2　商业模式重构示意

2. 产品和服务重构

提供产品和服务是创造价值的核心，商业模式重构的切入点是产品和服务重构。从企业视角来看，产品是承载着企业的战略，是企业商业价值的体现。由于产品是企业重要的生产要素，分析与产品相关的业务活动是重构业务模式的重要一环。与产品相关的业务活动包括产品设计、产品研发、产品上市、产品营销、产品购买、产品使用、产品售后、产品下架等，这些业务活动又关联着由谁来做、做什么、怎么做的问题。传统模式下，这些业务活动按照既有规则和流程进行，企业具有什么能力就提供什么产品，客户看到的产品是一样的。这种以产定销的传统模式一般对市场的响应相对滞后、不敏捷，无法满足客户个性化、差异化的需求。数字化时代，企业需要根据客户的需求，即将消费侧数据向供给侧注入，来推动个性化和敏捷化的产品设计与生产，实现供给侧产品设计与生产模式的重构。为实现这一重构，企业需要通过数字化定义方法，对与产品相关的所有设计信息、工艺信息、属性信息及管理信息进行定义，并使与产品相关的数据实现跨部门的融合，然后基于获取的客户信息，结合人工智能技术，得出不同目标客户的不同需求、不同喜好，从而有针对性地设计与生产出不同产品。

3. 客户体验重构

任何企业，无论是否进行数字化转型，都需要持续关注客户，企业的生产经营活动都应该围绕满足客户的期望、提升客户的满意度和忠诚度展开，这是企业保持竞争力、获得盈利的关键所在。

数字技术为企业全面洞察客户提供了技术上的可能。借助数字技术，企业能从各个维度对客户进行分析，从而把握客户喜好，挖掘客户需求，了解客户对产品和服务的意见，进而优化运营流程，确保在合适的时间、合适的地点，通过合适的渠道，给客户提供合适的产品和服务。

客户体验数字化重构，需要企业详细分析与客户接触的每一个环节，通过流程优化和数字技术来改善客户体验。首先，企业需要对客户全域触点信息进行全面数字化和智能化，采集客户行为数据。例如，通过埋点、插件等方式，在与客户的互动中采集产品使用情况、费用缴纳情况、咨询与投诉内容等与客户体验相关的数据；基于与客户体验相关的数据构建分析模型，进行数据分析；生成分析结果并进行生产注智，如根据客户点击页面情况进行页面重构，构建智能客服以强化与客户的互动。其次，企业需要根据客户咨询内容、浏览的页面信息，明确某些产品的目标客户，提高客户转化率。最后，企业需要通过分析不同客户群体的特征，有针对性地提供不同的产品交付方式等。例如业务的办理从传统的营业厅办理演变为现在客户更喜欢的线上自助办理；产品的购买从套餐式消费演变为客户按需订购；通信费用的支付从按月支付演变为动态账期支付；客户服务从处理被动的客户投诉演变为提供主动关怀、贴心智能客服；营销也演变为根据产品标签进行客户匹配，向客户推荐其感兴趣的产品。

总的来说，客户体验重构的核心，就是将原来企业"千人一面"的营销、销售与服务转变为基于大数据及人工智能等技术，以充分了解、挖掘客户的潜在需求为前提，具有针对性的"千人千面"的营销、销售与服务，进而最大限度地满足客户的需求，提升客户的满意度和忠诚度，降低休眠客户和流失客户比例，使客户价值分布上移，构建良性的客户结构。

4. 运营流程重构

运营 = 人员精确分工 + 业务运营流程。传统的运营包括前端的市场营销、销售、客服，后端的产品设计、生产、运维。单向的业务链条难以实现前后端的有效整合和互动。数字化转型背景之下，无论是客户体验重构还是产品和服务重构等，都需要通过企业运营才能执行与落实。

当前客户对产品和服务的要求越来越高，盼望企业能快速交付产品和服务，且提供无缝体验，例如他们希望在线实时查看用电报告，希望贷款几分钟内就得到银行的预批复或者批复，等等。传统型企业的业务流程难以满足客户的更高要求，而实现数字化转型后，以客户为中心的企业可以借助高级算法和畅通的信息渠道，迅速交付数字化产品和服务。因此，在数字化时代，许多行业的业务流程都应当大刀阔斧地改革，以满足客户的更高要求，提供直观的界面、随时可用的服务、个人定制、统一的标准，并实现零差错。

为了满足客户越来越高的期望，企业必须加速进行运营流程重构。这并不是简单地对现有业务流程做自动化处理（这一过程各大中型企业基本已经完成），而是重新改造整体业务流程，需要围绕客户与企业发生联系的各类场景，对各类场景下客户体验的端到端运营全流程进行重构。这些流程包括客户新建、需求定位、业务购买、产品交付、产品使用、计费到服务等。重构方法就是围绕产品、服务和客户体验，在每个环节都引入数据智能，打破原有流程的关键节点，构建新的市场营销的切入点，放弃经验驱动决策的传统方式，实现科学决策，将大量智能化数据引入生产流程。

2.3　支撑数字化转型业务重构的能力框架

数字化转型是数字化时代背景下，企业经营战略、治理体系、组织形态、生产方式、运营模式等全方位的改造、变革和重构过程，是一项非常复杂的系统工程，也是企业构筑数字化时代新的竞争优势，成为一流企业，实现高质量发展的必由之路。

正如第 1 章所指出的，基于"上云用数赋智"的数字化转型，其关键是"用数"与"赋智"，基础是"上云"，业务系统变革处于首要位置。我们需要积极构建一种具有普适意义的顶层能力框架，作为企业内部业务系统数字化转型的根本原则，以确保数字化转型方向正确或取得成功。那么这种能力框架应该遵循什么原则呢？

第一，坚持创新思维。数据智能驱动的企业数字化转型是传统业务与新兴数字技术融合牵引的发展模式，新兴数字技术给传统业务带来了全新的思维模式，需要企业通过业务创新变革引领数字化转型的方向，或者说以创新思维驱动业务变革，从而催生新的业务场景、商业模式和业务形态，形成新的数字竞争力。

第二，坚持系统观。系统观就是全局观，数据智能驱动的企业数字化转型需要在能力框架的基础上全方位考虑几种关系，才能确保体系架构合理、业务效果明显：需要考虑创新业务场景与流程重构的关系，融入数据智能的新业务场景往往会引发流程的重构，而流程能否灵活重构是关键；需要考虑流程与各个业务系统的逻辑关系，因为流程重构涉及各个业务系统诸多能力的集成，企业需要在各个业务系统中布局好相应的能力；需要考虑各个业务系统的连接关系，复杂的大系统往往由几个或者多个系统按照专业类别组成，所以建立各个业务系统标准化、简洁高效的交叉互联机制非常关键；需要考虑数据中台与业务中台的布局，数据中台是数据智能产生的源泉，业务中台及流程又是数据赋能的对象，将各种数据赋能映射到千变万化的业务场景中，从而推动企业的变革创新；需要考虑数据中台与业务中台"上云"的统一云化基础设施，避免众多系统的底层架构不一致导致运营困难。

第三，坚持数据驱动。数据尤其是数据智能的驱动，是企业成为现代一流企业的一个重要标志，是企业数字化转型的核心，也是"上云用数赋智"的关键。不同于旧的管理模式，数据智能驱动的企业数字化转型的管理模式高度依赖海量数据的建模加工，产生丰富的按照各种业务场景封装的智能化数据，赋能企业生产、经营、运营、服务、管理等方方面面，大大推动企业智能化的进程。

第四，坚持生态开放。数据智能驱动的企业数字化转型必须考虑能力框架的开放性，通过构建开放的能力框架，集成合作伙伴的各种能力为企业自身所用，或者利用企业自身的能力赋能合作伙伴。建立开放共享的能力框架也是现代产业链、供应链、服务链构建的重要基础，可以进一步丰富企业的生产运营场景，提升企业竞争力，让企业真正融入社会化再生产的大循环中。

根据实践经验，结合上述原则，我们提出了数据智能驱动的企业数字化转型的整体能力框架，如图 2-3 所示。框架共分为 5 层，包含应用层、业务编排层、能力开放层、能力建设层、云化基础设施层。上面两层主要面向业务模式，下面三层主要面向技术平台。框架建立了业务应用及业务场景向业务系统建设的映射关系，以确保业务顶层设计到业务系统重构的全面贯通，从而确保数字化转型的整体成效。下面分别对各层进行介绍。

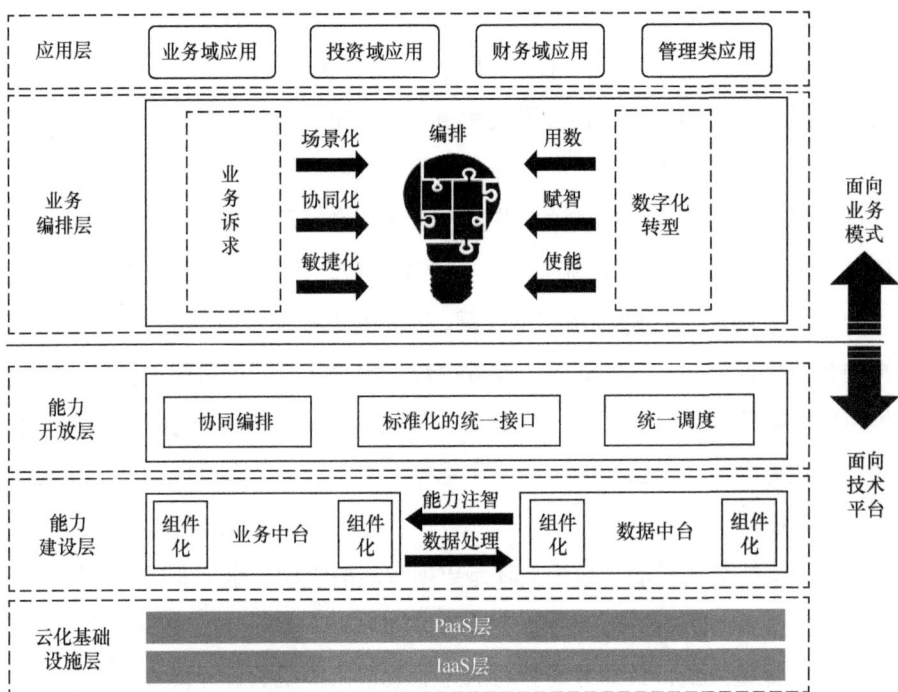

图 2-3　数据智能驱动的企业数字化转型的整体能力框架

1. 应用层

应用层主要聚焦企业数字化转型的标的，即准备在哪些领域开展数字化转型，比如在业务领域，涉及产品设计、生产、销售、服务等；在投资领域，涉及投资决策支持、前评估、后评价、效益分析等；在财务领域与管理领域，涉及预算、会计、资金资产管理、报账、支付等。

明确数字化转型的应用领域后，最重要的是要推动各个应用领域创新场景的构建，这是数字化转型最重要的环节，是业务系统重构的核心出发点，也是业务系统重构后能否满足要求的验收点。通过创新场景驱动业务系统重构是互联网企业发展的通用准则，革命性的变化正体现在场景的巧妙构思中。这种新的场景应该是突破传统习惯、充分体现新技术带来的可能的场景。"用数""赋智"具体实践就是充分利用大数据和人工智能技术，探索企业运营规律、客户行为习惯等，将数据智能融入原有的企业运营、市场营销、客户服务、内部管理等传统场景，用新技术对传统场景进行重构，从而驱动新的业务形态、新的商业模式的产生。

2. 业务编排层

业务编排层起承上启下的作用，向上承载复杂的业务场景，向下指引业务系统的开发。业务编排层涉及两个概念。一是流程。企业的运营与流程密不可分，有专家、学者提出流程 IT 的概念，并认为任何 IT 系统的构建都是为企业高效科学运营服务的。企业生产运营全流程由很多员工在各自的岗位上协同工作，最后生产出一件完整的产品，协同工作就涉及流程和分工合作。二是编排。业务需求是千变万化的，流程也是千变万化的，这就需要 IT 能力不断迭代、流程不断优化。将 IT 系统模块化、微服务化，与流程引擎封装在一起，通过灵活编排 IT 能力，企业就能敏捷应对各种需求，快速响应市场环境发生的变化。

在数据智能驱动的企业数字化转型能力框架中，业务编排层需要能够将来自数据中台的智能化数据与来自业务中台丰富的业务支撑基础能力通过流程联合编排，真正让二者无缝融入流程中，从而支持企业的运转。这种联合编排，表明数据已经成为流淌在企业中的血液。

3. 能力开放层

能力开放层有两个重要作用。第一，汇总来自业务中台各个业务系统的服务能力及来自数据中台的各种数据能力，通过标准化的统一接口，供业务编排层调用、组装、编排。标准化的能力封装和汇聚有效避免了大中型企业众多业务系统的交叉互联带来的维护难、管理难问题，也为上层流程与应用调用能力提供了标准化的统一入口，便于能力的重复调用，有助于降低开发成本。第二，将来自合作伙伴的能力与来自企业自身各个系统的能力聚合在一起，这样不光能将合作伙伴的能力与企业自身的能力协同编排，也能将企业自身的能力提供给合作伙伴统一调度使用。总之，通过能力开放层，企业实现了内外部能力的生态开放与共建共享，为进一步实施数据资产化、开展数据流通交易打下了坚实的基础。能力开放平台，是大中型企业实施数字化转型必不可少的组件。

4. 能力建设层

能力建设层更偏向IT架构本身。企业通过构建数据中台与业务中台，提供相对稳定的、丰富多样的基础业务支撑与数据服务能力，通过能力开放层对能力的统一汇聚，满足业务编排层及应用层对能力的各种编排和调用需求，实现应用的敏捷封装与开发，快速响应外部市场变化。业务中台的开发要尽可能对能力进行服务化封装、模块化隔离，实现微服务化，使单模块的升级不影响全局。而数据中台的开发主要聚焦数据的采集、汇聚、建模、加工，通过能力开放层为业务应用及业务中台赋能。对于某些大型企业，业务中台或许由更多的系统构成，包括各种业务系统，比如客户关系管理系统、供应商关系管理系统、人力资源系统、办公系统、企业资源计划系统、仓库管理系统、制造执行系统等，因此实现能力的统一服务化封装就变得尤为重要。同样，对于某些大中型企业，由于业务系统分布在全国各地，构建独立的数据中台可能面临海量数据跨域传输的问题，这时就需要构建分布式前置数据预处理平台，实现"1+N"的数据中台模式，并使其持续演进为分布式数据架构。

5. 云化基础设施层

云化基础设施层是"上云"的关键层，通常可以用公有云承载，这时企业不用关心基础设施的集成与维护，只用关心软件的开发。但某些企业通常希望对基础设施加强自主掌控，由于某些安全因素不愿上公有云，或者最多采用混合云模式，这时就需要开发它们自己的 IaaS/PaaS。这里要强调的是，一些大型企业的业务系统复杂多样，往往交由不同的合作伙伴开发或者自己开发，如果每个系统都有自己的 IaaS/PaaS，将不利于其后的系统维护及迭代，因此这些企业非常有必要加强对基础设施的统一版本管理及控制，积极推进基础设施的统一维护、统一运营。

2.4 "四步法"落实数据智能驱动

2.2 节和 2.3 节分析了企业数字化转型的四大业务重构都需要数据智能，说明了生产经营流程中数据智能驱动给企业带来的全新变化，并全面介绍了企业基于数据智能驱动的数字化转型的顶层能力框架。本节重点介绍如何构建数据智能驱动企业运营的循环体系，落实企业数字化转型的四大业务重构。

数字化转型是对企业的组织形态、治理体系、经营战略、生产方式和运营模式等进行全面重构的过程。具体而言，在业务层面，强化数据注智，推动流程重构是关键。企业以数据为核心，将数字技术与研发设计、生产运营、经营管理、客户服务等深度融合，构建、拓展、集成和重塑企业的数字化转型场景，以生产运营智能化、网络化提高生产效率，以经营管理数智化提高经营质量与效率，以服务敏捷化、精准化满足客户需求，从而提高全要素生产率。数字化转型是一项非常复杂的系统工程，需要通过 IT 系统的重构来有效承接业务改造、变革和重构带来的创新场景。传统的 IT 系统开发通常先由业务部门提出需求，再由 IT 部门实施，而数据智能驱动的数字化转型的实施突破了企业传统的业务部门与 IT 部门的界限，它是数字技术与传统业务实体的深度融合，也是企业在原来业务层面从未碰到过的，因此在企业业务、运营模式创新变革的时候，只有业务部门与 IT 部门深度融合、共同推进，才能有效解决问题。当业务场景创新、数据智能驱动、业务流程重构、IT 系统重构等方面的种种问题交织在一起的时候，就需要一种方法论来指导实施，否则企业数字化转型将举步维艰，"上云用数赋智"将无法有效落地。

本书提出了构建 BPR+AI 的数据智能驱动循环体系的方法（以下简称"四步法"），即通过 4 个步骤形成数据智能驱动的智慧运营体系，将数据智能应用于企业运营的整个流程中，解决如何合理利用数据、在何时使用数据的问题，实现商业模式、产品和服务、客户体验及运营流程等几个方面的重构，为企业的运营增加价值。

为方便阐述如何采用"四步法"构建 BPR+AI 的数据智能驱动循环体系，我们主要以支撑企业市场营销的体系为例，在其他专业领域，如财务、人力等，这种方法也是可行的。通常，规模企业需要开展市场营销来扩大经营规模，而对于竞争激烈、市场饱和的行业，广撒网的粗放式营销模式不再适用，精细化营销、科学投放资源，不断提高资源投放效益是企业必须坚持的运营策略。企业运用聚焦市场营销的四要素［客户（Customer）、产品（Product）、渠道（Channel）、促销（Promotion），CPCP］策略，通过合适的渠道给合适的客户推荐合适的产品及促销活动 / 权益，结合 AI 技术手段，将四要素合理组合、匹配，实现对每个客户的个性化、精准化营销。四要素中的每个要素与 AI 的组合已经成为智慧营销服务的重要抓手。

BPR(Business Process Reengineering，业务流程再造）理论最早由美国企业管理大师迈克尔·哈默于 1990 年提出。BPR 是对企业的业务流程做深度思考和彻底重建，其目的是使成本、质量、服务和速度等方面得到改善，使得企业能最大限度地适应以客户（Customer）、竞争（Competition）、变化（Change）为特征的现代经营环境。BPR 虽然不是一个新的理论体系，但从该理论的定位来讲，它与要求企业进行商业模式高层次重构，以满足客户需求的数字化转型有着相同的举措与目标。因此，BPR 适合作为数字化转型中业务重构的方法。但数字化转型背景下的 BPR，需要与时俱进，迭代升级，即需要引入 AI 技术，基于 BPR+AI/ 大数据对企业业务与流程进行重构。"企业运营"产生数据；随后运用大数据引擎等 IT 手段使数据具有"智能"，然后将智能化数据嵌入企业运营的各个活动 / 场景中，基于这些智能化的活动 / 场景，全新设计与触发 BPR，形成变革后的生产经营流程。上述过程称为数据智能驱动的生产经营活动，接着在数据智能驱动下，"企业运营"产生新数据；新数据延伸出新"智能"，并嵌入企业运营的活动 / 场景中，又会再次触发 BPR，企业变革后的生产经营流程再次迭代升级……

最终形成"数据—AI—BPR—数据"数智循环迭代模式。

这一完整的过程细分为以下 4 个步骤，简称"四步法"。

● 核心生产要素数智化：生产要素数字化是指将企业生产经营活动中的核心生产要素通过信息技术转化为数字形式，以便更好地管理和优化；生产要素智能化是指在数字化的基础上，通过引入人工智能、自动化等先进技术，使生产要素具备更多智能信息与感知能力，实现更精准、智能的生产管理。

● AI 注智的业务场景设计：基于数智化的资产，设计需要 AI 注智的业务场景，同时基于数据智能驱动推动四大业务重构。

● 重构生产流程，实现数字化场景创新重构生产流程，创新数字化场景：查找与分析靠固有规则或经验设定的原有流程中的痛点问题，引入人工智能的能力来实现企业生产运营活动的优化、自动化和智能化，解决痛点问题，提高效率，降低成本，提升服务质量，提高市场响应速度。

● 构建数智循环迭代：形成"数据—AI—BPR—数据"数智循环迭代模式，实现智慧运营。

2.4.1　核心生产要素数智化

对象是从客观世界中的研究目标抽象出来的，既有实体的对象，也有虚拟的对象。在企业的生产经营过程中可以抽象出非常多的对象，这些对象在不同的业务场景下交叉、产生联系，是企业的重要资产，在数字化转型过程中，需要企业全面刻画、了解。

前文提及我们抽象出市场营销专业数字化转型中对企业最为关键的几个核心生产要素，即 CPCP，包括客户、产品、渠道、促销。这里的产品是广义的概念，既包括有形产品，也包括无形服务，还涵盖产品叠加定价、渠道等销售属性后的销售品，本书后续提及"产品 / 销售品"，如果不加特殊说明，则用的是狭义的概念。这几个对象交叉、产生联系后，就会产生各种各样的业务场景。这些业务场景的目标即数字化转型的核心目标：通过合适的渠道，向合适的客户推荐合适的产品和促销活动 / 权益，如图 2-4 所示。

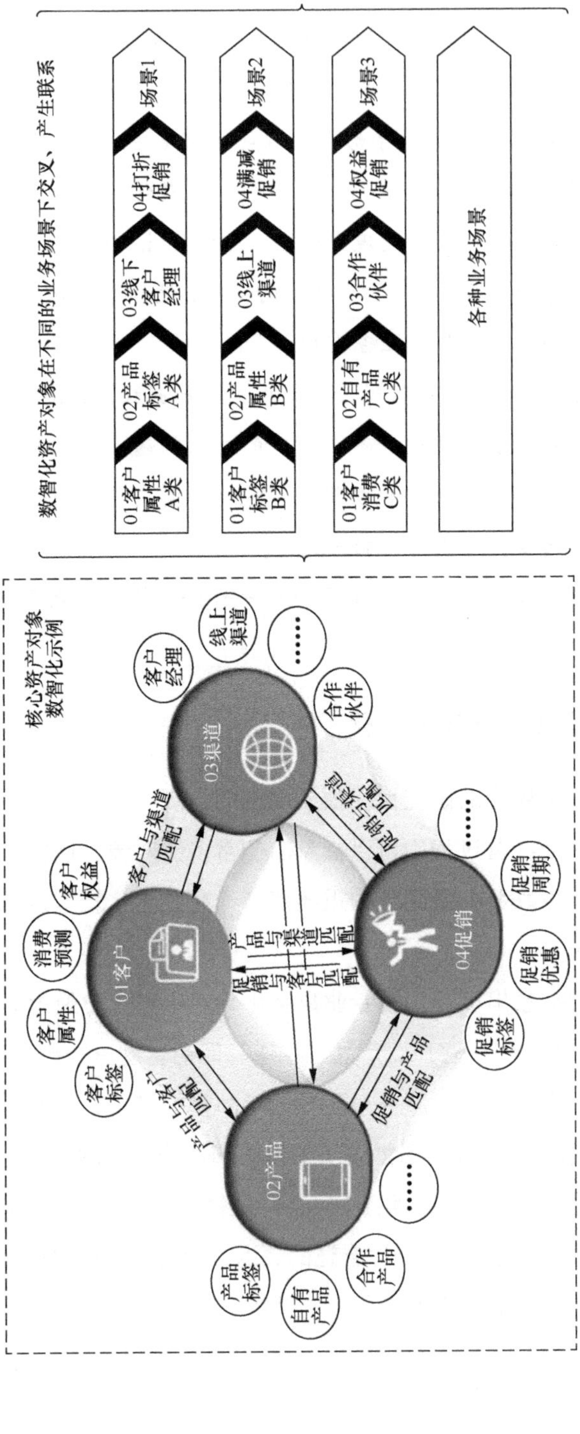

图 2-4　核心生产要素数智化示意

所谓生产要素的数字化，是用各种技术手段对生产要素进行"全息"表达，同时将生产要素的信息统一转化为可处理的数字信息的过程。所谓生产要素的智能化，是指将大量的基础数据提供给大数据引擎进行深度学习、分析和挖掘，提取数据中包含的有价值的信息和知识。这些数字化、智能化的数据能够有效运用到企业生产经营活动／场景中。生产要素的数字化是企业数字化转型的基础，没有生产要素的数字化，就谈不上数字化转型，更谈不上智能化了。

1. 客户信息数字化和智能化

智能时代带来了多样化的场景交互方式，同时也产生了大量的客户数据。客户信息数字化是指客户原始数据的信息化表达，这些信息包括年龄、身高、职业等未经抽象和加工的原始数据，通常称为人口统计学信息，可以直接在客户购买和使用产品的过程中进行采集或获取。

客户信息智能化则是通过对客户原始数据及客观行为数据进行建模和挖掘，为客户打智能标签。这些客户标签真实地反映了客户的行为、偏好和需求，是客户视图／画像的重要组成部分。构建完整的客户视图／画像通常包括以下 4 个步骤：

- 数据搜集与处理；
- 通过文本挖掘、自然语言处理、机器学习、预测算法、聚类算法等进行模型构建；
- 生成客户标签，包括人口属性、行为信息、客户关系、风险信息、兴趣偏好等，从不同维度、颗粒度对客户进行描述，建立客户画像体系；
- 根据不同应用维度建立客户分群，用于指导决策。

客户信息数字化和智能化的融合，可以形成客户数字孪生，深层次刻画客户全貌。数字化营销已成为各行业的必然趋势。在智能化进程中，大数据扮演着不可忽视的角色。它通过打破数据孤岛，连接内外部各个营销渠道，帮助企业实时追踪客户数据，构建精细化客户标签和准确的客户画像，识别优质和潜在客户群体，最终对这些客户进行有针对性的营销活动。这一过程实现了真正意义上的客户群体管理，并能够用于实时决策，制定精准的客户营销策略。

2. 产品数字化、智能化与生态化

广义产品定义包含服务。在现代市场营销和产品管理下的产品不再仅仅指代具有特定物质形态的物品，而是扩展到了包括服务在内的更广泛的范畴，实体产

品和无形服务在市场经济中是企业提供给消费者的两种重要形式。产品是指企业向市场提供的可以被看到、摸到、感知或使用的任何实物，其作用是满足人们的需求。而服务则是指为个人或组织提供的有偿或无偿的活动，通过提供劳动的形式来满足他人的特殊需求。产品和服务共同组成了解决问题的方案。产品可以通过物质形式来满足消费者的需求，而服务则是对消费者需求的一种延伸和补充，更多地体现在满足消费者的非物质需求上。在实际应用中，产品和服务通常是相辅相成的。许多产品本身就伴随着相关的售后服务，从而提升消费者的整体体验。在营销过程中，产品和服务也常常作为一个整体进行考虑，基于此，企业可构建全面的解决方案，以满足消费者的需求。

产品和服务数字化是指产品和服务原始数据的信息化表达，表达的信息是产品和服务的客观数据，包括基本特征、用途、有效期、规格、编号等没有经过抽象和加工的原始数据。这些信息一般在产品和服务上架过程中，由业务人员直接配置保存在系统中。

产品和服务智能化是指通过对产品和服务原始数据、客户购买行为数据等进行建模与挖掘，给产品和服务打智能标签。各类产品和服务的智能标签真实地反映了产品和服务的目标客户是谁、在哪个渠道售卖、以什么价格售卖等，是产品和服务视图的重要组成部分。构建完整的产品和服务视图，与构建客户视图/画像类似，只是用到的数据分析与挖掘算法有差异。产品和服务的数字化与智能化融合，可以形成产品和服务数字孪生，深层次刻画产品和服务全貌。

产品和服务生态化需要企业以自有产品和服务与合作伙伴的产品和服务进行生态合作。因为无论企业的产品和服务的功能再多、再完善，在追求定制化和个性化的今天，要满足所有客户的需求都是不现实的，所以只有构建生态圈、强强联合，才能更好地满足客户的需求，推动整个行业的运转，从而实现合作共赢。除了需要通过数据分析和挖掘确定自有产品和服务与哪些合作伙伴的产品和服务合作，以什么模式合作，还需要构建开放体系，便于合作伙伴进入。

3. 渠道数字化、智能化与生态化

渠道数字化是指渠道原始数据的信息化表达，表达的信息是渠道的客观数据，包括渠道编号、地理位置、包含人员等没有经过抽象和加工的原始数据。这些信

息一般在渠道配置时就能够采集、保存到系统中。

渠道智能化是指通过对渠道原始数据、客户购买 / 使用渠道数据等进行建模与挖掘，给渠道打智能标签。各类渠道标签真实地反映了各渠道适合销售哪些产品，各渠道的优劣势，各渠道能够触及的客户及其特征等。渠道数字化和智能化的融合，可以构建完整的渠道视图，形成渠道数字孪生，深层次刻画渠道全貌。

随着线上、线下渠道的不断丰富，客户触点的增多，线上线下协同全渠道营销已成为趋势。每个企业还需要通过渠道与合作伙伴开展生态合作，扩展可用的渠道及覆盖的客户群。

4. 促销数字化、智能化与生态化

促销是企业为了促进产品及服务的销售，通过各种营销活动向目标顾客传递信息、激发购买欲望和购买行为的一系列策略和手段。促销活动旨在增加产品的可见度、提高品牌认知度、吸引潜在顾客，并最终实现销售目标。

促销信息数字化是促销原始数据的信息化表达，包括促销类型、促销规则、目标销售品、互斥促销、使用渠道、目标客户等没有经过抽象与加工分析的信息。这些信息由负责促销策划的业务人员确定并录入系统。

促销信息智能化是基于促销基本信息、历史促销效果评估等信息，运用人工智能技术，通过数据分析、机器学习等方法，实现对促销策略的自动化、个性化和智能化管理，构建完成促销视图。智能化促销方式能够提高促销活动的效率和效果，同时为消费者提供更加精准和个性化的购物体验。

当下，企业为赢得市场，纷纷提出手段多样的促销模式。权益成为其中重要的一种。各家企业都在围绕传统核心业务，开展权益补充，提升客户价值与贡献。

权益生态化是企业开展的对外生态合作中最重要的内容。企业利用自有权益及与合作伙伴开展生态合作所获得的权益，通过多种模式进行权益合作，能有效提高收入、增强客户黏性、提升客户感知。生态合作伙伴的权益也是生产营销流程中非常重要的生产要素。

2.4.2　业务场景数智化

在完成生产要素的数字化、智能化与生态化后，企业需要从多个维度进行思

考和探索，寻找数字化转型中的各种智能场景，具体维度如下。

● 业务需求：企业需要深入了解自身的业务需求和痛点，例如生产效率低下、客户体验不佳、成本控制困难等，思考哪些智能化手段可以用于解决问题。

● 行业最佳实践：企业可以研究同行业其他企业的数字化转型案例和经验，了解它们是如何应用智能技术来优化业务流程、提高效率和创造价值的。

● 员工参与：企业内部的员工也是寻找智能场景的重要资源，他们对业务流程和实际操作有着深入了解，企业可以从他们身上收集到许多宝贵的信息和建议。

● 外部合作：与技术合作伙伴、供应链伙伴及行业生态圈中的其他企业建立合作关系，共同探讨和开发适用于整个生态圈的智能化解决方案和场景，共同推动数字化转型。

从以上维度，企业可以全面而深入地寻找适合自身的数字化转型中的各种智能场景，从而更好地实现智能化升级和业务发展。

确定需要引入 AI 的场景后，企业应结合自身需求，从最容易影响客户感知的场景入手。在场景的各个流程组装过程中，应充分考虑引入智能化数据。在合适的环节和合适的时间将这些数据嵌入生产流程中，可以提高企业的决策效率、决策效益，并降低运营成本。这些数据也是未来大数据专家建模所需的特征数据。在众多的场景下，需要将各种特征数据汇总成智能化数据集，形成企业规模注智的基础。

从市场营销角度讲，企业需要明确在与客户发生接触的全生命周期全流程中，有哪些需要 AI 注智的业务场景，这些场景需要什么样的特征数据，这些数据在经数据平台加工提取后将被嵌入生产运营流程中进行"赋智"。通常，企业营销服务全流程分为产品上架、客户营销、客户管理、业务受理开通、计费账务、客户服务等环节，每个环节都可以与智能化核心生产要素结合，产生数字化转型后成千上万的智能化业务场景实例。

在产品上架阶段，企业可以根据客户画像，制定个性化的产品策略，将产品投放到客户偏好的渠道，使其高效触达目标客户。

在客户营销阶段，企业可以根据不同客户标签有针对性地设计某种营销活动，根据客户属性、行为、偏好差异向不同客户推荐不同的产品。当客户标签足够细化时，企业可直接针对贴有某类细化标签的客户进行营销活动。

在客户服务阶段，企业可以通过识别关键事件来提供有针对性的服务。例如，在识别客户使用产品的过程中可能导致客户流失的异动时刻时，可设计相应的服务以应对客户异动情况。另外，在特殊的日子，如客户的生日、节日等，可以利用生日、节日祝福等提升客户满意度。

除了企业营销服务全流程，在企业内部运营领域，包括运营维护、安全管控以及面向合作伙伴的生态合作领域，都需要进行场景智能化优化。

图 2-5 是一般企业营销服务全流程中各个环节可以设计的智能场景示例，其中包含两个重要的方面，一是智能模型，二是需要注智的传统业务场景。智能模型输出的数据与传统业务场景深度融合，推动企业变革，这是数据智能驱动的典型特征。

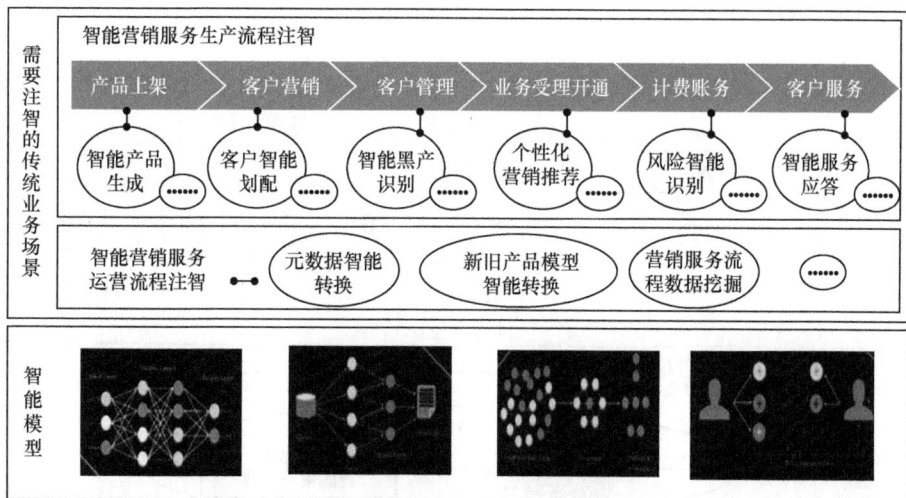

图 2-5　智能场景示例

在实际操作中，创新的场景设计是跨专业融合的，企业业务专家、数据专家、架构师需要协同工作，才能有效推动智能场景设计。同时，智能场景设计为数据专家找到建模的方向，也为架构师进一步指明系统融合的切入点。企业通过这些智能场景的设计实践数字化转型，可以提升客户感知、拉动业务收入或提高运营管控的智能水平。需要说明的是，对每个企业来讲，生产经营的流程不同，可设计的场景也不同，书中的案例仅起到抛砖引玉的作用；对同一个企业来讲，在不同的时间，可设计的场景也不是一成不变的，企业可以随着外部环境变化、时间推移等对适用的智能场景进行迭代升级。

2.4.3 生产流程数智化

一旦完成了企业生产经营一系列智能化创新场景设计，接下来就要进入细化场景方案的阶段。在这个阶段，企业可以以提升客户感知为出发点，形成全新的数字化创新场景。

在图 2-6 中，对于某连锁超市，以前通常是先由人工配置产品信息，再将产品分配到各个门店直接上架；引入 AI 进行场景优化后，可以考虑利用 AI 技术分析客户的行为数据和偏好，为不同的客户上架不同产品、提供定制化的服务方案等，以提升客户的满意度和忠诚度。

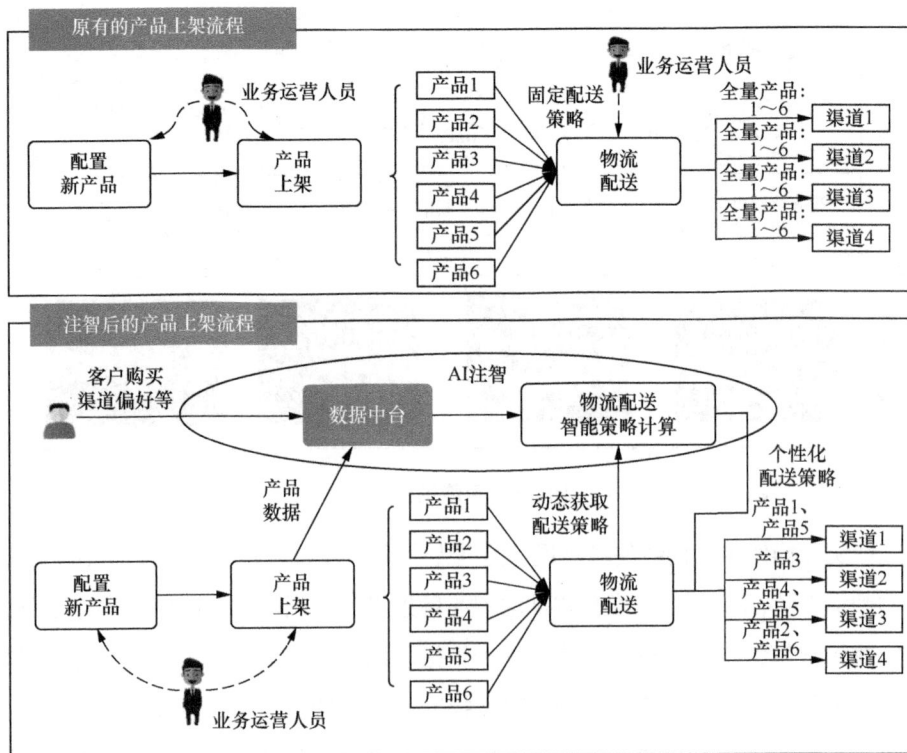

图 2-6　产品上架流程重构

原先连锁超市的产品上架流程是这样的：对于新增的 6 种产品，根据事先制定的物流配送策略，统一将它们上架到所有可售卖渠道，没有根据产品特点进行差异化的销售渠道划分。

在数字化转型的背景下，该连锁超市对产品上架流程进行了重构。首先，该连锁超市利用客户购买渠道偏好和产品特征数据等进行 AI 算法模型的训练，以生成具备物流配送智能计算能力的 AI 组件。这样产品上架时，该连锁超市就不再依赖事先由人工配置的策略，而是动态获取 AI 组件提供的配送策略。借助预先训练好的物流智能配送 AI 算法模型，该连锁超市能够将不同的产品上架到不同的销售渠道。例如，渠道 1 只售卖产品 1 和产品 5，而渠道 2 只售卖产品 3，等等。这样便落实了基于产品特点的差异化上架策略。在将经过模型加工的智能化数据引入产品上架的各个流程中后，该连锁超市重构了原有的业务流程，实现了对客户的精准营销和精准服务，在提升客户感知的同时，进一步提高了决策效率和运营效益。

在规划实施过程中，企业需要对不同的场景进行分类，然后针对每一类场景设置相应的智能触点、模型算法、指标 / 标签及营销渠道，从而形成针对特定场景的智能化运营方案，并将其嵌入业务流程中，实现数据驱动的业务流程优化。当然，企业也可以按照客户需求设计出新的业务流程，结合智能场景中的各种智能化嵌入点，将智能化数据有机地融入业务流程并固化为新的流程，从而实现“自动化 + 智能化”。基于数据协同和智能化，企业或重新塑造了原有标准化、固化的生产运营流程，或增加了满足客户需求的新流程，提升了自身的智能化决策水平。总体来看，智能化数据与传统流程深度融合，实现了带有数据智能的业务运营流程重构 BPR+AI，形成了全新的企业运营流程，从源头上推动了根据消费侧需求进行的企业供给侧的变革，实现了高质量发展的目标。

2.4.4　数智循环迭代化

通过上述 3 个步骤，企业实现了数字化转型业务重构。简言之，这个过程包括建模后产生的智能化数据与企业流程的深度融合，以及智能化数据被有效地嵌入企业的生产流程中，促使产生了新的策略和新的数据。这些新数据随后被大数据平台收集，并用于对原有模型进行进一步的优化和迭代，促使产生新的流程、策略与数据；新的数据随后将被重新注入生产系统，参与企业运营。也就是说，通过"数据—AI—BPR—数据"，形成了数据智能驱动企业运营流程的循环。

更加具体地说，这一过程是企业核心数据实时传输到数据中台进行分析、加工，形成智能化数据后产生科学营销和服务运营的建议，然后输送到企业核心的生产运营流程。利用智能化数据充分进行流程的编排和再造，同时实现了全新的智能化场景。然而，数字化转型的全流程并没有结束。随着新场景智能化的实现，会产生更多的数字化资产数据，这些数据会被反馈到大数据平台进行再分析和再加工，形成智能化数据后，再次注入企业核心的生产运营流程，之后再次利用智能化数据进行流程的编排和再造，就能实现大数据在生产运营流程中的常态化应用，并进一步实现智能化场景和智慧运营。整个过程如图 2-7 所示，数据不断循环迭代，持续推动企业数字化转型迭代升级。

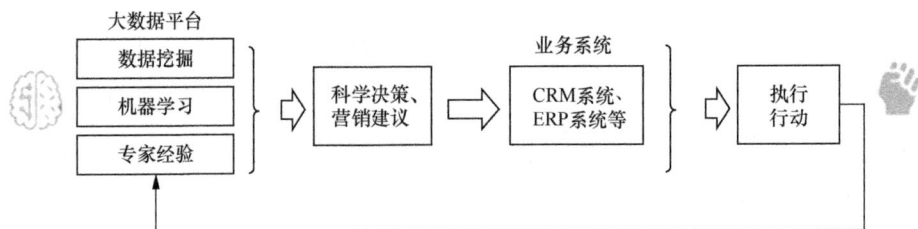

注：CRM 即 Customer Relationship Management，客户关系管理；
ERP 即 Enterprise Resource Planning，企业资源计划。
图 2-7　智能化数据流循环迭代

2.5　适应数字化转型实践的配套组织体系

在数字化转型中，组织体系的转型是一个非常复杂的问题，任何企业的数字化转型都必然涉及组织和员工的执行力。本书的重点并不是深入探讨组织和人力资源体系的变革，而是讨论如何更好地通过业务重构与技术重构来落实企业数字化转型，同时对组织和员工给出一些需求和建议。

数字化转型中的组织优化的关键在于人员精确分工，将传统运营流程拆解重构，使人员专注于更需要主观性、创造性与决策性判断的事务，而流程中重复的工作、逻辑关联建立、复杂运算、业务流转则通过自动化手段交由系统完成。系统用数字化操作代替并关联人工操作；主动采集各种交互流转的数据，构建分析模型，进行数据分析；将数据智能有机地融入业务支撑系统中，实现系统与人的良性交互，从而提升智能交互能力和运营闭环能力。

推动数字化转型的工作团队需要打破原有垂直职能部门松散的合作模式，让与客户体验相关的各个职能部门合作更密切，构建跨职能部门团队（实体的或虚拟的），把所有与客户端到端体验相关的人员集中起来，这些人员包括业务人员、IT 开发人员、大数据分析人员、运维人员等。新的团队有权对现状提出疑问，以改善客户体验为出发点，按照"四步法"来完成企业数字化转型的各项相关工作，团队成员通常需要集中在同一地点工作，以提高沟通效率。

在系统重构全面实施并且系统上线运营后，岗位的调整变得尤为重要。通过"四步法"，企业已经实现了核心生产要素的数智化，同时通过数据智能驱动的创新场景，又对原有流程进行重构或创建新的流程。一旦系统重构完成，为了配合新的流程，岗位也需要相应调整。只有适应新流程的岗位才能使流程发挥最大作用，实现最初设计的理想效果，并最终推动企业成功实现数字化转型。

第3章 中国电信数字化转型的业务重构实践

在数字化转型方面，中国电信于2016年提出企业转型升级3.0战略，于2017年启动新一代智慧BSS——BSS3.0，因此在市场的精准营销、客户的精细服务方面有了质的飞跃。

基于中国电信在业务重构方面的实践，本章从解决实际问题出发，从业务重构的4个方面总结中国电信的数字化转型实践。

第一，总结中国电信在市场营销领域的各个核心生产要素（客户、产品、渠道、促销）数字化和智能化的问题。生产要素的数字化是企业数字化转型的根本，没有数字化就没有智能化。

第二，总结业务场景重构实践，目的是明确中国电信在哪些业务层面探索数据智能并将注智应用到哪儿。业务场景重构是一种典型的以数据智能为核心的创新场景构建。

第三，总结流程重构实践。中国电信通过在原有生产流程中嵌入使用智能化数据的环节，或基于智能化数据生成新的生产流程，支撑重构后的业务场景，使得数据智能真正驱动企业内部运营，从而实现高质量发展。

第四，总结数据智能从模型开发、注入业务生产环节到决策执行，将执行结果返还给数据中台并迭代进行模型的开发后，再进行注智的数据流闭环循环实践。基于数据流闭环循环实践，不断修正数据算法模型，以期更好、更精确地服务于企业生产经营。

下面将分析中国电信的企业背景、数字化转型的发展历程和数字化转型过程中面临的问题，然后展开说明如何通过业务重构解决这些问题，力求勾勒出中国电信数字化转型业务重构实践的完整视图。

3.1　中国电信的企业背景

中国电信是领先的大型全业务综合智能信息服务运营商。近年来，中国电信积极拥抱数字化转型机遇，深耕客户需求及应用场景，全面实施企业转型升级 3.0 战略和"云改数转"战略，以云为核心打造云网融合的新型信息基础设施、运营支撑体系、科技创新硬核实力，深化体制机制改革，以创新、融合构建差异化优势，致力于为个人、家庭和政企客户提供灵活多样、融合便捷、高品质体验、安全可靠的综合智能信息服务。

个人通信及信息化服务方面，中国电信以 5G 引领个人信息化市场，全面布局个人应用和权益体系，打造语音、上网、数据、应用、终端等端到端安全服务，为客户提供优质的移动网络体验和差异化应用服务；基于云网平台不断进行产品创新，强化生态合作，以丰富的 5G 创新内容应用和定制化的移动流量产品改善客户体验，驱动移动客户的规模和价值双提升。

家庭通信及信息化服务方面，中国电信聚焦家庭数字化、智能化需求，不断升级生态合作，通过以"智能宽带、智家平台、智能应用、智能安全、智能服务"为核心的"五智"能力体系，快速推进家庭信息化进程，聚合内容应用和家居产业生态，为客户提供从传统固网通信向智慧生活升级的综合信息服务。

政企通信及信息化服务方面，中国电信凭借雄厚的云网资源和产业数字化领域丰富的技术储备，发挥云网融合的独特优势，将"云、网、数、智、安"等数字技术要素和实体经济深度融合，封装原子能力，构建数字化平台，不断提升一体化解决方案设计能力，加快推进行业数字化赋能，服务政务、金融、工业、社会民生等多个领域，满足客户在不同垂直行业应用场景中的定制化需求，致力于成为行业信息化领域的头部服务商；同时，加快推进政企改革，构建纵向一体、横向贯通、协调运转的综合服务体系，不断提升自主研发的数字化产品交付和运营能力，拥有规模庞大的属地化政企销售、技术服务、运维队伍，已成为各级政企客户最重要的产业数字化服务提供商之一。

图 3-1 从连接、云、应用、安全 4 个维度给出了中国电信提供的个人通信及信息化服务、家庭通信及信息化服务、政企通信及信息化服务的部分业务示例。

个人通信及信息化服务 （移动通信服务）	家庭通信及信息化服务 （固网及智慧家庭服务）	政企通信及信息化服务 （产业数字化）
连接 移动语音 短彩信 手机上网 ……	固网语音 宽带上网 全屋WiFi ……	IDC专线 5G定制网 物联网 ……
云 个人云 云电脑 云手机 ……	家庭云 云回看 云宽带 ……	行业云 ……
应用 视频彩铃 天翼超高清 天翼云 VR/AR 天翼云游戏 ……	天翼高清 天翼看家 全屋智能 ……	数字化平台 行业应用（政务、卫生健康、金融、工业、教育等） ……
安全 天翼防骚扰 安全提醒 隐私哨兵	安全管家 亲情守护 ……	DDoS攻击防护 网站安全 域名安全

图 3-1　中国电信为各类客户提供的部分业务示例

3.1.1　中国电信数字化转型的历程

中国电信的业务经过多年的发展，经历了从小到大、逐步完善的过程。随着业务的发展，中国电信的支撑系统也经历了从人工到自动、从分散到集中、从专业到融合的过程。

中国电信的支撑系统由 BSS（Business Support System，业务支撑系统）域、OSS（Operation Support System，运营支撑系统）域、MSS（Management Support System，管理支撑系统）域、EDA（Enterprise Data Application，企业数据应用）域和 ITM（IT Management，IT 管控）域组成，各组成部分大体如下。

BSS 域是面向市场营销、客户销售、计费与服务等企业前端，提供电信业务前端运营支撑的系统域，对内服务市场和业务部门，对外直接面向外部客户，是中国电信最为重要的 IT 支撑系统域之一，包括客户关系管理（Customer Relationship Management，CRM）类系统、计费结算类系统等专业系统。

OSS 域是面向服务、资源和网络运营，提供电信业务后端运营支撑的系统域，包括网络资源管理、服务开通、服务保障、综合网络管理等类的系统。

MSS 域是面向企业内部管理，提供企业管理支撑的系统域，包括企业内部门户网站与 OA(Office Automation，办公自动化)、财务、人力资源、供应链等专业系统。

EDA 域是面向企业数据的应用，以支撑数据共享和分析为目标的支撑系统域，主要包括运营数据存储、企业数据仓库、数据抽取转换与加载及其承载的数据分析应用。

ITM 域是面向企业信息化管理工作，以为 IT 人员提供统一的技术手段、提高 IT 运营维护效率为目标的支撑系统域，主要包括 IT 服务管理系统、端到端业务流程监控系统、应用软件监控系统和统一 IT 基础设施监控系统等专业系统。

由于本章是从业务重构的角度来阐述企业数字化转型实践的，而对业务重构的支撑主要由 BSS 域提供，因此下面以 BSS 域的发展历程为例来对中国电信数字化转型的发展历程进行说明。

在 20 世纪 90 年代以前，中国电信的网络、业务模式都相对简单，并没有成形的运营支撑系统，多是手工作坊式开发的一些零散小系统，数据分散，可管理性差。

1995 年 5 月，邮电部电信总局提出开发和建设 "市内电话业务计算机综合管理系统"，即 "97 系统"，并于同年 7 月下发了一系列技术和业务规范，要求全国县级以上的邮电局在 1997 年年底前实施 "九七工程"。"九七工程" 涉及 9 个子系统，其中营业受理、配线配号、订单管理、机线资源管理、综合管理和查询属于基本子系统，112 障碍管理、114 查号、计费处理、号簿管理子系统与基本子系统完全实现数据共享。"九七工程" 的实施，实现了电信市话业务管理的科学化、系统化，提高了电信服务水平和工作效率，降低了运营成本，解决了客户反映强烈的市话装机难、修机难和查询难等问题。

2001—2007 年，随着电信业务的发展，集中的业务诉求越来越多，中国电信陆续出台了一系列有关支撑系统的技术规范和标准，各省级公司相继开始进行支撑系统的本地网集中、省级集中的工作，即把原来分散在各县局、本地网的支撑系统上收至省级公司进行建设与运营。在这个阶段，支撑系统的成熟度、基础能力等方面都有了质的飞跃。

2008 年，中国电信收购了中国联通的 CDMA 网络。由于移动业务具有漫游特性，集团级的系统逐步发展起来，集团与省级这两级协作共同支撑集约化业务成为主流模式，中国电信支撑系统的全业务运营能力进入了一个崭新的发展阶段。

在行业重组和 3G 牌照发放后，电信市场出现新的格局，竞争日趋白热化。随着全业务经营能力的发展和 3G 时代的来临，中国电信持续深入推进聚焦客户的信息化创新战略，坚持品牌统领、聚焦客户的融合性和差异化竞争策略，进一步强化精确管理，优化资源配置。中国电信于 2012 年启动支撑系统的 2.0升级，以满足综合信息服务、品牌经营、精确管理和全网一体化运营等方面的要求。

2016 年，中国电信提出企业转型升级 3.0 战略，其中运营智慧化是关键。转型升级 3.0 战略要求信息化战线紧密围绕智慧运营能力提升，坚持集中、开放、云化的方向，构建企业中台，全面推进大数据应用，让中台成为智慧运营体系的大脑和中枢，实现企业信息化工作从功能提供向数据服务转变，提升企业的智慧决策能力。数据中台的建设，推动中国电信建立数据驱动的智慧运营体系，实现企业的精确管理、市场的精准营销、客户的精细服务、网络的精益运营，但在架构布局与流程上并没有厘清大数据与业务支撑系统的关系。对于大数据与业务支撑系统如何改造升级才能实现真正的数据驱动，实现数据智能对业务支撑系统的赋能，并没有研究得很透彻。

从 2017 年开始，中国电信聚焦数据驱动的特征，结合"上云"，重构旧的BSS，推动新一代智慧 BSS——BSS3.0 的建设，全面开启了数据驱动的企业数字化转型的实践和探索。

1997—2017 年，中国电信的运营支撑系统经历了从人工到自动、从初级到高级、从分散到集中的发展过程，如图 3-2 所示。在全集团不断推进标准化、规范化、流程化、产品化、网络化的努力下，中国电信逐步形成了具备支撑全业务、集团公司和省级公司两级联动的业务支撑和运营能力的良好局面。

图 3-2　中国电信 BSS 域发展历程

3.1.2　中国电信数字化转型需解决的业务问题

2016 年，中国电信针对数字化转型提出了加快推进网络智能化、业务生态化、运营智慧化的目标；还提出了实现数字化转型的重要举措，即通过加强大数据应用，聚焦产品运营、渠道销售、客户服务、网络运营和开放合作等关键运营领域，持续推进集约化、互联网化，以流程优化为基础、以智能 IT 系统为载体，打造以数据驱动为核心的企业中台，把数据变成流淌在企业中的血液，构建市场和一线导向的一体化智慧运营体系，强化精确管理，提升运营效能和客户感知。围绕数字化转型的目标，中国电信通过上述举措需要解决的具体问题如下。

第一，没有建立从数据到智慧的生产体系。首先，数据标准和口径不统一，数据质量有待提升；其次，数据对生产的支持支撑以经营分析类报表支撑为主，决策支持能力较弱，无法满足管理对决策支持的要求。

第二，没有形成"用数据说话、用数据管理、用数据决策、用数据创新"的经营管理理念。在产品运营、渠道销售、客户服务、网络运营和开放合作等关键运营领域，仍然采用以人工经验为主、数据为辅的运营模式。通过数据挖掘、机器学习和专家经验沉淀产生的商业智能未能有效嵌入生产系统，运营支撑系统智慧运营能力不足。

第三，没有形成"大脑思考—落地执行—反馈调优"的运营闭环。各业务流程分散独立，各专业条线没有建立从集团到省级、市级，再到末梢的流程；执行策略与建议无法注入生产系统转化为行动，执行结果不能实时反馈，无法指导执行策略与建议的优化调整。

下面以中国电信的 BSS 为例，详细分析中国电信数字化转型需要解决的具体问题，从业务变革的角度说明中国电信如何从解决问题入手来实施数字化转型。

从支撑业务变革、实现数字化转型的要求看，中国电信传统的 BSS 面临以下困境与挑战。

1. 生产要素问题

企业缺乏对人（客户）、货（产品）、场（渠道）等生产要素的全面准确刻画，生产要素数字化程度不足，运营效率低下，严重制约了企业的数字化转型。具体而言，主要体现在以下几个方面。

● 客户信息分散，不能在一个系统中得到客户完整、全面的信息，从而无法形成统一的客户视图，无法对客户进行准确分析，无法有效地对客户进行精准营销和为其提供个性化服务。

● 多个渠道并存且相互割裂，渠道间缺乏信息共享，渠道协同能力弱，不具备客户统一接触能力，不能适应数字化转型要求的服务资源整合的需要。

2. 流程问题

市场流程标准化程度不足，与生产要素相关的典型业务场景和流程固化，灵活性不够，时效性差，信息缺失、不完整，无法给客户提供售前、售中、售后的端到端全生命周期的服务。具体而言，主要体现在以下几个方面。

● 产品上架流程固化，造成新业务响应时效性不足、产品加载慢、横向前后端衔接不畅通、纵向集团／省级协同不畅通等问题。

● 产品上架流程信息缺失，导致在产品配置上架后，仍需要对计费、信用控制、开通及电子渠道触点加载等进行二次配置来实现产品可销售，影响新渠道的快速接入和产品的快速加载。

● 产品上架流程灵活性不足，上架后采用传统的"产品＋渠道"的销售方式，而非场景化、智能化、主动化的销售行为，不够灵活，不能根据客户的需求和营销的效果对销售流程进行按需随选，无法实时精准地把握面向客户的营销服务。

● 面向客户的营销服务生产流程固化，传统的面向客户的营销服务多采用分公司或专业部门自建工具，或游离于系统外的支撑方式，缺乏统一的智能化支撑工具。

● 面向客户的营销服务生产流程信息不完整，营销与服务脱节，营销活动和营销数据分散，缺乏过程管理，无法进行统一的后评价。

3. 智能化问题

BSS 的信息采集方式仍以人工输入或采集为主，虽然具有大数据分析能力，但大数据分析和生产流程割裂，大数据分析结果不能实时注入生产系统，生产系统不能根据大数据分析结果实现有效的渠道协同和提供实时的营销服务，因此生产流程数据无法形成有效闭环，与数据驱动的数字化转型要求存在很大差距。企业生产经营仍处于信息化初级阶段，智能化水平低。具体而言，主要体现在以下几个方面。

● 信息获取以人工输入与采集为主，获取手段单一，获取信息有限，欠缺全面、深入的客户洞察。

● 大数据分析能力弱，智能化水平低。基于固定 SQL（Structured Query Language，结构化查询语言）脚本建模，灵活性、复用性较差，实现周期长；没有对机器学习、AI 等技术手段进行研究应用和引入，智能化水平不高。

● 大数据分析以事后分析为主，实时化能力不足。大数据应用整合汇聚端到端生产流程数据后，以提供统计、分析功能为主，对各类场景的实时分析与建模能力不足，没有实现向应用系统的实时闭环注智。

为从根本上解决当时的 BSS 在业务支撑方面存在的问题，需要对 BSS 的业务支撑模式进行全方位的重构。通过构建 BPR+AI 的数据智能驱动循环体系，可以实现 AI 和业务的深度融合、数据和生产流程的深度融合，提高生产效率、产品和销售品的上架速度，提供更加精准的面向客户全生命周期的营销服务，全方位增强企业的服务能力与运营能力，实现企业价值和客户价值的共同成长。

第 2 章提到，企业可以通过"四步法"构建 BPR+AI 的数据智能驱动循环体系，以落实数字化转型的四大业务重构。本章将阐述如何在中国电信 BSS 的重构中使用"四步法"，解决 BSS 在业务支撑上存在的问题，实现中国电信数字化转型。

● 核心生产要素的数智化：通过客户孪生信息构建、产品孪生信息构建、渠道孪生信息构建、促销孪生信息构建，实现企业生产经营活动中核心生产要素的数智化。

● AI 注智的业务场景设计：以客户与企业发生接触的全生命周期中的核心业务场景为例，设计 AI 注智的业务场景。

● 重构生产运营流程，形成数字化创新场景：通过标准化的流程组件、积木化的搭建方式，实现各种智能化数据与生产流程快速、灵活的编排，从而实现 AI 注智业务场景快速、灵活的重构。

● 智能数据流循环迭代：将通过大数据建模后产生的数据输入生产系统，为生产流程注智；将生产系统运行的结果数据再次输入大数据平台，为模型迭代优化提供基准；迭代优化模型后再次提取数据为生产系统注智，实现整个数据流的循环；如此循环往复，可不断提高注智模型的准确性，提高生产效率。

3.2 核心生产要素数智化实践

核心生产要素数智化，就是利用数字技术，对核心生产要素的特征、行为、形成过程和性能等进行描述和建模，构建核心生产要素的孪生信息。

企业核心生产要素（客户、产品、渠道、促销）是伴随着通信业务的开展，在生产流程的各个环节中产生及发挥作用的。通信业务的核心生产流程包括售前营销推荐流程、售中订购开通流程、售后计费客服流程。售前营销推荐流程指将电信产品精准地推荐给客户的过程；售中订购开通流程指客户订购电信产品，获得电信通信服务的过程；售后计费客服流程指客户在使用电信通信服务的过程中，支付相应的费用并快速获取相关产品售后服务的过程。

下面以一个售前营销推荐流程的例子来说明这几个核心生产要素是如何在生产流程中发挥作用的。

中国电信确定营销策略，给符合特征的客户推荐优惠券和产品／销售品的流程如图 3-3 所示。当客户接触中国电信的渠道，如浏览中国电信的欢 go 网站、登录中国电信的天翼微店、进入中国电信的线下门店等，客户的接触信息就会被推送到中国电信的营销系统中，系统经过客户识别、策略匹配等操作，筛选出符合客户特征的优惠券（促销）和产品 / 销售品，并通过合适的渠道将其推荐给客户。简言之，就是中国电信在合适的时间，通过合适的渠道，向客户推荐合适的产品 / 销售品和促销优惠。

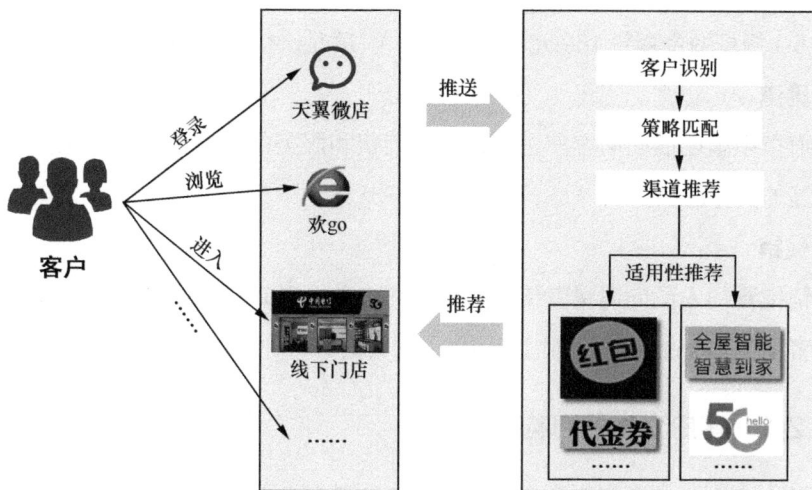

图 3-3　售前营销推荐流程

为便于描述和建模，下面对核心生产要素在中国电信数字化转型中的定义进行说明。

1. 客户

客户指已经订购中国电信产品 / 销售品或可能订购中国电信产品 / 销售品的个人或组织。

2. 产品 / 销售品

这里的产品是狭义的概念，指中国电信利用各种技术和资源生产的具有市场价值、可提供给客户的最小销售单元。产品能够通过网络、资源或设备，以一个整体提供给客户某项或者多项通信功能，通常能够通过具体的网络、资源和设备被客户感知。

产品在中国电信内部区分为接入产品和功能产品等，接入产品和功能产品之间存在关联关系。例如，"移动电话"和"5G 功能"都是产品，其中"移动电话"是接入产品，而"5G 功能"是功能产品，需要依附关联"移动电话"而存在。

销售品指中国电信按照一定的市场策略和资费策略对产品进行组合、定价、包装后形成的，可直接提供给客户的销售单元。

中国电信通过对单个或多个产品进行定价等营销设计，确定资费等营销属性后，以一个整体提供给客户的销售标的就是销售品。例如，我们在营业厅看到的"十全十美5G畅享融合套餐169元档（后付费）"就是一个销售品，也可称为套餐。

3. 渠道

渠道指中国电信面向客户进行营销、销售和服务的载体，是中国电信与客户进行交互的具体途径。

4. 促销

促销指营销人员向消费者传递有关中国电信及其产品的各种信息，说服或吸引消费者购买其产品，以达到增加销售量的目的的一种活动。

3.2.1 客户孪生信息构建

随着市场竞争越来越聚焦于客户、目标市场越来越细分，企业迫切需要开展精准营销，以客户为中心开展营销成为企业的必然选择，这使得客户作为核心生产要素的重要性进一步凸显。只有通过对客户信息完整、全面的刻画，企业才能准确把握客户诉求，为客户提供敏捷、智慧的营销服务。

客户孪生信息构建，是将客户的客观信息以及客户在中国电信的全生命周期中的行为和状态，在数字世界进行全要素重建及数字化映射，通过将散落在多个系统中的客户信息（如客户消费需求、购买行为、使用情况、投诉信息等）汇聚起来，形成客户的完整画像，为针对客户的营销和服务提供指导。

图3-4给出了客户孪生信息的内容及应用场景示例，包括：通过对客户订单和客户偏好的分析，指导生成推荐销售品清单和营销话术；通过对客户服务感知信息的分析，指导企业优化网络质量，为客户提供更好的服务；通过对客户接触轨迹的记录，指导企业提供更好的客户服务，提升客户感知；等等。

中国电信通过数字化手段构建客户孪生信息，进而构建数字化客户经营体系，实现客户精准洞察、营销精准匹配、渠道快速执行、效果实时评价、服务一屏展示的全流程贯通。客户孪生信息构建的过程，是通过对客户与中国电信发生交互关系的过去、现在相关信息的获取和分析，判断客户在中国电信的全生命周期的状态，预测客户在未来可能会和中国电信产生的接触行为，如是否会有购买新产品 / 销售品的需求，对通信业务的使用感知等。因此，客户孪生信息构建是以对客户信息的内涵和外延进行梳理为基础的，其聚焦客户体验，要求企业不仅要全面掌握现在，还要充分考虑未来。

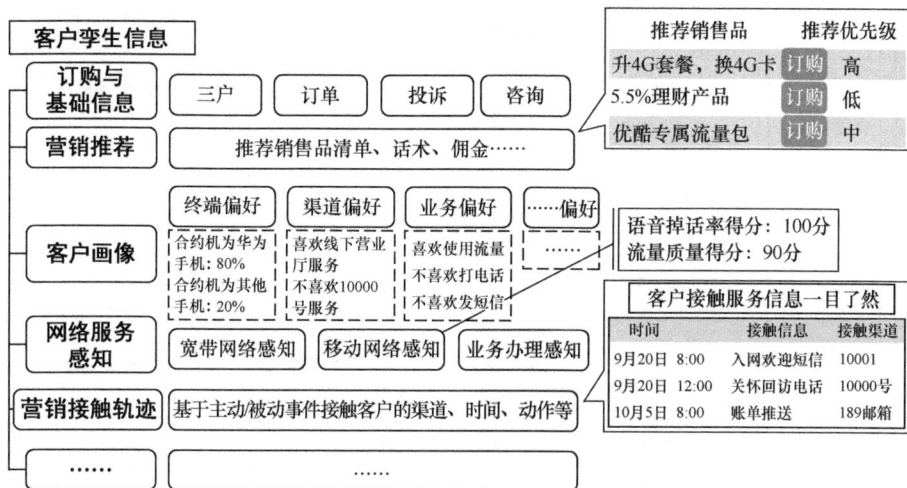

图 3-4　客户孪生信息的内容及应用场景示例

客户孪生信息是中国电信实现数字化转型业务重构的基础。为了帮助读者对客户孪生信息产生直观、全面的认识，下面详细介绍中国电信客户孪生信息的具体内容及构建步骤，并给出相关示例。

客户孪生信息，即中国电信的 360 度客户视图。首先，中国电信对客户全生命周期中产生的各类数据，如接触信息、网络信息、消费信息、订购信息、服务信息等客观数据进行收集和整理。接着，中国电信基于收集到的数据，通过大数据和 AI 技术手段对客户进行智能分析，实现对客户特征的刻画和预测，以客户标签数据、客户感知数据的形式进行表示。收集到的客户客观数据和通过分析形成的客户标签数据、客户感知数据一起形成客户信息的集合，这是客户在中国电信系统中保存的数字化档案，具有唯一性，在中国电信企业内部合规共享。因此，客户孪生信息不仅包含客户数字化的基本特征，如客户基本信息、客户订购信息、终端信息，也包含对客户进行智能分析后产生的数字化刻画信息，如客户画像、网络服务感知信息等。

为便于理解，根据业务的特征，中国电信将客户孪生信息设计为十大板块，如图 3-5 所示，下面分别进行介绍。

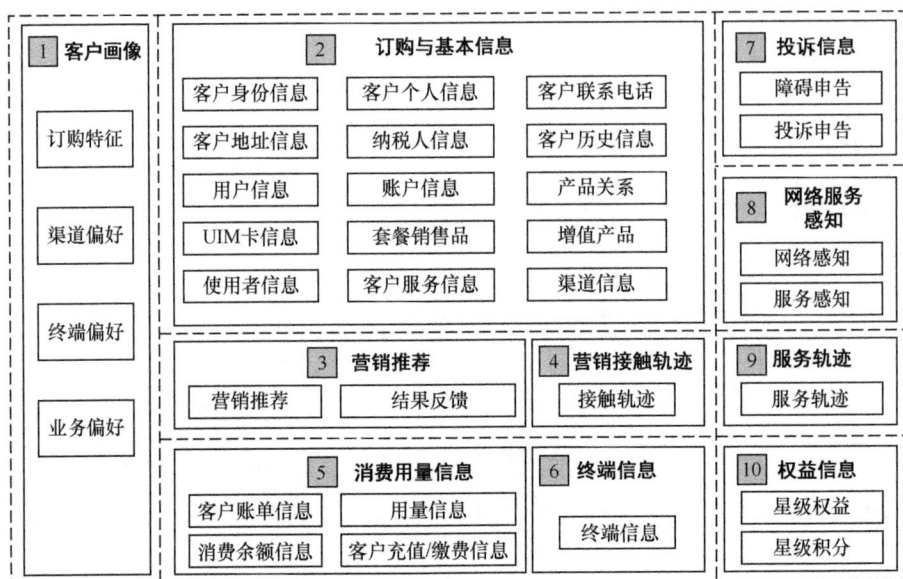

图 3-5　客户孪生信息

1. 客户画像

客户画像是指基于大数据的客户画像模型形成的客户特征标签，这是运用大数据技术赋能核心生产要素的重要体现。在实际生产中，结合经营生产实际需求，分别从家庭客户、政企客户及校园客户的生产服务场景出发，形成多维度的客户标签。

客户画像包含客户特征和业务特征两类标签。客户特征标签是对客户客观信息的分析刻画，如订购特征等。业务特征标签是对客户的业务使用信息的分析刻画，如渠道偏好、终端偏好、业务偏好等。

2. 订购与基本信息

该信息板块包含两部分内容：一是在中国电信系统中保存的客观信息，如客户身份信息、个人信息、联系电话、地址信息、纳税人信息、历史信息等；二是客户与中国电信建立业务订购关系的相关信息，如用户信息、账户信息、产品关系、UIM 卡信息、套餐销售品、增值产品、使用者信息、客户服务信息、渠道信息等。

客观信息是构建客户画像的基础，订购关系的相关信息是客户在中国电信产生业务价值的基础。

3. 营销推荐

该信息板块包含中国电信根据客户潜在需求与业务营销策略，展示的营销内容及对推荐结果的记录。通过该板块的信息，营销人员可了解对客户的推荐情况，同时也可分析预测营销活动对客户的适用性，以及针对客户未来可能存在的营销点。该板块还集成了一键办理功能，便于前台工作人员为营销成功的客户进行业务快速受理，提升客户感知。

4. 营销接触轨迹

该信息板块记录了按照客户接触渠道与接触时间两个维度区分的为客户办理套餐、产生订单等情况，便于营销人员进行协同服务与营销。

5. 消费用量信息

该信息板块包含客户当前及历史的客户账单信息、用量信息、消费余额信息、客户充值 / 缴费信息，便于客服人员、营业前台工作人员快速为客户提供敏捷咨询与服务。

消费用量信息反映客户为中国电信带来的价值。从客户侧看，基于消费用量信息，可以分析该客户的活跃程度，确定客户对中国电信的价值；从企业侧看，可以分析中国电信提供的服务所产生的价值，确定哪些服务属于高价值服务。

6. 终端信息

该信息板块包含客户使用中国电信业务终端的情况。终端包含承接各类连接业务的硬件设备和泛智能终端，是客户感知业务品质的界面。终端的质量和价格是影响维系和挽留客户效果的重要因素。终端营销是改善客户体验和客户黏性的关键因素。

7. 投诉信息

该信息板块按照时间顺序展示客户近期投诉内容，让客服人员在与客户接触的过程中，及时了解当前客户的情况与诉求，做好问题解决与客户安抚工作。

8. 网络服务感知

该信息板块展示了对中国电信为客户提供的网络服务和业务咨询投诉等服务

的客观、综合的评价，反映了中国电信的网络质量和客户服务质量。该板块的信息不是对客户主观评价信息的简单收集，而是通过大数据模型，对网络数据和客户评价数据进行处理后生成的。数据中台通过采集网络数据，针对客户一段时间内在网速、带宽、网络拥塞、脱网、丢包、掉话等方面的投诉信息进行建模分析，定期将评价结果注入客户视图。

9. 服务轨迹

该信息板块按时间顺序展示了中国电信为客户提供服务的全流程信息，实现多系统信息汇聚，为中国电信 10000 号及装维、前台等营销服务人员提供便捷服务。

10. 权益信息

该信息板块包含客户星级及相应的星级权益，便于前台工作人员提供相应的服务。

前文对中国电信客户孪生信息的具体内容进行了概念层面的解释，为使读者更清楚地了解中国电信客户孪生信息十大板块的具体信息及信息表达方式，下面给出一个示例，如图 3-6 所示。

客户孪生信息对客户经营和服务具有强有力的支撑作用，主要体现在以下几方面。

● 信息一致性。客户孪生信息为客户和中国电信的各个接触点，如线下营业厅、网上营业厅、上门的装维师傅、客户经理、客户服务热线等，提供统一的、内容高度一致的信息。

● 信息差异性。中国电信可通过板块定制，充分考虑客户信息隐私性的要求，根据不同渠道、不同工作人员的角色、不同的业务场景，展示不同的客户孪生信息内容，方便面向客户开展营销服务工作。例如，营业员在给符合营销活动要求的目标客户办理业务时，系统会展示该客户的营销推荐信息（含推荐销售品、营销话术）、客户画像、营销接触轨迹等；10000 号客服代表接到客户咨询电话时，系统会展示订购与基本信息、客户画像、投诉信息、服务轨迹、网络服务感知、权益信息等。

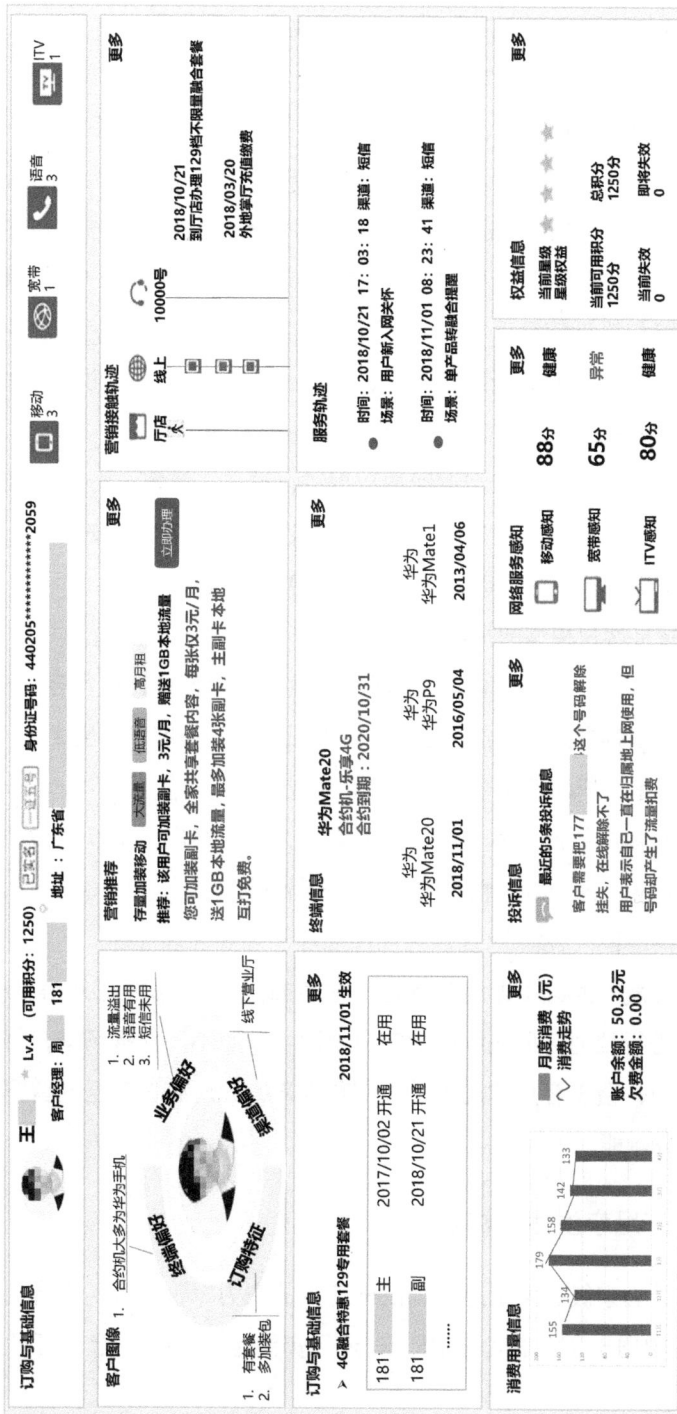

图 3-6　客户孪生信息示例

那么，如何构建客户孪生信息呢？有以下 4 个主要步骤。

第一个步骤是数据收集与处理。

客户和中国电信接触产生的信息会保存在中国电信的各个系统中，没有一个系统拥有客户在中国电信的全流程信息。如客户基本信息和订购信息保存在业务受理系统中；客户通过中国电信的网络使用电信业务，在网络系统中留存了使用记录；客户使用电信业务产生的话单和账单保存在计费系统中；客户在使用业务的过程中产生的故障和投诉信息保存在客服系统中。因此，中国电信需要对信息进行收集。中国电信通过对业务受理、计费、客服、网络等系统中的数据进行收集与处理，可实现对客户在中国电信的全生命周期的行为刻画。

中国电信通过对各系统查询返回的数据进行透传、计算、分析等操作，准确获得反映客户真实状态的客户孪生信息。同时，为保证数据的安全性，需要制定脱敏规则，对数据进行脱敏处理，确保敏感信息不外泄。

第二个步骤是客户模型的构建。

通过大数据和 AI 技术，如深度学习、自然语言处理等，进行客户模型构建，构建的模型可用于客户画像、营销推荐、网络服务感知等信息的生成。

第三个步骤是客户标签和客户感知信息生成。

将处理过的客户数据作为客户模型的输入，生成客户标签、营销推荐、网络服务感知信息，从不同维度、颗粒度对客户进行描述。

第四个步骤是客户信息整合。

对收集到的客户客观数据、客户标签、营销推荐、网络服务感知信息进行整合，基于客户标识进行拉通，形成统一的客户视图。按照不同业务场景，将客户视图细分为十大板块，覆盖客户的过去、现在和未来，让所有信息全面留痕，为一线客户经营与服务赋能。

3.2.2　产品孪生信息构建

中国电信是国家级新型信息基础设施建设的主力军，是云网融合的全球引领者，云和网是中国电信的核心资源。对云网资源进行编排组合，可形成各种业务，例如移动上网、语音通话、短信、宽带、云电脑等，这些业务都被称为产品。我们在电信营业厅或 App 上看到的 199 元全家 5G 融合套餐、10 元 2 GB 流量包、880 元一年 200 MB 宽带等这些标有价格的可购买的服务，一般称为销售品、套餐等。

产品只有封装成销售品，才能被客户购买；客户只有购买了销售品，才能使用中国电信的产品。产品和销售品在生产流程中是不可分割的。下面将分别阐述产品孪生信息构建和销售品孪生信息构建。

1. 产品孪生信息构建

产品孪生信息，即产品视图，是产品各种属性信息的集合，是产品特征的数字化表达。产品视图包括产品内涵信息和产品外延信息。

产品内涵信息主要是对产品特征及特征变化的记录、描述和展现，是产品管理、IT 系统支撑、业务生产等所需的基本信息，包括产品的基本信息、产品服务、产品规则、产品计费、产品地域渠道等。

产品外延信息，是对产品进行智能分析后得到的数字化刻画信息，是对产品的智能化特征的描述。产品外延信息不仅包括对单个产品的描述，如产品标签、量收规模、专业质态指标、资源占用情况、产品销售 / 使用情况、成本投入等，还包括对在售产品的总特征的统计，如产品在售总体情况统计、在售产品热门情况排名等。

产品是中国电信的核心生产要素，因此产品孪生信息也是中国电信实现数字化转型业务重构的基础。为了帮助读者对产品孪生信息形成直观、全面的认识，下面分别对产品内涵信息和产品外延信息进行详细介绍。

（1）产品内涵信息

产品内涵信息包括产品的基本信息、产品服务、产品规则、产品计费、产品地域渠道等五大板块，如图 3-7 所示。

● **产品的基本信息**：主要从产品的功能、属性、构成、提供方等方面进行描述。

● **产品服务**：主要从产品受理开通的要求方面进行描述，包括产品属性、产品属性值约束、产品关系、产品服务提供等。

●**产品规则**：主要描述产品受理开通方面的一些规则，包括产品关联号码规则、产品关系与服务提供联动规则、业务登记单模板、产品实例状态与服务提供约束规则。

●**产品计费**：主要描述产品的计费特性，包括计费基本信息（含计费模式和度量方法）、话单采集点配置、话单格式配置等。

●**地域渠道**：主要描述产品适用区域、产品适用渠道、产品适用销售系统等。

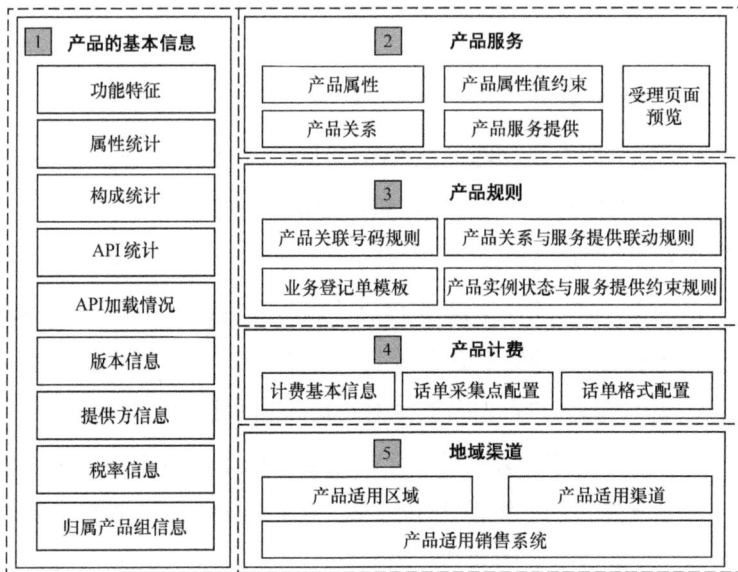

图 3-7　产品内涵信息

（2）产品外延信息

产品外延信息的一个方面，是对单个产品的智能化描述，主要根据产品最终上线后的新增用户量、带来的收益，从区域及时间等多个维度进行分析，既可以展示更多产品销售的相关信息，也可以作为评估产品价值的依据。这一方面的产品外延信息包括量收规模、专业质态指标、资源占用情况、产品销售 / 使用情况、成本投入、KPI 完成情况、服务满意度、产品标签等，如图 3-8 所示。

●**量收规模**：主要考虑产品的收入和使用产品的用户数量。

●**专业质态指标**：主要考虑用户的活跃情况，如活跃用户数、用户的流量、在线时长等，可按地域、时间等多个维度进行统计。

●**资源占用情况**：主要考虑产品占用中国电信资源的情况。

- 产品销售/使用情况：主要考虑产品的新增用户量、PV 统计、UV 统计等。

- 成本投入：主要考虑产品的直接成本和间接成本等。

- KPI 完成情况：主要考虑产品的年度用户规模 KPI 和年度收入 KPI 等的完成情况。

- 服务满意度：列出一线反馈的重点问题和客户投诉的重点问题等。

- 产品标签：描述产品智能化的特征，可以用来标识产品自身优势和卖点，以定位客户，也可以从价格、黏性、客户偏好等维度来构建产品画像。

图 3-8　产品外延信息（单个产品）

产品标签是运用大数据 /AI 技术赋能核心生产要素的重要体现。将处理过的产品数据以及客户购买行为数据等，作为产品标签模型的输入，智能生成产品标签，可从不同维度、颗粒度对产品进行描述。

产品外延信息的另一个方面，是对在售产品总特征的统计，一般可按照在售情况、是否新增，从区域、时间、类别等维度进行综合分析，通过多维度交叉分析可以得出目前在售产品分布情况、产品新增周期性情况等。这方面的产品外延信息主要包括产品统计、热门产品、退市预警产品 3 个板块，如图 3-9 所示。

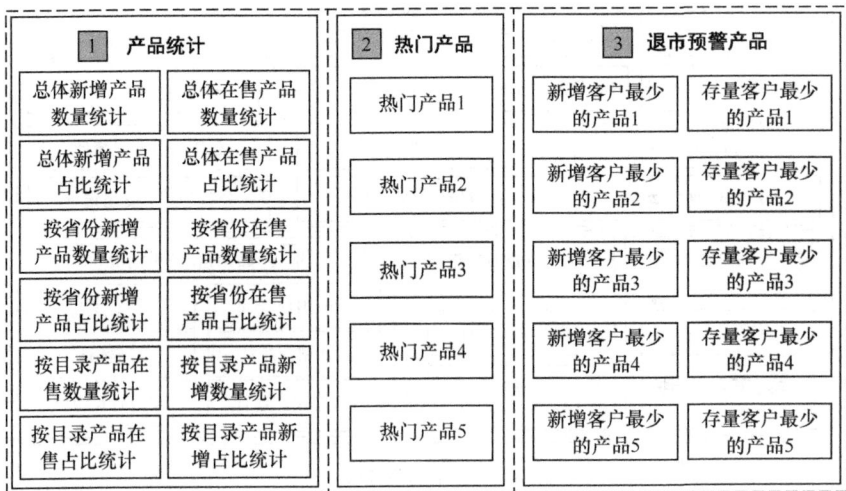

图 3-9　产品外延信息（总特征）

产品不仅包括中国电信的产品，也包括合作伙伴通过中国电信准入后在中国电信上架售卖的产品。因此，产品孪生信息不仅是对中国电信的产品数智化的刻画，也是对合作伙伴的产品数智化的刻画。两者包含的信息内容是一样的，只是提供方不同而已。

2. 销售品孪生信息构建

销售品是通过承接产品功能叠加营销属性设计而成，面向最终客户销售的标的。销售品孪生信息，即销售品视图，是销售品各种属性信息的集合，是销售品特征的数字化表达。

与产品视图类似，销售品视图包括销售品内涵信息和销售品外延信息。

销售品内涵信息主要是对销售品特征及特征变化的记录、描述和展现，是销售品管理、IT 系统支撑、业务生产等所需的基本信息。

销售品外延信息是对销售品进行智能分析后形成的数字化信息，即对销售品的智能化特征的描述，主要用来对销售品上线后的情况进行评估。

图 3-10 给出了销售品视图包含的信息的具体内容，下面对这些信息进行详细解释。

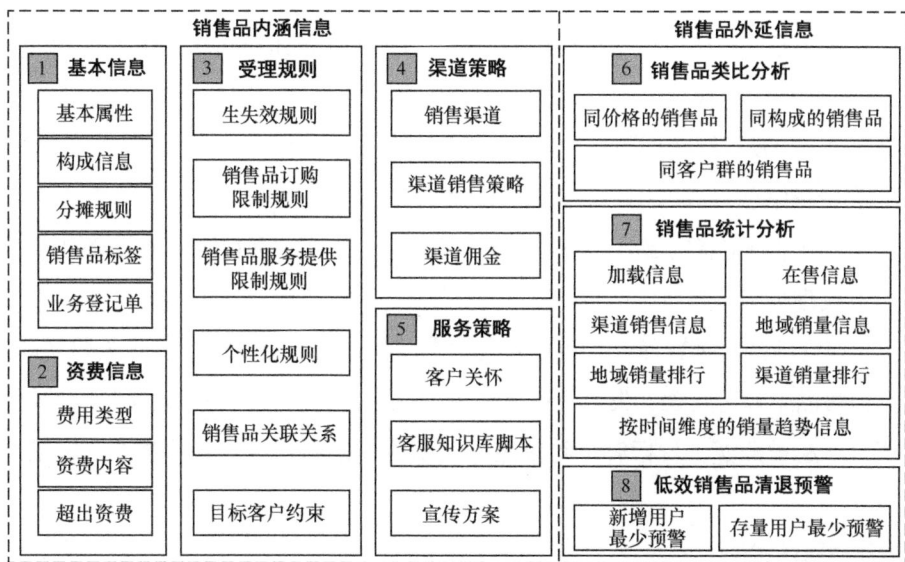

图 3-10 销售品视图

（1）销售品内涵信息

销售品内涵信息包括销售品的基本信息、资费信息、受理规则、渠道策略、服务策略等 5 个方面。

① 基本信息

基本信息主要包括销售品的基本属性、构成信息、分摊规则、销售品标签、业务登记单等。

基本属性是指销售品的目录、名称、类型、上下架时间等。

构成信息是指销售品包含的品种及其构成规则。销售品是产品的一种包装方式，对产品进行组合打包都是通过构成信息来描述的。

电信内部管理需要分摊规则。一般在对外收取费用时以销售品的定价为准，而在财务或经营生产统计时，根据分摊规则将销售品定价分摊到具体的产品上。

销售品标签是运用大数据技术赋能核心生产要素的重要体现。将处理过的销售品数据作为销售品标签模型的输入，生成销售品标签，可从不同维度、颗粒度对销售品进行描述。

业务登记单是在用户订购销售品后，对用户展示的信息或协议，包括用户在下单支付前需要了解的其所订购的销售品的具体信息，特别是促销的一些约束条件等信息，以及用户在订购销售品时需要签署的相关协议等。

② 资费信息

资费信息决定了销售品对外售卖的价格，因此是销售品视图中最关键的信息。

③ 受理规则

受理规则是对销售品是否可以被用户购买的一些限制条件，如生失效规则定义了销售品生效可受理、失效不可受理的情况，销售品关联关系定义了哪些销售品可以一起被购买，目标客户约束定义了销售品的目标客户是哪些个人／组织，等等。

④ 渠道策略

渠道策略主要描述销售品具体的销售渠道、渠道销售策略、渠道佣金等。

销售渠道是指可售卖的渠道，包括销售系统。渠道信息来自渠道视图，可以关联到渠道大类，也可以关联到最终的渠道末梢，甚至到员工。销售系统是中国电信和用户最终接触的操作界面，通常有 CRM 门户网站、翼销售 App、微店 H5 等系统。

渠道销售策略是指销售人员通过销售渠道售卖销售品时使用的营销话术。

渠道佣金是指渠道售卖该销售品可获取的奖励。

⑤ 服务策略

服务策略主要描述与销售品相关的客户服务方面的工作，包含客户关怀、客服知识库脚本、宣传方案等内容。

客户关怀主要指在客户订购销售品的时候，需要为其提供的客户服务（如短信提醒）。

客服知识库脚本，即客服话术，是指根据销售品管理信息，针对可能存在的咨询、投诉等问题统一编写的回复脚本。

宣传方案包含销售品投放广告的渠道、时间等内容。

（2）销售品外延信息

销售品外延信息包括销售品类比分析、销售品统计分析、低效销售品清退预警等内容。

销售品类比分析指按销售品的标签列出相似的销售品，如同价格的销售品、同构成的销售品、同客户群的销售品等。

销售品统计分析指分析销售品实际销售情况，可按照时间、渠道、业务发展量等维度展示受理量数据，可根据销售品的类型、地域、标签和渠道等进行多维度分析，包括加载信息、在售信息、渠道销售信息、地域销量信息、地域销量排行、渠道销量排行、按时间维度的销量趋势信息。

低效销售品清退预警指按一定的规则，对发展情况不好的销售品及时进行下架预警，包括新增用户最少预警、存量用户最少预警等。

前文对中国电信销售品视图的具体内容进行了概念层面的解释，为使读者更清楚地了解中国电信销售品视图的具体信息及信息表达方式，下面给出一个示例，如图 3-11 所示。

中国电信基于销售品上架流程完成销售品孪生信息的构建，实现对全网销售品的统一定义、一点配置。销售品视图通过基本信息与营销活动关联，通过服务策略与服务事件关联，通过关联渠道与渠道视图关联。由此可见，中国电信的核心生产要素不是孤立的，而是通过核心生产流程相互关联和作用，形成一个有机的整体。

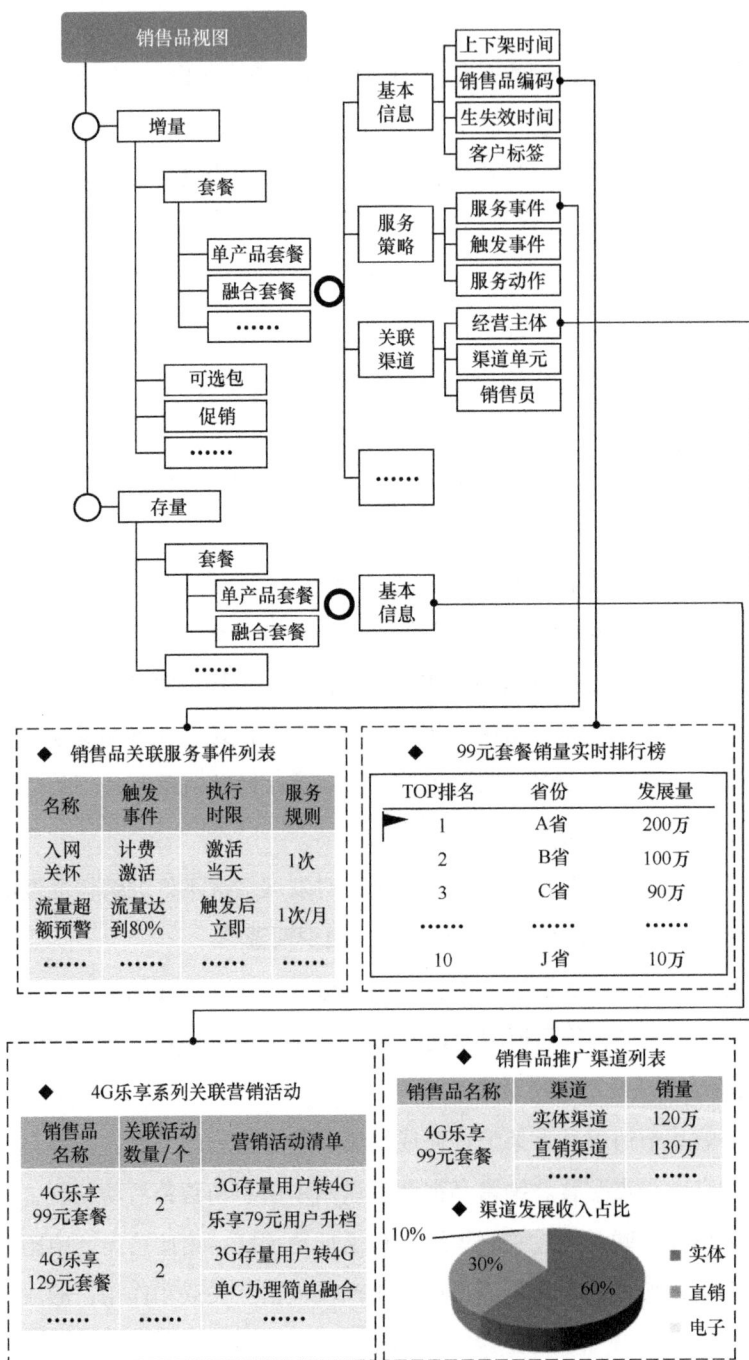

图 3-11　销售品视图示例

3.2.3　渠道孪生信息构建

在市场营销学中，渠道是基础的生产要素之一。营销渠道是指产品或服务转移所经过的路径，由参与产品或服务转移活动，以使产品或服务便于使用或消费的所有组织构成。

中国电信的营销渠道随处可见，不仅有中国电信自有的渠道，还有第三方代理的社会渠道。例如，我们都非常熟悉的中国电信营业厅是一类营销渠道，属于中国电信自有的渠道。一些超市、小卖部也是中国电信的营销渠道，其出售充值卡，支持缴账单费用，属于社会渠道。终端大卖场除了卖终端，还可以办理合约套餐、提供补换卡等业务。这些都是中国电信的线下渠道。除了线下渠道，还有线上渠道，例如各类网掌厅、微厅、线上合作渠道等。

中国电信的营销渠道由渠道单元、经营主体、销售员构成，也就是俗称的"店、商、员"。"店"是指最末端的渠道单元，包括实体店、店中商、政企班组等。"商"是指提供销售服务的经营主体。"员"是发展人、受理人和渠道经理等的统称。

中国电信的数字化转型以客户为中心，这就要求其能随时随地且精准地满足客户的需求，无论线上还是线下，业务随时提供，渠道无处不在。渠道的数字化是渠道无处不在的前提，也是一项最基础的工作。

渠道的数字化就是构建渠道孪生信息，即对所有渠道进行统一的编码，并对渠道属性进行统一规范。所有渠道不仅包括中国电信自有渠道，还包括社会渠道。社会渠道通过中国电信的资质审核，与中国电信建立合作关系后，其信息与自有渠道信息一起由中国电信进行统一管理。

中国电信的渠道孪生信息，即渠道视图，是以渠道编码为核心，对渠道数据进行收集和整理形成的渠道信息的集合，具有"准""全""广"三大特征。

"准"是指渠道视图中的"店、商、员"这 3 类信息中，各标签信息准确、关系信息准确、信息的分类及用途明确。"准"是渠道视图的核心特征，是对渠道的数字化特征的描述。没有准确的信息，一切基于渠道视图的应用对企业不仅没有帮助，还会扰乱企业经营发展的布局。

"全"是指中国电信在集团、省级、市公司范围内的所有已稳定一段时期、形成一定规模的渠道模式，或尚未形成规模但经过广泛讨论需提前部署的渠道模式，均应在渠道视图中定义并体现。

"广"是指在渠道视图中定义的信息都能广泛地、真正地应用于生产。"广"是对渠道的智能化特征的描述。

只有做到"准"，才能确保增量、存量营销中具体营销策略的最终执行渠道可靠；只有做到"全"，才能确保营销策略可关联到合适的渠道；只有做到"广"，才能使渠道视图聚焦生产、减轻一线负担，使渠道视图成为有用的、有生命力的工具，才能使渠道视图向越来越"准"、越来越"全"的方向演进。

渠道视图定义的信息要素，涵盖了"店、商、员"的管理属性信息。为便于理解，根据渠道信息在中国电信业务运营中的作用，我们将渠道视图中的信息分为基本信息、运营信息和标签信息，如图 3-12 所示，下面分别进行介绍。

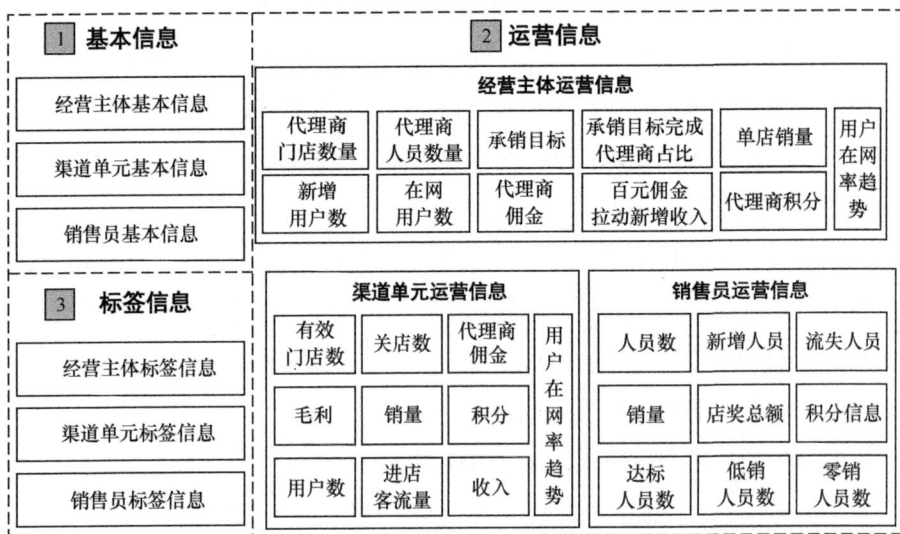

图 3-12　渠道视图

- 基本信息：提供经营主体（商）、渠道单元（店）、销售员（员）的基本信息。这些信息是渠道固有的特征，例如名称、经营范围、证件类型等。
- 运营信息：提供经营主体（商）、渠道单元（店）、销售员（员）的运营信息，统计分析数据主要涉及代理商门店数量、人员数、销量、收入、代理商佣金、积分、毛利等。

- 标签信息：通过大数据和 AI 技术手段对经营主体（商）、渠道单元（店）、销售员（员）标签信息进行智能分析，实现对基本信息特征和运营特征的刻画及预测，描述渠道智能化特征，如旗舰店标签是对渠道单元基本信息特征的刻画，金牌销售员标签是对销售员运营特征的刻画。

上面对中国电信渠道视图的具体内容进行了概念层面的解释，为使读者更清楚地了解中国电信渠道视图的具体信息及信息表达方式，下面给出一个示例，如图 3-13 所示。

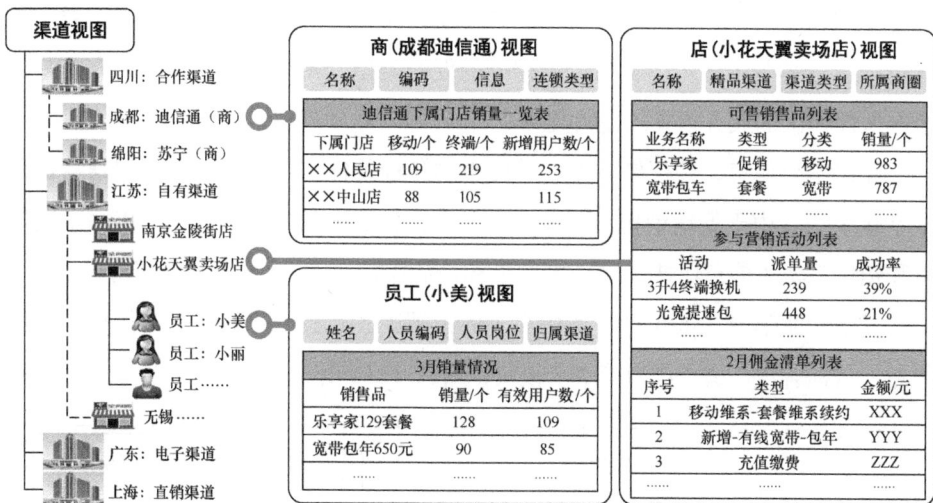

图 3-13　渠道视图示例

渠道孪生信息不仅是实现渠道运营支撑、有效提升渠道能力的基础，也是渠道智能化的基础。

渠道信息的数智化，一方面，能将受理门户网站中的销售订单与"店、商、员"信息关联，实现渠道销量分地域、分类型、分层级、多维度即时分析统计；另一方面，在准确掌握渠道销量的基础上，结合渠道视图中的分类属性，对渠道进行分层分级管理，从而在渠道拓展、补贴激励、合作投入等方面采取不同策略，实现有效拓展和提升渠道能力。

3.2.4 促销孪生信息构建

随着时代的发展，中国电信不断更新促销的载体，呈现多样化的促销形式。中国电信的促销形式主要有促销销售品、电子券等。促销销售品是中国电信特有的促销形式；电子券是中国电信采用与现有的电商平台或互联网公司类似的促销形式，如现金券、礼品券、折扣券等。

促销不仅包括中国电信自有的促销，还包括合作伙伴的促销，二者统一纳入中国电信促销体系进行管理。合作伙伴的促销主要以电子券的形式进行呈现。目前，中国电信的电子券主要有话费抵用券、增值体验券、终端电子券、实物礼品券、翼支付红包券、第三方券等。其中，话费抵用券、增值体验券、终端电子券、翼支付红包券是与中国电信自有业务相关的促销类型，实物礼品券和第三方券是与合作伙伴提供的业务相关的促销类型。

促销孪生信息，即促销视图，是促销的各种属性信息的集合，是促销特征的数字化表达。由于促销销售品的表现形式和销售品一致，因此促销销售品孪生信息和销售品孪生信息保持一致。本节介绍的促销孪生信息主要针对电子券。

促销孪生信息主要包括基本信息、促销规则、目标销售品、互斥促销、标签信息、目标客户、适用渠道等7个板块，如图3-14所示。

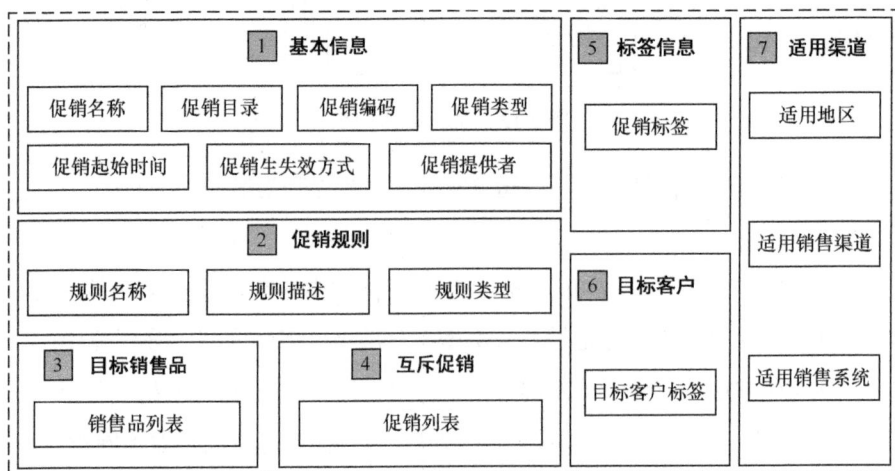

图 3-14　促销视图

1. 基本信息

基本信息指促销的基本属性，主要包括促销名称、促销目录、促销起始时间、促销提供者等。

其中，促销目录是指当前促销归属的具体目录，从目录类别中可以了解促销的基本类型和内容。中国电信自有的促销和合作伙伴的促销，可以通过不同的促销目录来区分，也可以通过促销提供者来区分。

促销起始时间是指促销销售品的上下架时间。调整上下架时间可以很好地控制促销的频率和力度。

2. 促销规则

不同的促销类型对应不同的促销规则，一般来说，一种促销类型只有一种促销规则。促销规则包括规则名称、规则描述、规则类型等。有些促销规则和现有的电商平台或互联网公司的促销规则类似，如减免部分费用、预存送话费、预存送实物等。

终端补贴是中国电信比较特殊的一种促销类型。用户在合约期内订购指定的套餐或套餐组，可以享受终端补贴。终端补贴的常规方式是预存话费。这种促销类型可以有效降低用户离网的风险。

3. 目标销售品

目标销售品也就是促销作用的对象，既可以是所有销售品，也可以是销售品组或者单个销售品。

4. 互斥促销

互斥促销用于确保多种促销类型叠加后不会产生过度优惠的情况，通常将互斥的促销类型放在一个互斥组中，该组的所有促销类型之间不允许叠加。

5. 标签信息

促销标签是运用大数据技术赋能核心生产要素的重要体现。将促销的数据作为促销标签模型的输入，生成促销标签，可从不同维度、颗粒度对促销进行描述。

6. 目标客户

中国电信会对一些特定人群或星级会员推出对应的促销活动。目标客户通常使用目标客户标签来区分。有效区分目标客户可以降低高价值客户离网的风险，提高客户忠诚度。

7. 适用渠道

适用渠道包括适用地区、适用销售渠道和适用销售系统。适用地区可以具体到省份，也可以具体到市、区、县。

在为销售品或营销活动配置电子券的时候，需要保证电子券已经在券池中进行管理。因此，电子券的全生命周期管理是促销孪生信息产生的前提。中国电信的电子券从"出生"到"消亡"共经历了发起、配置、审批、投放宣传、领取和核销 6 个阶段，如图 3-15 所示，每个阶段对应电子券的不同状态。当电子券状态为已启用时，则可以作为促销资源进行配置，提供给客户使用。

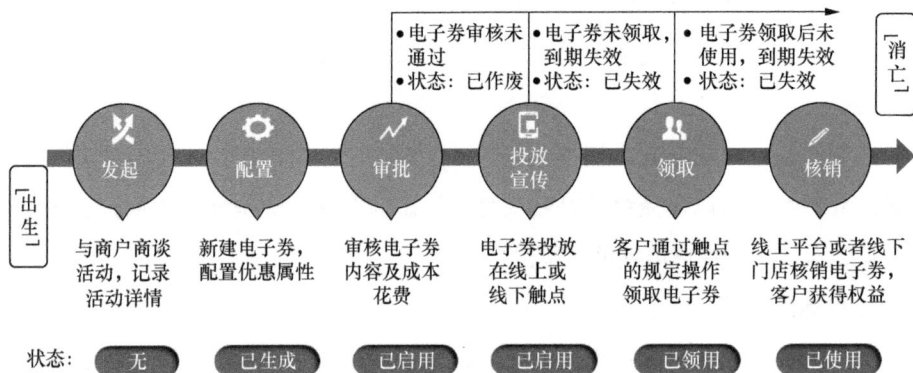

图 3-15　电子券的全生命周期

3.3　业务场景数智化实践

在完成核心生产要素的数智化后，下面需要描述这些数智化后的生产要素交叉、产生联系后的 AI 注智的业务场景。

在中国电信的实践中，业务场景数智化主要以客户为中心，基于 AI 注智能力，将客户及客户与中国电信发生接触的全生命周期全流程与中国电信关键生产流程相结合的业务场景进行数智化。中国电信的关键生产流程可以分为运营支撑与就绪阶段、购买阶段、售后阶段、使用阶段等 4 个阶段，对这 4 个阶段中与客户发生接触的主要业务场景进行分析，形成快速响应市场、精确细分市场、精准客户经营、实时事件营销四大业务场景库，为四大业务重构服务。

我们设计并实施了几百个 AI 智能化场景，在客户感知提升、业务收入拉动和企业运营管控智能化等方面，都取得了很好的成效。

下面从中国电信 AI 智能化场景视图中选取一些典型的场景类别进行说明。

3.3.1　重构快速响应市场的业务场景

快速响应市场的业务场景主要出现在运营支撑与就绪阶段，支持面向客户的智慧营销和智能生产，通过销售品模板或复制已有销售品等极简配置能力、销售品许可证自动申请和获取能力、计费自动转换能力、自动化测试能力等系统能力，实现全流程管控、全要素加载，支撑销售品从策划到末梢渠道的快速上架。

此类场景的主要特点是市场响应快速，销售品配置简单、上架快捷、要素全面，通过将生产环节和产品孪生信息、促销孪生信息结合进行设计，以及流程化的配置，可以大幅提升产品的加载效率；对于上架的销售品，可以指定加载渠道，也可以指定目标客户。

中国电信在实践中，共重构了几十个快速响应市场的智能业务场景，包括单产品、融合套餐、可选包、促销、群组五大类，如表 3-1 所示。

表 3-1　快速响应市场的智能业务场景分类

场景分类	二级分类
单产品类	移动业务
	固网业务
融合套餐类	政企业务融合类
	公众业务融合类
可选包类	通用业务续订类
	定向业务续订类
	一次性包
促销类	合约类
	折扣保底优惠类
	保底消费类
	赠送业务
群组类	亲情网

1. 单产品类

单产品指由一个产品构成的销售品。该类场景结构化地展示了流量折算、流量降速、流量日租、套外流量阶梯资费、个人定制、积木套餐、月租类等单产品类销售品模板。业务部门通过选择模板，实现套餐整体框架搭建和销售品要素呈现，并进行单产品要素界面化配置。

2. 融合套餐类

融合套餐指由两个或以上产品构成的销售品。该类场景结构化地展示了松融合、紧密融合等融合套餐类销售品模板。业务部门通过选择模板，实现销售品整体框架搭建和销售品要素呈现，并进行融合套餐要素界面化配置。

3. 可选包类

此类场景结构化地展示了单业务可选包、短彩信、流量提速、国际漫游语音/流量、一次性包等可选包类销售品模板。业务部门通过选择模板，实现可选包整体框架搭建和销售品要素呈现，并进行可选包要素界面化配置。

4. 促销类

此类场景主要为短期促销类套餐，包括终端补贴、话费补贴、征信分期、阶梯折扣、赠送流量等促销类销售品模板。业务部门通过选择相应模板，实现促销要素界面化配置。

5. 群组类

此类场景指多产品组合形成群组并实现某种特定群组功能的销售品，如亲情网。

业务部门根据具体场景需要，选取对应的销售品模板，可实现销售品构成、资费、赠送费用、关联关系、加载渠道、业务登记单等关键要素的快速加载。

3.3.2　重构精确细分市场的业务场景

精确细分市场的业务场景应用于运营支撑与就绪阶段。此类场景是在快速响应市场的业务场景的基础上，增加空间维度和客户维度，将销售品加载至指定区域或面向特定市场群体进行售卖，并且具备与客户经营支撑流程协同的能力，自动生成相应营销活动，针对特定市场群体开展精准营销。

此类场景需要在配置细分客户、细分渠道专属销售品时，通过客户标签圈定目标客户，并将销售品加载至指定受理渠道；在销售品上市后，仅允许目标客户在指定渠道办理，非目标客户无法办理此套餐。

此类场景的主要特点是市场区隔化准确、价值管控严格、产品形态新颖。通过将生产环节和产品孪生信息、客户孪生信息、渠道孪生信息结合进行设计，在细分市场的基础上实现销售品的加载。

此类场景通过对细分市场的注智，在销售品上架过程中指定销售渠道，规定上架的销售品只能通过特定的渠道销售给特定客户，实现对市场的细分。

中国电信在实践中，共重构了几十个精确细分市场的业务场景，从空间维度和客户维度对其进行分类，如表 3-2 所示。

表 3-2　精确细分市场的业务场景分类

场景分类	二级分类	三级分类
空间维度	属地空间类	基于本地网
		基于区县
		基于乡镇
		基于街区
		基于小区
	渠道空间类	基于渠道空间
	政企空间类	基于商客区域
		基于校园区域
客户维度	公众类	职业类
		家庭类
		星级类
		客户价值类
	政企类	行客类
		商客类
		校园类
	通用类	客户关怀类
		离网预警类

1. 空间维度

此类场景主要面向特定区域，如重点发展区域等细分市场，投放专属销售品，通过区域属性或区域标签实现销售品售卖的区域限制。

此类场景根据集团、省级、本地网空间营销管理体系，按照属地空间（基于公众市场地理位置）、渠道空间、政企空间（基于政企客户涉及的地理区域）3个维度策划专属销售品和营销活动，分为属地空间类、渠道空间类、政企空间类。

- 属地空间类：基于物理空间、资源、标准地址等信息的专属销售品和营销活动。
- 渠道空间类：基于渠道维度的专属销售品和营销活动。
- 政企空间类：基于政企客户特征并且与地理位置（如商客区域、校园区域）强相关的专属销售品和营销活动。

2. 客户维度

此类场景主要面向公众、政企等客户类型加载销售品，并对加载的销售品进行目标客户限定，实现市场区隔。

此类场景基于中国电信对公众类客户、政企类客户的总体划分原则，结合客户全生命周期，策划专属销售品和营销活动，分为公众类、政企类、通用类。

- 公众类：基于公众类客户特征和国家相关部门政策要求，策划专属销售品和营销活动。
- 政企类：基于不同政企类客户的特征，策划面向不同政企类客户的专属销售品和营销活动。
- 通用类：基于客户全生命周期，从客户关怀、离网预警两个方面策划专属销售品和营销活动。

3.3.3 重构精准客户经营的业务场景

精准客户经营的业务场景主要是在运营支撑与就绪阶段和售后阶段，支持面向客户的智慧营销、智能生产和贴心服务，通过客户标签定位目标客户，配置推荐渠道和渠道协同策略，实现营销活动直达触点，以及营销活动的渠道推荐协同。

此类场景的主要特点是营销策划容易、目标客户精准、触点信息协同、接触转化高效。该场景通过将生产环节和产品孪生信息、客户孪生信息、渠道孪生信息结合，对扩大规模、提升价值、维系挽留等市场目标进行梳理。

中国电信在实践中，共重构了几十个精准客户经营的业务场景，通过将选定的目标客户与销售品、渠道、促销等核心要素进行灵活编排，实现营销活动多渠道协同。涉及的场景包括单产品升融合套餐、加装副卡、加装宽带、沉默用户激活、生日关怀促销等营销场景，如表 3-3 所示。

表 3-3　精准客户经营的业务场景分类

场景分类	二级分类
扩大规模	单宽升融
	单移升融
	加装副卡
	加二宽
	加高清
	单固转融
提升价值	沉默用户激活
	加内容权益
	小业务加装
	升 4G/VoLTE/5G
	宽带提速
	套餐迁转
	融合提质
维系挽留	销售品到期
	生日关怀促销
	星级权益促销
	流失预警

1. 扩大规模

此类场景主要针对客户扩充类营销活动，应用于运营支撑与就绪阶段。

2. 提升价值

此类场景主要针对 ARPU（Average Revenue Per User，每用户平均收入）提升类营销活动，应用于运营支撑与就绪阶段。

3. 维系挽留

此类场景主要针对客户维系挽留类营销活动，应用于售后阶段。

3.3.4　重构实时事件营销的业务场景

中国电信定义的事件，是指客户主动做的某件和中国电信相关的事情，或者某件与客户及中国电信为客户提供的服务相关的事情。例如，某客户装机入网和客户登录网厅，这些是客户主动做的与中国电信相关的事情。又如，客户所用的流量即将超出套餐标准和客户的话费余额即将用完，这些事情与客户相关，同时又和中国电信为客户提供的服务相关。针对这些实时发生的事件，中国电信可以开展针对性营销。

中国电信基于客户全生命周期，从客户入网、在网、到期、离网等各个阶段，梳理出 100 多个事件，并通过事件管理能力，实现事件目录、事件名称、事件源、事件描述等内容的数字化表达。

事件的数字化表达主要有以下要求。

● 事件目录定义：事件目录记录事件的基本信息，方便事件的查找和使用。

● 事件源配置：事件源记录事件采集源信息，企业通过配置事件源，可在事件发生时及时获取所需的信息。

● 事件规格配置：事件规格主要是指需要从事件中获取哪些信息，什么时候触发信息。

● 事件动作配置：事件动作主要是指当事件发生时，需要处理的工作。

中国电信的典型事件包括客户交互事件、计费事件、其他事件等，如表 3-4 所示。

表 3-4　事件列表

事件分类	二级分类
客户交互事件	业务办理
	查询
	投诉
	故障申告
	主动关怀

事件分类	二级分类
客户交互事件	营业厅到访
计费事件	使用量类
	费用类
其他事件	网络使用
	合约到期
	异网通信

实时事件营销的业务场景主要是在售后阶段，为客户提供贴心的服务，针对目标客户进行事件的预先设置，当事件发生时，实时触发匹配营销策略，实现营销活动直接触达客户，从而快速把握实时营销机会。

此类场景的主要特点是服务事件全面、需求捕获准确、营销成本降低、客户感知提升，该场景通过梳理客户全生命周期的完整事件库，将生产环节、数智化的生产要素与事件相结合。

中国电信在实践中，从计费、客户交互、网络3个方面重构了几十个实时事件营销的业务场景，涉及使用量事件、话费充值事件、合约到期事件、网络使用事件、5G升级事件等，如表3-5所示。

表3-5　实时事件营销的业务场景分类

场景分类	二级分类
计费类	使用量事件营销
	话费充值事件营销
客户交互类	业务办理事件营销
	合约到期事件营销
	积分兑换事件营销
网络类	网络使用事件营销
	5G升级事件营销

1. 计费类

计费类场景指由计费事件触发的营销活动。计费事件主要考虑使用量和话费方面的要求，涉及的事件源包括计费系统和网元等。

2. 客户交互类

客户交互类场景指由客户交互事件和其他事件中的合约到期事件触发的营销活动。客户交互事件主要考虑业务办理、查询、投诉、故障申告、主动关怀、营业厅到访等方面的要求，涉及的事件源包括 CRM 系统、10000 号系统、微信公众号、营业厅排队系统、大数据中心等。

3. 网络类

网络类场景指由其他事件中的网络相关事件触发的营销活动。网络相关事件主要考虑网络使用、异网通信等方面的要求，涉及的事件源包括 CRM 系统、网元、10000 号系统等。

3.4 生产流程数智化实践

前文描述了中国电信在进行数字化转型时，如何构建 BPR+AI 的数据智能驱动循环体系的前两步，即核心生产要素数智化和 AI 注智的业务场景构建。下面描述第三步，即如何通过企业生产流程重构来支撑全新的 AI 注智的数字化创新业务场景。

中国电信在实践中，重构了快速响应市场、精确细分市场、精准客户经营、实时事件营销四大类几百个 AI 注智的业务场景。为支撑这些业务场景，中国电信构建了两大支撑体系，分别是细分客户细分渠道的销售品支撑体系和客户全生命周期的经营支撑体系，如图 3-16 所示。

细分客户细分渠道的销售品支撑体系以销售品策划的需求发起为出发点，包括配置销售品、配置目标客户、配置销售渠道、配置促销资源，配置客户服务、测试验证、发布上市等 7 个环节 26 个流程组件。在上市一段时间后，对销售品进行后评价。

客户全生命周期的经营支撑体系以营销清单的需求发起为出发点，包括配置营销活动、配置事件、选择目标客户、选择销售品、配置接触渠道、配置促销资源、规则校验、活动发布等 8 个环节 16 个流程组件。在营销活动结束后，对营销活动的效果进行后评价。

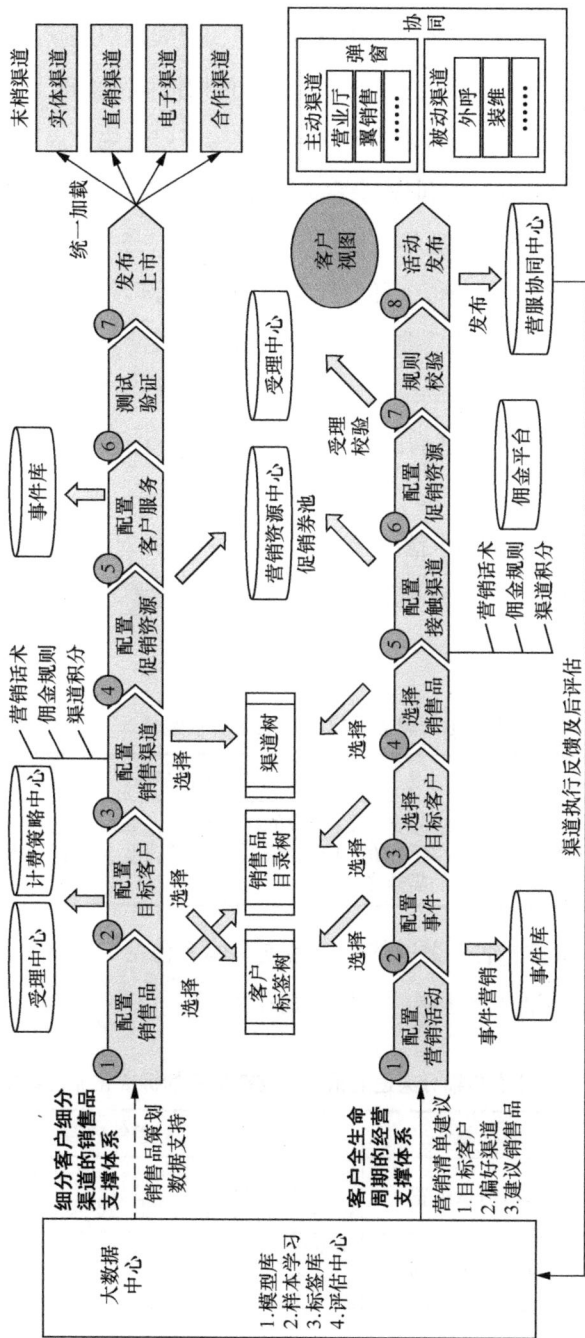

图 3-16　两大支撑体系

通过对这两大体系的环节及流程组件进行编排，完成中国电信生产流程四个方面的重构，实现快速响应市场、精确细分市场、精准客户经营、实时事件营销四大类业务场景。生产流程四个方面的重构是指重构销售品快速上架的生产流程、重构"千人千面"的营销服务诉求生产流程、重构客户全生命周期的精准营销服务生产流程、重构基于事件的实时精准营销服务生产流程。

重构的方法可以简单表述如下。

首先，将两大支撑体系的每个环节按功能要求进行拆分，形成标准化的流程组件。然后，根据业务场景的需要，选取合适的流程组件，采用积木式的搭建方式对流程组件进行快速、灵活的编排，结合数智化的生产要素，形成智能化的支撑业务的生产流程，满足 AI 注智的业务场景的要求，达到产品创新、服务创新、体验创新、商业模式创新的目标。

下面我们将详细描述中国电信的标准化流程组件，并对组件的功能进行说明。

需求是所有支撑业务的生产流程的起点，表 3-6 对需求发起的标准化流程组件进行说明。

表 3-6　需求发起的标准化流程组件

环节	流程组件	组件内容
需求发起	需求信息配置	需求发起部门填报的需求信息，如策划的销售品需求或营销清单需求的内容、联系人、时间及会议纪要等，可形成标准化的需求单

如前所述，细分客户细分渠道的销售品支撑体系包括 7 个环节，这 7 个环节又可以拆分为 26 个标准化流程组件，如表 3-7 所示。

表 3-7　细分客户细分渠道的销售品支撑体系的标准化流程组件

环节	流程组件	组件内容
配置销售品	基本信息配置	需求发起部门填报的销售品基本信息，主要包括名称、描述、上市／退市时间等管理要求
	目录编码管理	选择销售品目录时，系统根据目录自动生成的业务编码

环节	流程组件	组件内容
配置销售品	销售品标签配置	因销售品管理、统计分析或营销需要，对销售品的特征进行标识
	构成信息配置	销售品包含的成员以及构成规则
	资费信息配置	销售品的资费定价信息
	受理规则配置	销售品的业务受理规则的配置，如销售品生效和失效规则等
	关联关系配置	本销售品和其他销售品之间的关联关系，如依赖、互斥等
	分摊规则配置	面向电信内部管理需要的分摊规则
	收入预估	需求发起部门根据销售品管理信息等内容，通过毛利模型计算的收入预测结果
	属性配置	主要用于 CRM、计费等系统的各类业务控制的销售品信息，包括规格属性和实例化属性两大类
	促销规则配置	根据不同的促销规则类型，配置不同的促销规则参数
	业务登记单	订购销售品时需要对用户展示的业务登记单协议内容
	加载宣传方案	各渠道宣传方案
配置目标客户	关联目标客户	关联销售品销售的目标客户，可通过选择客户标签进行配置，也可通过选择业务规则配置
配置销售渠道	关联销售渠道	指定销售品的售卖渠道（渠道类别或"店、商、员"维度）、销售系统
	渠道销售策略	指销售渠道的营销人员沟通交流的销售脚本、销售成功的渠道获取的佣金和积分的规则设定
配置促销资源	关联营销资源	销售品需要绑定或赠送的营销资源，如合约计划需要绑定终端、电子券等
配置客户服务	关联服务场景	基于客户全生命周期的可查看、可预置、可定制的服务场景配置
	客服脚本填写	需求发起部门根据销售品管理信息等内容，对可能存在的咨询、投诉问题统一编写的回复脚本

环节	流程组件	组件内容
测试验证	系统内测	侧重验证系统配置与功能支撑的准确性
	业务测试	根据销售品信息完成模拟客户的受理过程、资费测试，验证配置结果
	业务体验	在业务测试通过后，组织内部员工或外部人员进行业务体验
	风险评估	根据需求信息与验证结果，评估受理、资费、佣金等风险项，并确定是否可以上线
发布上市	上市审批	根据风险评估结果、业务测试结果、业务体验结果，审核销售品是否符合上线条件
	业务通知	根据审核结果，完成对各受理渠道的业务通知
	发布到末梢渠道	完成销售品在支撑系统上的上线和加载

同样，我们对客户全生命周期的经营支撑体系的 8 个环节也进行了拆分，形成了 16 个标准化流程组件，如表 3-8 所示。

表 3-8　客户全生命周期的经营支撑体系的标准化流程组件

环节	流程组件	组件内容
配置营销活动	营销活动基本信息配置	用于支撑营销活动基本信息的配置
配置事件	事件规格配置	配置与营销活动相关的事件规格
选择目标客户	大数据建模客户分群配置	利用大数据模型进行目标客户配置
	标签取数客户分群配置	选取具有相同标签（注智标签）的客户等作为目标客户进行配置
	模型管理	包括目标客户模型全生命周期管理、模型构建、模型评估等，提供模型详情的查询功能
	标签管理	包括标签全生命周期的注册、发布、下线等，提供标签规格的查询功能
	客户分群试算	针对选择的目标客户计算营销清单
选择销售品	销售品配置	定义营销活动对应的销售品
配置接触渠道	渠道配置	定义营销活动对应的目标客户的渠道匹配策略规则，包括接触渠道和渠道营销策略
	佣金规则配置	配置与营销活动相关的佣金规则

环节	流程组件	组件内容
配置促销资源	促销资源配置	配置营销活动对应的促销资源，如电子券等
规则校验	过滤规则配置	配置营销活动需要引用的过滤规则，如派单过滤规则、接触过滤规则等，并细化过滤规则内容
	业务校验	为验证营销活动推荐策略的准确性，对目标客户和目标推荐信息进行抽样业务校验
	受理规则校验	配置是否进行受理规则判断。如果进行受理规则判断，则需要先判断该目标客户是否满足受理规则，满足受理规则的客户才形成营销工单；如果不进行受理规则判断，则对所有目标客户都形成营销工单
活动发布	业务审批	对营销活动进行审批操作
	营销活动发布	对营销活动进行发布

后评价是支撑业务的生产流程的重要一环，它反映了重构后的生产流程对业务场景的支撑效果。同样，后评价也需要进行标准化。表 3-9 对后评价的标准化流程组件进行了说明。

表 3-9　后评价的标准化流程组件

环节	流程组件	组件内容
后评价	效益评估	对销售品上市销售情况、营销活动效果等进行评估分析
	清退规则	根据后评价指标，配置相应的统计维度、阈值，系统自动对满足当前清退条件的销售品进行退市处理

针对 3.3 节提到的中国电信的 4 类业务场景，下面将用例子来说明如何通过积木式的搭建方式对流程组件进行快速、灵活的编排，从而实现生产运营流程重构，满足数字化创新业务场景的要求。

3.4.1　重构销售品快速上架的生产流程

为了更好地适应市场变化，快速响应市场需求，把握市场营销规律，中国电信需要通过流程实现产品、渠道、客户、促销灵活的业务编排，进行面向市场的销售品管理，赋能营销策划。中国电信通过销售品快速上架流程，实现销售品从策划到末梢渠道的快速上架，可构建快速响应市场的业务场景。

销售品快速上架流程是指以数据为驱动，根据渠道、客户等的需求，关联销售品、渠道的智能外延信息，推出符合市场需求的合适的销售品。通过选择合适的流程组件，进行串行或并行组合，形成可进行协同流转的过程，可实现从配置销售品、配置销售渠道、配置促销资源、配置客户服务、测试验证、发布上市到后评价的销售品全生命周期管理。

销售品快速上架流程的目标，是实现销售品快速落地，以及通过全流程、全要素的高效协同和向导式配置，达到一级流程全国统一。

销售品快速上架流程具备如下特点。

● 固化流程：聚焦业务、客户感知，通过系统固化前端各业务流程，实现各个业务部门高效协同。

● 简洁配置：向导式、极简配置，小时级上架，90% 的销售品可基于模板实现分钟级配置。

● 丰富促销：针对销售品可配置促销（红包、电子券等），丰富互联网合作生态。

● 服务创新：客户全生命周期的服务动作可随心配置，服务场景标准化、可定制。

● 管理协同：流程化配置适应全国销售品集中、集约、省份注册管理的要求，满足管理弹性要求，集约销售品一点加载到全国渠道末梢，可实现全渠道协同。

下面用一个案例来说明如何通过标准化的流程组件灵活编排构建快速响应市场的生产流程。

【市场需求说明】

为满足市场上客户对移动上网流量的需求，中国电信业务部门设计了一款名为"天翼畅享 40 GB-199 元套餐"的销售品。该销售品面向所有客户，可通过各渠道直接进行销售，能迅速地在各个渠道发展客户。

该销售品每月的费用为 199 元，客户需采用每月付费的方式支付。该销售品可在全国渠道进行销售。客户订购该销售品后将会获得随机金额的红包，并且会享有新入网激活提醒服务、短期流量包到期提醒服务、生日关怀服务。

需求发起组件的相关信息如表 3-10 所示。

表 3-10 需求发起组件说明

环节	流程组件	组件内容
需求发起	需求信息配置	需求单编码：JT20201202_1020041 需求单主题："天翼畅享 40 GB–199 元套餐"销售品 业务联系人：张某某 业务联系人电话：133******** IT 联系人：李某某 IT 联系人电话：133******** 需求重要程度：一般需求 需求单类别：A 类

【实现分析】

该销售品是为满足客户对移动上网流量的需求而设计的一款大流量类销售品。为了快速响应市场需求，实现销售品快速落地，中国电信业务部门采用销售品从策划到末梢渠道的快速上架流程，快速实现销售品一点加载到全国末梢渠道。

由于该销售品不限制客户，所有的客户都可以购买，所以配置目标客户环节可以不选用。本流程涉及 6 个环节，分别是：配置销售品、配置销售渠道、配置促销资源、配置客户服务、测试验证、发布上市。销售快速上架的业务流程如图 3-17 所示，其中虚线表示不适用的环节。

图 3-17 销售品快速上架的生产流程

【实现步骤说明】

下面对案例实现步骤进行详细说明。

1. 配置销售品

本环节主要承接需求发起组件的相关信息，完成基本信息、构成信息、资费信息、受理规则、销售品关联关系、分摊规则、收入预估等内容的填写，如图 3-18 所示。

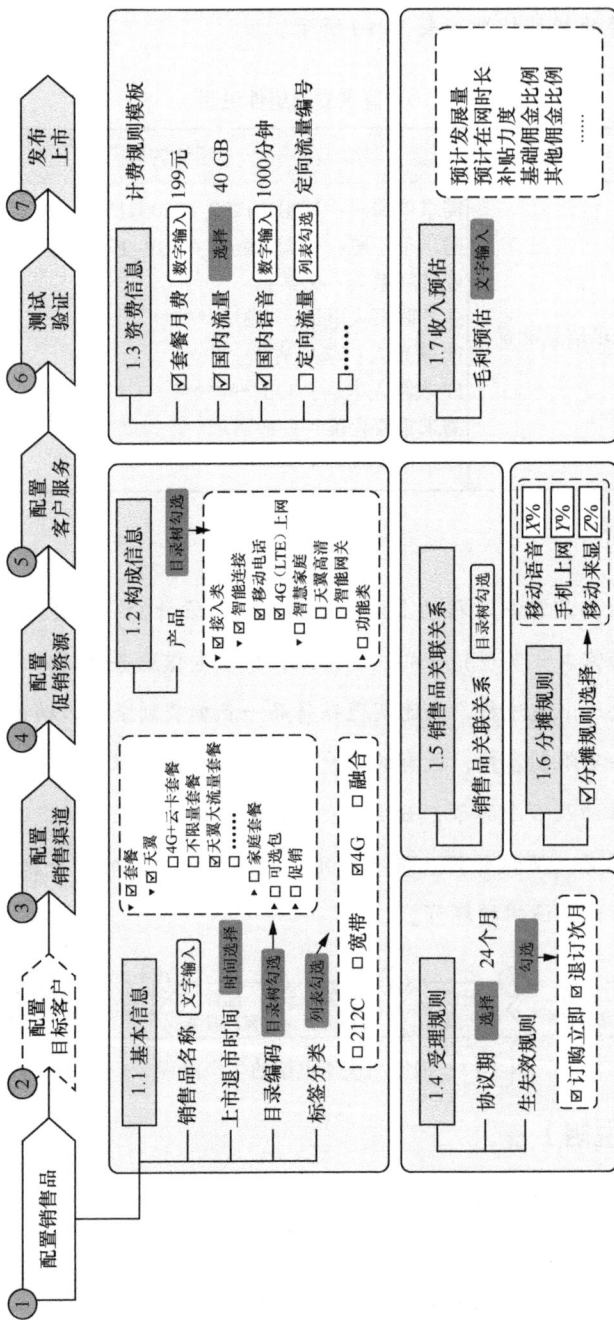

图 3-18 配置销售品环节

（1）基本信息

销售品的基本信息包括销售品名称、上市退市时间、目录编码、标签分类等。

首先选择销售品目录。选择目录后，系统根据目录自动生成业务编码，如本案例中的目录为"天翼→天翼大流量套餐"。

为实现销售品的简洁配置，可通过对已有的销售品进行复制和简单调整来生成新销售品；也可以使用预设的模板，简单修改和勾选所需选项后即可完成配置。由于之前中国电信业务部门已经配置了一款名为"天翼大流量79元套餐"的销售品，本销售品和该销售品类似，因此，本案例选取"天翼大流量79元套餐"进行复制和简单调整，即可生成新销售品。

本案例的销售品基本信息如下。

- 销售品目录：天翼→天翼大流量套餐。
- 销售品名称：天翼畅享40 GB−199元套餐。
- 标签分类：4G。
- 上市时间：2020−10−01。

（2）构成信息

销售品的构成信息主要指销售品包含的成员。当成员类型为产品时，从产品目录中选择产品作为成员；当成员类型为销售品时，从销售品目录中选择销售品作为成员；当成员类型为其他时，可以不包含成员。

本案例的销售品构成信息如下。

- 移动电话。
- 4G（LTE）上网。

（3）资费信息

销售品的资费信息主要包括资费模板实例和资费模板参数实例，支持多种量纲计费要素配置。

本案例的销售品资费信息如下。

- 套餐月费：199元。
- 国内流量：40 GB。

- 国内语音：1000 分钟。
- 收费方式：月初收取。

（4）受理规则

销售品的受理规则主要包括生失效规则、销售品订购限制规则、销售品服务提供限制规则及个性化规则等。

本案例的销售品受理规则如下。

- 协议期：24 个月。
- 生失效规则：订购立即生效，退订次月失效。

（5）销售品关联关系

销售品关联关系主要指本销售品和其他销售品的订购是否关联，如依赖关系表示本销售品和其他销售品需要一起购买，互斥关系表示本销售品不能和其他销售品一起购买。

（6）分摊规则

分摊规则是指面向中国电信内部管理需要的分摊账目、分摊规则。

本案例的销售品分摊规则如下。

- 移动语音：$X\%$。
- 手机上网：$Y\%$。
- 移动来显：$Z\%$。

（7）收入预估

收入预估主要指通过毛利模型计算的收入预测结果。通过填写预计发展量、预计在网时长、补贴力度、基础佣金比例、其他佣金比例等参数，系统直接算出预估的收入。

此外，还需要进行业务登记单设计，从业务登记单模板库中选取业务登记单模板，确定对用户展示的业务登记单协议内容。例如，本案例选择"天翼畅享业务登记单模板"。

同时，还需要填写宣传方案，包括投放渠道、投放时间、方案样例等内容，宣传方案支持富文本输入。各渠道宣传方案可基于此进行二次包装。

2. 配置销售渠道

配置销售渠道主要包括两个内容：指定销售品的售卖渠道，对渠道销售策略进行配置。

关联销售渠道，是指可从多个维度指定销售品的售卖渠道，如某个具体的区域、某个具体的门店、某个具体的销售员等。

配置渠道策略是指配置销售脚本、渠道佣金和渠道积分。销售脚本是销售员与客户沟通交流时所使用的应对内容及流程。渠道销售成功后，中国电信会付给渠道佣金和积分。

本案例的配置销售渠道的信息如下。

- 销售区域：全国。
- 销售渠道：所有渠道。
- 销售脚本：全国通话 1000 分钟，全国范围内免费接听，手机上网国内流量 40 GB。
- 渠道佣金：X 元。
- 渠道积分：成功办理可得 Y 积分。

3. 配置促销资源

促销资源主要指销售品需要绑定的营销资源或权益，如合约计划需要绑定终端、电子券，订购 5G 套餐赠送爱奇艺 VIP 会员等。

在配置时，选择营销资源或权益规格。可以从营销资源池中勾选电子券，允许本地网配置本地网级的电子券。

本案例的配置促销资源的信息为：随机金额的红包。

4. 配置客户服务

服务场景指企业以服务为目标，主动向客户提供服务的行为。

配置客户服务指基于客户全生命周期，配置企业能为客户提供的可查看、可预置、可定制的服务场景。配置时从服务场景目录树中勾选相关的服务场景即可。

本案例的配置客户服务的信息如下。

- 产品类（入网期）：新入网激活提醒服务。
- 销售品类（在网期）：短期流量包到期提醒服务。
- 客账户类（在网期）：生日关怀服务。

5. 测试验证

测试验证包括系统内测、业务测试、业务体验和风险评估。

系统内测侧重验证系统配置与功能支撑的准确性。勾选系统内测的项目，如系统受理测试、模拟出账测试、接口测试等，测试完后生成系统测试的结果。

业务测试是通过用模拟的客户信息在系统上完成受理过程，验证资费计算和系统配置的正确性。如前台受理测试、服务感知测试等。

业务测试通过后，可选择业务体验的场景，组织内部员工或外部人员进行体验。如内部体验、外部体验等。

风险评估是指在上述 3 项测试验证完成后，根据需求信息与验证结果，评估受理、资费、佣金等风险项，并确定销售品是否可以上线。

本案例根据流程引导，完成以下测试验证。

- 系统内测：系统受理测试、模拟出账验证。
- 业务测试：前台受理测试、服务感知测试。
- 业务体验：内部体验、外部体验。
- 风险评估：受理风险、资费风险、佣金风险。

6. 发布上市

发布上市包括上市审批、业务通知和发布到末梢渠道。

上市审批是根据业务测试结果、业务体验结果、风险评估结果，审核销售品是否符合上线条件。

业务通知是业务部门根据审核结果，向各受理渠道发送的通知。

发布到末梢渠道是指根据业务部门审核结果完成销售品的上线和加载。本案例发布上市的信息如下。

- 上市审批：展示 360° 销售品视图、销售品配置详情，无误后同意上市。
- 业务通知：天翼畅享 40 GB–199 元套餐上线通知。
- 发布到末梢渠道：营业厅、翼销售。

【使用组件说明】

表 3–11 给出了本案例使用的组件和各组件的信息。

表 3–11　销售品快速上架的生产流程的组件说明

环节	流程组件	组件内容
配置销售品	基本信息配置	销售品名称：天翼畅享 40 GB–199 元套餐 上市时间：2020–10–01
	目录编码管理	目录：天翼→天翼大流量套餐 根据目录生成目录编码
	销售品标签配置	标签分类：4G
	构成信息配置	移动电话； 4G（LTE）上网
	资费信息配置	套餐方案月基本费：199 元； 国内流量：40 GB； 国内通话：1000 分钟； 收费方式：月初收取
	受理规则配置	协议期：24 个月。 生失效规则：订购立即生效，退订次月失效
	分摊规则配置	移动语音：$X\%$； 手机上网：$Y\%$； 移动来显：$Z\%$
	业务登记单	天翼畅享业务登记单模板

续表

环节	流程组件	组件内容
配置销售渠道	关联销售渠道	销售区域：全国 销售渠道：所有渠道
	渠道销售策略	销售脚本：全国通话1000分钟，全国范围内免费接听，手机上网国内流量40 GB 渠道佣金：X元 渠道积分：成功办理可得Y积分
配置促销资源	关联营销资源	随机金额的红包
配置客户服务	关联服务场景	产品类（入网期）：新入网激活提醒服务； 销售品类（在网期）：短期流量包到期提醒服务； 客账户类（在网期）：生日关怀服务
测试验证	系统内测	系统受理测试 模拟出账验证
	业务测试	前台受理测试 服务感知测试
	业务体验	内部体验 外部体验
	风险评估	受理风险 资费风险 佣金风险
发布上市	上市审批	展示360°销售品视图，销售品配置详情，无误后同意上市
	业务通知	天翼畅享40 GB-199元套餐上线通知
	发布到末梢渠道	营业厅、翼销售

图3-19给出了配置完成后的信息总览，打"×"表示该环节在本案例中不需要配置，直接跳过。

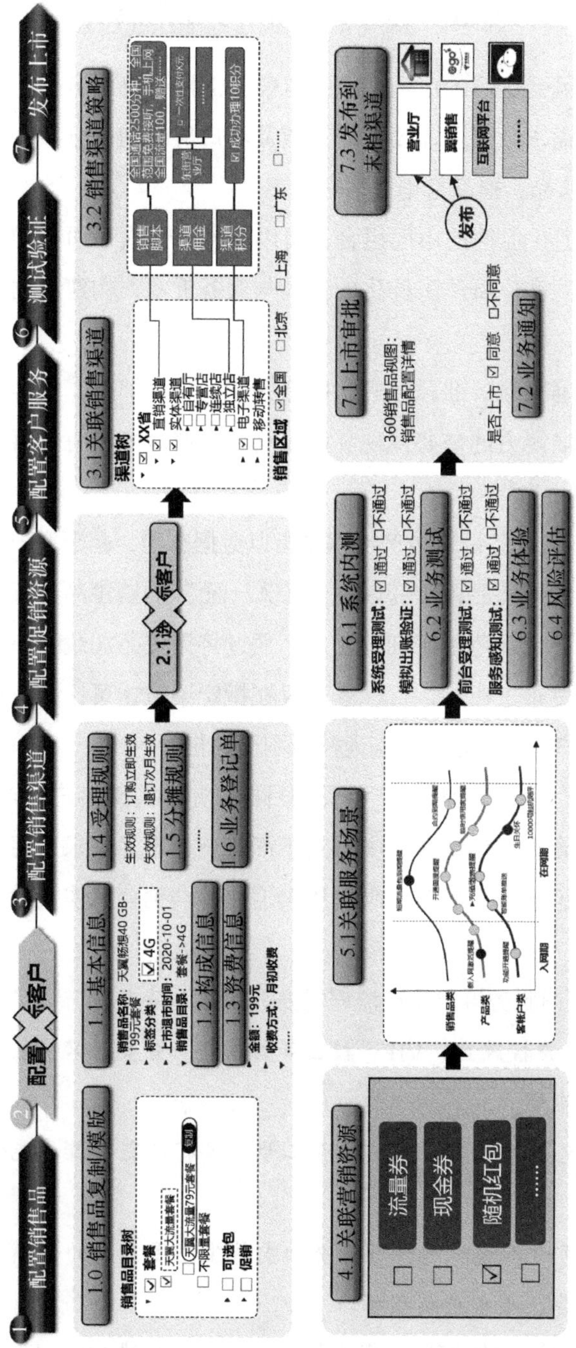

图 3-19　销售品快速上架生产流程示例

3.4.2 重构"千人千面"的营销服务诉求生产流程

面对竞争激烈和风云变幻的市场，中国电信不但需要更加多样化的销售品去满足不同层次的市场需求，而且需要做好渠道及客户群体的区分，为多样化的客户群体提供合适的销售品，提高营销成功率。

客户、产品、渠道、促销的不同组合，可以重构"千人千面"的营销服务诉求生产流程，满足不同客户群体多样化的营销与服务诉求，构建精确细分市场的业务场景。

营销策划快速准确落地、细分客户、指定渠道、灵活编排、精准区隔这 5 个理念，是精确细分市场能力的核心体现。如果这 5 个理念能够有效落地，市场营销将变得简单有效。

"千人千面"的营销服务诉求生产流程是指以数据驱动，基于客户特征和渠道特征，设计推出合适的销售品，改变以往"千人一面"的销售品上架模式。通过客户标签圈定目标客户受理范围来细分客户，通过将销售品加载至指定受理渠道来细分渠道。销售品发布上市后，目标客户仅在指定渠道才可订购此销售品，非目标客户以及目标客户在非指定渠道均无法订购此销售品。

"千人千面"的营销服务诉求生产流程的目标，是通过对客户、产品、渠道、促销四要素的有机组合和灵活编排，实现对不同客户、不同需求采用不同销售渠道的销售品支撑，保证细分目标客户和销售渠道的各类销售品快速落地，赋能营销策划。

"千人千面"的营销服务诉求生产流程需要具备如下特点。

● 细分客户：对客户按政企、VIP、校园等维度进行分类，只有指定客户才能购买，从而有效区隔市场。

● 细分渠道：指定渠道类型、网点甚至工号，只有指定渠道才能销售，避免渠道冲突。

● 生态圈支持：通过各域能力开放，全面支持生态圈产品的营销策划、渠道加载和受理开通、计费，丰富产品类型。

下面用一个案例来说明如何通过标准化组件的灵活编排构建"千人千面"的

营销服务诉求生产流程。

【市场需求说明】

中国电信某省级公司设计了一款销售品，目的是为高流量需求的客户提供更多的流量，满足客户移动上网的需求。

该销售品名称为"流量加餐包 10 元"，月基本费为 10 元，只有"终端类型为 5G 终端、当月流量饱和度大于 80%"的客户才可以购买。为方便客户随时订购及匹配客户的使用特征，该销售品在该省份的所有电子渠道都可以销售，而实体渠道仅在专营店可销售。为吸引客户购买，客户订购该销售品后将会获得随机金额的红包，同时享有合约到期提醒服务、功能开通提醒服务、生日关怀服务。

需求发起组件的相关信息如表 3-12 所示。

表 3-12　需求发起组件说明

环节	流程组件	组件内容
需求发起	需求信息配置	需求单编码：JT20201202_1020042 需求单主题："流量加餐包 10 元"销售品 业务联系人：张某某 业务联系人电话：133******** IT 联系人：李某某 IT 联系人电话：133******** 需求重要程度：一般需求 需求单类别：A 类

【实现分析】

该销售品是为了适应特定客户对移动上网的需求而设计的流量加装类销售品，采用"千人千面"的营销服务诉求生产流程，以实现细分客户细分渠道的销售品支撑。

本流程涉及 7 个环节，分别是配置销售品、配置目标客户、配置销售渠道、配置促销资源、配置客户服务、测试验证、发布上市，如图 3-20 所示。

图 3-20　"千人千面"的营销服务诉求生产流程

【实现步骤说明】

下面对案例实现步骤进行详细说明。由于本案例的大部分环节都和 3.4.1 节中的案例类似，因此对相同的配置环节不再进行详细说明，只说明具体配置的内容，对不同的配置环节才进行详细说明。

1. 配置销售品

由于在本销售品上架之前，该公司没有销售过类似的流量加装包，因此本销售品无法使用复制类似销售品的方式进行配置，只能使用预设好的模板，具体操作为：先选择"细分客户→促销→打折优惠"，再选择所需的模板。

本案例在配置销售品环节填写的主要信息如下。

（1）基本信息

● 销售品目录：促销→促销包。

● 销售品名称：流量加餐包 10 元。

● 标签分类：5G。

● 上市时间：2020-10-01。

（2）资费信息

● 金额：10 元。

● 收费方式：月初收取。

（3）构成信息：5G 上网。

（4）业务登记单：促销包业务登记单模板。

2. 配置目标客户

本环节旨在对该销售品适用的人群进行定义，主要有通过客户标签定义和通过业务规则定义两种方式。

通过客户标签定义是指直接选择标签库中已经设定好的标签，选择后具有该标签的客户自动成为销售品的目标客户。

通过业务规则定义是指直接输入规则，系统经过计算确定满足规则的客户作为销售品的目标客户。

本案例在配置目标客户时，采用通过客户标签定义的方式，选择的标签如下。

- 是否不限量套餐客户：否。
- 终端类型：5G 终端。
- 当月流量饱和度：> 80%。

3. 配置销售渠道

本案例涉及细分渠道的销售品，需要指定销售品的销售渠道。

假设本案例的销售品在江苏省南京市进行售卖，本案例配置的销售渠道信息如下。

- 关联销售渠道：江苏省→南京市→直销渠道、江苏省→南京市→实体渠道→专营店、江苏省→南京市→电子渠道。
- 销售脚本：流量一个月多 20 GB，享受随机金额的红包。
- 渠道佣金：一次性支付 X 元。
- 渠道积分：成功办理可得 Y 积分。

4. 配置促销资源

本案例配置的促销资源为随机金额的红包。

5. 配置客户服务

本案例配置的客户服务如下。

- 销售品类（在网期）：合约到期提醒服务。
- 客账户类（入网期）：功能开通提醒服务。
- 客账户类（在网期）：生日关怀服务。

6. 测试验证

本案例根据流程引导，完成以下测试验证。

- 系统内测：系统受理测试、模拟出账验证。
- 业务测试：前台受理测试、服务感知测试。

- 业务体验：内部体验、外部体验。
- 风险评估：受理风险、资费风险、佣金风险。

7. 发布上市

本案例的发布上市的信息如下。

- 上市审批：展示360°销售品视图，销售品配置详情，无误后同意上市。
- 业务通知：流量加餐包10元上线通知。
- 发布到末梢渠道：营业厅、翼销售。

【使用组件说明】

表3-13给出了本案例使用的组件和各组件的信息。

表3-13 "千人千面"的营销服务诉求生产流程的组件说明

环节	流程组件	组件内容
配置销售品	基本信息配置	销售品名称：流量加餐包10元 上市时间：2020-10-01
	目录编码管理	目录：促销→促销包 根据目录生成目录编码
	销售品标签配置	标签分类：5G
	构成信息配置	5G上网
	资费信息配置	金额：10元。 收费方式：月初收取
	业务登记单	促销包业务登记单模板
配置目标客户	关联目标客户	客户标签如下。 （1）是否不限量套餐用户：否。 （2）终端类型：5G终端。 （3）当月流量饱和度：>80%

环节	流程组件	组件内容
配置销售渠道	关联销售渠道	江苏省→南京市→直销渠道 江苏省→南京市→实体渠道→专营店 江苏省→南京市→电子渠道
	渠道销售策略	销售脚本：流量一个月多 20 GB，享受随机金额的红包。 渠道佣金：一次性支付 X 元。 渠道积分：成功办理可得 Y 积分
配置促销资源	关联营销资源	随机金额的红包
配置客户服务	关联服务场景	销售品类（在网期）：合约到期提醒服务。 客账户类（入网期）：功能开通提醒服务。 客账户类（在网期）：生日关怀服务
测试验证	系统内测	系统受理测试 模拟出账验证
	业务测试	前台受理测试 服务感知测试
	业务体验	内部体验 外部体验
	风险评估	受理风险 资费风险 佣金风险
发布上市	上市审批	展示 360° 销售品视图，销售品配置详情，无误后同意上市
	业务通知	流量加餐包 10 元上线通知
	发布到末梢渠道	营业厅、翼销售

图 3-21 给出了配置完成后的信息总览。

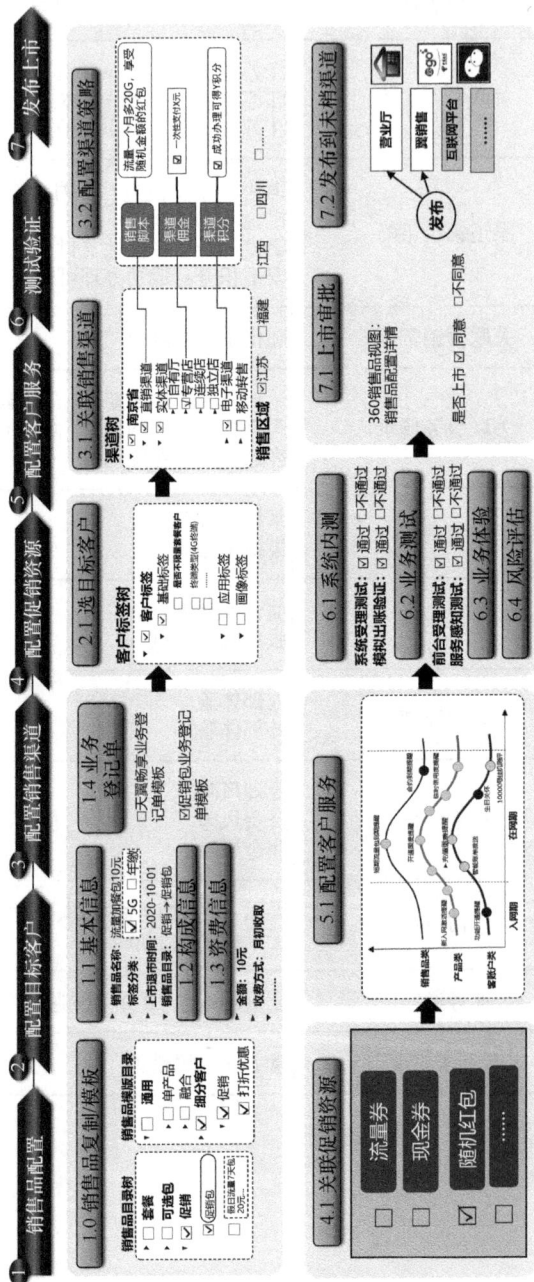

图3-21 "千人千面"的营销服务诉求生产流程示例

3.4.3　重构客户全生命周期的精准营销服务生产流程

营销活动是为实现发展业务和提升收入等企业经营目标，针对客户需求进行分析、设计、规划和实施营销动作的过程。

在营销方面，客户数增长面临天花板效应，传统"撒胡椒面儿"式的大众营销，无法适应企业高质量发展的要求，目标客户在哪里、营销策略如何快速落地、渠道执行是否有偏差、怎样提升营销效果等诸多问题困扰着企业。

为了应对挑战，中国电信构建基于大数据/AI的客户经营支撑体系，使大数据/AI与客户经营支撑流程有机融合，以数据进行驱动，通过流程数字化，形成营销准备、活动配置、审批发布、活动执行、评估反馈五大环节闭环，实现市场支撑能力、客户营销和服务能力的提升。中国电信通过客户全生命周期的精准营销服务生产流程，可构建实现精准客户经营的业务场景。

客户全生命周期的精准营销服务生产流程是指根据当前的营销需求，用销售品的智能外延信息去匹配客户标签，通过客户标签定位目标客户，配置营销服务渠道以及多个渠道之间的协同策略，实现营销活动直达触点，以及多个渠道营销活动的推荐协同。

重构客户全生命周期的精准营销服务生产流程，可适应集团和省级公司营销活动集约化与个性化的管理要求，对配置营销活动、选择目标客户、选择销售品、配置接触渠道、规则校验、活动发布等6个环节的组件进行按需配置和灵活编排，为从集团到省级公司再到市场一线人员的精准客户经营能力赋能。

重构客户全生命周期的精准营销服务生产流程的目标，是通过将大数据/AI与客户、产品、渠道、促销四要素进行有机融合，实现对客户全生命周期的批量营销活动的支撑。

客户全生命周期的精准营销服务生产流程具备如下特点。

● **构建营销活动**：实现客户价值提升、维系、挽留，以及客户与企业价值双提升。

● **大数据注智**：营销人员可以通过标签的有效组合，快速获取目标客户。

● 灵活编排：对客户、渠道、促销、佣金、脚本、派单规则等组件进行灵活编排，快速形成销售订单。

● 信息协同：实现客户经营的全渠道、全触点信息协同，保障客户画像、推荐销售品、销售脚本直达各触点，以及各渠道、各触点服务的一致性。

● 大数据建模：建立集团、省级两级标签体系，实现客户画像构建和精准营销，为客户全生命周期建模、注智。

下面用一个案例来说明如何通过标准化组件的灵活编排重构客户全生命周期的精准营销服务生产流程。

【市场需求说明】

中国电信一线营销人员针对近期客户投诉较多的家庭网络质量差的问题进行营销活动策划，对家庭网络质量差的客户进行主动关怀，并开发商机，为客户推荐更合适的销售品来增强客户在网黏性，提高客户套餐价值。

需求发起组件的相关信息如表 3-14 所示。

表 3-14　需求发起组件说明

环节	流程组件	组件内容
需求发起	需求信息配置	营销活动名称：全屋 WiFi 营销 营销活动内容：为有"宽带质差"问题的客户提供差异化服务，即以装维人员为客户提供光猫 / 路由器更换服务为切入点，对客户进行上门维系，以宽带质量检测为基础，根据测试报告内容确定是否需要引导客户订购全屋 WiFi 服务 营销活动方案：以家庭网络质量数据为基础，通过线上、线下服务切入，在线上渠道和线下渠道协同营销，精准发展全屋 WiFi 客户

【案例实现分析】

本次营销活动旨在为家庭网络质量差的客户进行宽带质量诊断，并根据诊断结果提供全屋 WiFi 服务。为了实现精准客户经营，中国电信采用客户全生命周期的精准营销服务生产流程，为装维人员的精准客户经营能力赋能。

由于本案例涉及客户全生命周期，不随客户生命周期阶段的变化而变化，和不同阶段的服务事件无关，所以配置事件环节不选用。本案例不涉及终端或电子券方面的优惠，所以配置促销资源环节不选用。因此，本流程涉及 6 个环节，分别是：配置营销活动、选择目标客户、选择销售品、配置接触渠道、规则校验、活动发布。客户全生命周期的精准营销服务生产流程如图 3-22 所示，其中虚线表示不适用的环节。

图 3-22 客户全生命周期的精准营销服务生产流程

【实现步骤说明】

下面对案例实现步骤进行详细说明。

1. 配置营销活动

本环节主要承接需求发起组件的相关信息，主要完成活动名称和活动目录的配置。

本案例的配置营销活动的信息如下。

- 营销活动名称：全屋 WiFi 营销。
- 营销活动目录：扩群提质。

2. 选择目标客户

本环节主要定义营销活动适合的人群。

本案例在选择目标客户时，通过客户标签定义的方式，选择的标签是宽带质差客户携带商机。目标客户配置完成后，要求客户分群试算组件计算标签取数客户分群配置的标签客户清单量。

3. 选择销售品

本环节是对按照营销活动计划向目标客户推荐的销售品进行定义。

本案例选择的销售品为全屋 WiFi 服务。

4. 配置接触渠道

配置接触渠道主要包括两方面内容：指定接触客户的渠道，配置渠道营销策略。

指定接触客户的渠道可具体到某个区域、某个门店或某个销售员等。

配置渠道营销策略是指通过配置不同的业务场景，选择不同的推荐方式。

本案例的配置接触渠道的信息如下。

● 接触渠道：装维人员。

● 渠道营销策略：通过在装维单中携带商机标签，开展装维服务并进行营销，其配置信息如表 3-15 所示。

表 3-15　渠道营销策略配置信息

业务场景	渠道营销策略
光猫 / 路由器不达标造成客户感知宽带质差	推荐客户更换终端 / 订购全屋 WiFi 服务
无路由器造成客户感知宽带质差	推荐客户订购全屋 WiFi 服务
WiFi 信号差造成客户感知宽带质差	推荐客户订购 MESH 套装 / 路由器叠加
流量拥塞造成客户感知宽带质差	推荐客户订购 4G 升 5G/ 全屋 WiFi 服务

5. 规则校验

本环节主要定义过滤规则、进行业务校验和受理规则校验。

定义过滤规则是指配置营销活动需要引用的过滤规则，并细化过滤规则内容，以保证营销活动不对客户进行过度的打扰等。过滤规则包括派单过滤规则和接触过滤规则。

业务校验是指营销人员对目标客户和目标推荐信息进行抽样业务校验，以验证活动推荐策略的准确性。

受理规则校验是指配置是否调用受理中心的规则预校验服务，以便在进行目标客户筛选时确定该客户是否可以订购本销售品，避免出现对客户营销成功，而由于受理规则的限制，客户无法订购本销售品，从而影响客户感知的情况。

本案例规则校验的信息如下。

● 过滤规则配置：派单过滤规则为红黑名单过滤、免打扰时段过滤，接触过滤规则为每月接触不超过 3 次。

● 业务校验：显示营销活动的目标客户推荐清单抽样数据。

● 受理规则校验：调用受理中心的规则校验服务，如销售品互斥校验。

6. 活动发布

活动发布是指营销服务策划对营销活动进行发布操作后，活动正式上线。这个环节包括业务审批和营销活动发布两个部分。

业务审批是指确认营销活动配置和营销需求保持一致。

营销活动发布是指活动正式上线后，将活动的内容推送给后续的活动执行环节，完成工单的生成、工单的派发、工单的执行、执行结果的反馈等。

本案例的活动发布的信息如下。

● 业务审批：同意。

● 营销活动发布：活动发布。

【使用组件说明】

表 3-16 给出了本案例使用的组件和各组件的信息。

表 3-16　客户全生命周期的精准营销服务生产流程的组件说明

环节	流程组件	组件内容
配置营销活动	营销活动基本信息配置	营销活动名称：全屋 WiFi 营销；营销活动目录：扩群提质
选择目标客户	标签取数客户分群配置	宽带质差客户携带商机标签
	客户分群试算	计算标签取数客户分群配置的标签客户清单量
选择销售品	销售品配置	销售品：全屋 WiFi 服务

环节	流程组件	组件内容
配置接触渠道	渠道配置	接触渠道：装维人员； 渠道营销策略： 1）如果客户宽带质差是因光猫/路由器不达标，则营销策略为推荐客户更换终端/订购营销全屋 WiFi 服务； 2）如果客户宽带质差是因无路由器，则营销策略为推荐客户订购全屋 WiFi 服务； 3）如果客户宽带质差是因为 WiFi 信号差，则营销策略为推荐客户订购 MESH 套装/路由器叠加 4）如果客户宽带质差是因为流量拥塞，则营销策略为推荐客户订购 4G 升 5G/全屋 WiFi 服务
规则校验	过滤规则配置	派单过滤规则：红黑名单过滤、免打扰时段过滤； 接触过滤规则：每月接触不超过 3 次
	业务校验	显示营销活动的目标客户推荐清单抽样数据
	受理规则校验	调用受理中心的规则校验服务，如销售品互斥校验
活动发布	业务审批	同意
	营销活动发布	活动发布

图 3-23 给出了配置完成后的信息总览，打"×"表示该环节在本案例中不需要配置，直接跳过。

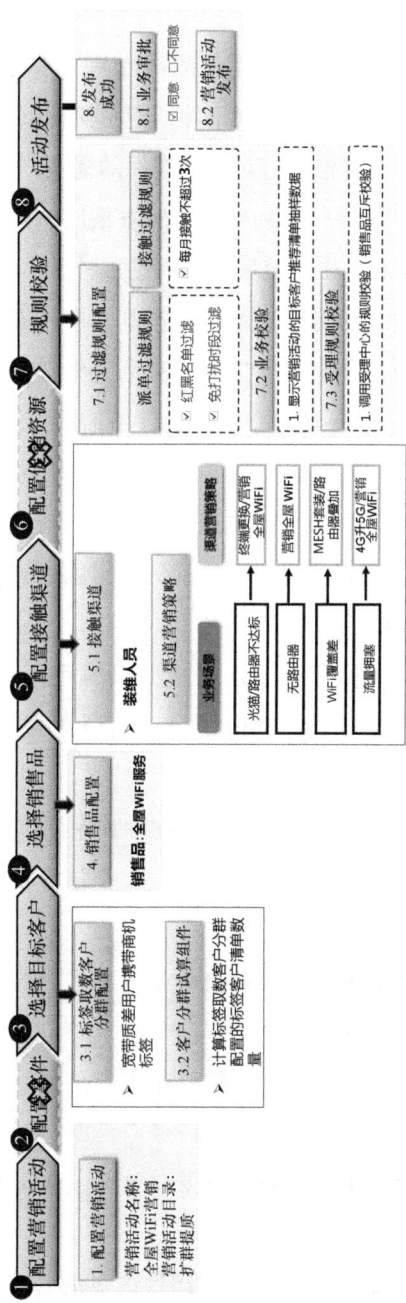

图 3-23　客户全生命周期的精准营销服务生产流程示例

3.4.4　重构基于事件的实时精准营销服务生产流程

为了更好地将实时事件和营销进行有效的结合，中国电信对事件进行数字化的显性表达，同时在营销活动中配置关联事件，定义实现事件类营销活动的策略。在客户事件真实发生时，中国电信通过对实时事件的捕获，经过事件接收或采集、解析、过滤以及营销活动匹配等一系列环节，触发相应的营销动作。中国电信通过基于事件的实时精准营销服务生产流程，可构建实时事件营销的业务场景。

基于事件的实时精准营销服务生产流程是指基于事件库的能力，将事件的特征和客户、销售品的智能外延信息进行匹配和关联，针对合适的目标客户和销售品进行营销。中国电信根据客户全生命周期的营销需要，选择合适的流程组件，通过配置事件定义需要捕获和处理的实时事件，实现对配置营销活动、配置事件、选择目标客户、选择销售品、配置接触渠道、配置促销资源、规则校验、活动发布等 8 个环节的组件的按需配置和灵活编排，为从集团到省级公司再到市场一线人员的精准客户经营能力赋能。

重构基于事件的实时精准营销服务生产流程的目标，是将客户事件与客户、产品、渠道、促销四要素进行有机结合，实现对客户在特定场景下的实时营销。

基于事件的实时精准营销服务生产流程具备如下特点。

● 构建实时营销场景：策划客户网络使用、业务接触等各类可能的场景化精准营销活动。

● 事件管理：建立客户全生命周期各类场景事件库，如客户入网使用、计费事件、订购事件等。

● 灵活编排：对客户、产品、渠道、促销等生产要素进行灵活编排，快速形成基于客户事件的销售订单。

● 实时营销：客户事件发生时，触发场景化销售，使得推荐清单、销售脚本通过短信、微信等触点直达目标客户。

下面用一个案例来说明如何通过标准化组件的灵活编排构建基于事件的实时精准营销服务生产流程。

【市场需求说明】

营销人员发现有很多客户流量需求量大，对网络速度要求高，而流量达到阈值后会出现网络降速的情况，影响客户使用体验。这时向这类客户推荐办理流量提速包业务的成功率会较高。

因此，营销人员进行流量达量降速营销活动策划，以流量达量降速为关联事件，为细分客户、细分渠道匹配不同的推荐策略，从而提升客户价值。

需求发起组件的相关信息如表 3-17 所示。

表 3-17　需求发起组件说明

环节	流程组件	组件内容
需求发起	需求信息配置	营销活动名称：流量达量降速推荐流量提速包。 营销活动内容：当计费系统采集到流量达量降速事件时，即可触发该营销活动，根据事件关联的客户特点进行针对性营销，可推荐客户订购与流量相关的销售品，如 19 元升级包、29 元升级包等。 营销活动方案：通过短信、外呼、社区店等方式，向不同的客户推送不同的销售品

【实现分析】

本次营销活动是为客户推荐流量加装包，流量加装包能为客户提供更多的流量，避免在使用的流量超过一定的阈值后网络速度降低，吸引客户进行价值提升。为了精准捕获目标客户，中国电信采用基于事件的实时精准营销服务生产流程，为实现精准客户经营能力赋能。

由于本案例不涉及终端或电子券方面的优惠，所以配置促销资源环节不选用。另外，本案例对目标客户的辨别是基于客户上网使用的流量达到阈值这一事件，对不同客户群体采用不同的接触渠道，推荐不同的销售品。因此，本流程涉及 7 个环节，分别是：配置营销活动、配置事件、选择目标客户、选择销售品、配置接触渠道、规则校验、活动发布。基于事件的实时精准营销服务生产流程如图 3-24 所示，其中虚线表示不适用的环节。

图 3-24　基于事件的实时精准营销服务生产流程

【实现步骤说明】

下面对案例实现步骤进行详细说明。由于本案例的大部分环节都和 3.4.3 节中的案例类似，因此本案例对相同的配置环节只说明具体配置的内容，对不同的配置环节才进行详细说明。

1. 配置营销活动

本案例的配置营销活动的信息如下。

- 营销活动名称：流量达量降速推荐流量提速包。
- 营销活动目录：融合升档。

2. 配置事件

从事件库中选取触发本次营销活动的具体事件。在事件发生时，根据此营销活动的配置生成营销工单。

本案例的配置事件的信息为实时事件：流量达量降速事件。

3. 选择目标客户

本案例通过客户标签定义的方式选择目标客户，选择的标签如下。

- 99 元档无合约。
- 129 元档无合约。
- 129 元档有合约、合约时间短于 1 个月。
- 129 元以上档。

4. 选择销售品

本案例选择的销售品为：9 元升级包、19 元升级包、29 元升级包、69 元升级包、199 元套餐。

5. 配置接触渠道

本案例基于流量达量降速事件进行客户标签、细分渠道、细分策略的配置。

本案例配置接触渠道的信息如表 3-18 所示。

表3-18 配置接触渠道的信息

客户标签	细分渠道	细分策略
99元档无合约	短信	推荐客户订购9元升级包
129元档无合约	AI外呼	推荐客户订购19元升级包
129元档有合约、合约时间短于1个月	社区店	推荐客户订购19元升级包
129元以上档	客服人员外呼、社区店、微厅	推荐客户订购29元升级包、69元升级包、199元套餐

6. 规则校验

本案例规则校验的信息如下。

● 过滤规则配置：派单过滤规则包括红黑名单过滤、免打扰时段过滤，接触过滤规则为每月接触不超过3次。

● 业务校验：显示营销活动的目标客户推荐清单抽样数据。

● 受理规则校验：调用受理中心的规则校验服务，如销售品互斥校验。

7. 活动发布

完成业务审批后，发布营销活动。

【使用组件说明】

表3-19给出了本案例使用的组件和各组件的信息。

表3-19 基于事件的实时精准营销服务生产流程的组件说明

环节	流程组件	组件内容
配置营销活动	营销活动基本信息配置	营销活动名称：流量达量降速推荐流量提速包 营销活动目录：融合升档
配置事件	事件规格配置	流量达量降速事件
选择目标客户	标签取数客户分群配置	99元档无合约 129元档无合约 129元档有合约、合约时间短于1个月 129元以上档

续表

环节	流程组件	组件内容
选择销售品	销售品配置	9 元升级包 19 元升级包 29 元升级包 69 元升级包 199 元套餐
配置接触渠道	渠道配置	客户为 99 元档无合约，短信推荐客户订购 9 元升级包； 客户为 129 元档无合约，AI 外呼推荐客户订购 19 元升级包； 客户为 129 元档有合约、合约时间短于 1 个月，社区店推荐客户订购 19 元升级包； 客户为 129 元以上档，客服人员外呼，社区店、微厅等多渠道协同，推荐客户订购 29 元升级包、69 元升级包、199 元套餐
规则校验	过滤规则配置	派单过滤规则：红黑名单过滤、免打扰时段过滤； 接触过滤规则：每月接触不超过 3 次
	业务校验	显示营销活动的目标客户推荐清单抽样数据
	受理规则校验	调用受理中心的规则校验服务，如销售品互斥校验
活动发布	业务审批	同意
	营销活动发布	活动发布

图 3-25 给出了配置完成后的信息总览，打"×"表示该环节在本案例中不需要配置，直接跳过。

基于事件的实时精准营销服务生产流程的相关营销活动正式上线后，在客户事件真实发生时，营服协同中心基于实时事件的触发进行事件处理，在短时间内完成与事件相关的规则的匹配过程。事件处理结束，对满足条件的事件进行客户、产品、渠道、促销匹配，再进行渠道推送。

① 配置营销活动

1. 营销活动配置

活动名称：流量达量降速推进流量推送包

活动目标：融合升档

② 配置事件

2. 关联事件

事件目录

- 客户交互
  - □ 新人网激活
- 计费
  - □ 充值
  - □ 国际漫游流量高额
  - ☑ 流量达量降速
  - □ 余额扣减
- 其他
  - □ 合约到期

③ 选择目标客户

3. 客户分群

- 99元档无合约
- 129元档无合约
- 129元档合约<1月
- 129元以上档

④ 选择销品

4. 精准推荐

- 9元升级包
- 19元升级包
- 19元升级包
- 29元升级包
- 69元升级包
- 199元套餐

⑤ 配置接触渠道

5. 匹配触点

- 短信
- AI外呼
- 社区店
- 客服人员外呼
- 社区店
- 微厅

⑥ 配置促销资源

⑦ 规则校验

7.1 规则配置

派单过滤规则
- 红黑名单过滤
- 免打扰时段过滤

接触过滤规则
- ☑ 每月接触不超过3次

7.2 业务校验

显示营销活动的目标客户推荐清单抽样数据

7.3 受理规则校验

调用受理中心的规则咬服务（销售品互斥校验）

⑧ 活动发布

8. 发布成功

8.1 业务审批

☑ 同意　□ 否

8.2 营销活动发布

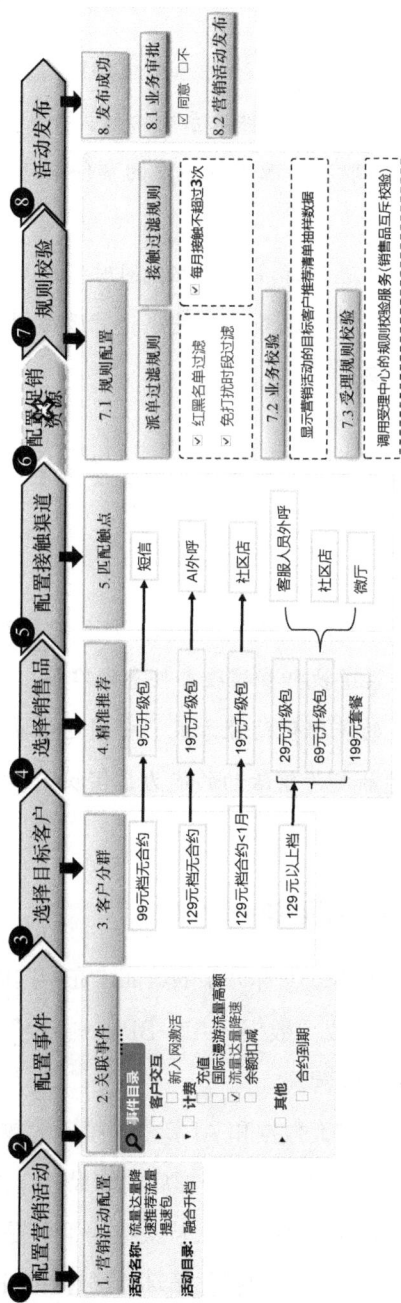

图 3-25　基于事件的实时精准营销与服务生产流程示例

109

事件处理包括以下步骤。

1. 事件接收或采集

事件获取方式有两种模式。一种是事件源系统按照约定提供标准化的事件实例；另一种是营服协同中心实时采集事件源系统的数据并将其标准化为事件实例。通过接口实时接收或采集，获取事件源系统触发的事件信息。

2. 事件解析

事件解析是指对事件信息进行标准化处理，同时判断事件是否与营销服务活动关联。如果事件与执行中的营销服务活动关联，营服协同中心就把事件推送到事件过滤和营销活动匹配环节。

3. 事件过滤

事件过滤指根据事件采集项、匹配条件、触发条件对事件进行合规过滤，以去除无效事件。

4. 营销活动匹配

营销活动匹配是指以事件实例为输入，相关系统实时进行营销活动策略匹配，生成营销服务任务，为后续渠道执行营销服务任务做准备。

通过上述事件实例触发的流程化处理方式，中国电信具备了基于客户与中国电信发生接触的事件来实时触发营销活动的能力，实现了策略实时直达客户，提升了营销效率与客户感知。

3.5 数智循环迭代化实践

构建BPR+AI的数据智能驱动循环体系的第四步在中国电信的实践中体现为：构建智能数据流循环迭代，形成"数据—AI—BPR—数据"数智循环迭代模式，通过数智循环迭代化实现智慧运营。

数智循环迭代化是指将经过大数据和AI算法建模后的数据作为生产系统的数据来源之一，为生产流程注智。生产系统处理后的结果可作为大数据平台的输入，完成模型的迭代优化，迭代优化模型后再次从大数据平台提取数据为系统的生产运营流程注智，可实现整个数据流的智能化循环。通过在BPR+AI体系中智能驱动数据和流程的循环流转，可实现对模型的不断优化，提高模型为整个生产流程注智的准确性，为生产效率的提高赋能。

数智循环迭代化的主要特点体现在以下方面。

● 数据注智业务：基于企业生产数据，构建建模挖掘与 AI、策略控制、生产系统对接的流程，实现对企业生产系统的实时及离线注智，为生产系统赋能。

● 业务生产数据：企业生产系统与大数据平台进行数据实时采集与交互，实现数据建模分析、注智、结果反馈，形成迭代开发闭环。

● 能力开放编排：通过数字能力开放体系，实现对业务能力和数据能力的汇聚和灵活编排。

下面以中国电信的基于事件的实时精准营销服务生产流程为例，说明如何实现数智循环迭代化。

【市场需求说明】

本案例通过丰富和完善客户标签体系和产品标签体系，充分发挥大数据 /AI 建模能力，助力 5G 与宽带融合、会员权益运营等重点客户经营工作的开展。

【实现分析】

首先，确定事件并进行事件规格配置，采用基于事件的实时精准营销服务生产流程，进行营销活动的配置。

当事件发生时，由事件源实时生成并捕捉事件实例后，发送至营销活动执行系统进行策略匹配，生成事件营销实例单，事件营销实例单按营销活动配置的接触渠道信息被实时推送至各个触点。各个触点收到派发的实例单后开展营销活动，并反馈营销结果。

营销结果数据被输入大数据平台，为客户洞察模型迭代优化提供依据。大数据平台根据营销的转化率、转化的目标客户的特征等指标，优化客户洞察模型；根据优化后的模型重新生成目标客户数据，生成新的营销实例单，并将其提供给各触点执行。

具体实现过程如图 3-26 所示。在迭代过程中，涉及的系统包括大数据平台、CPCP 配置能力中心、事件源系统、营服协同中心等。

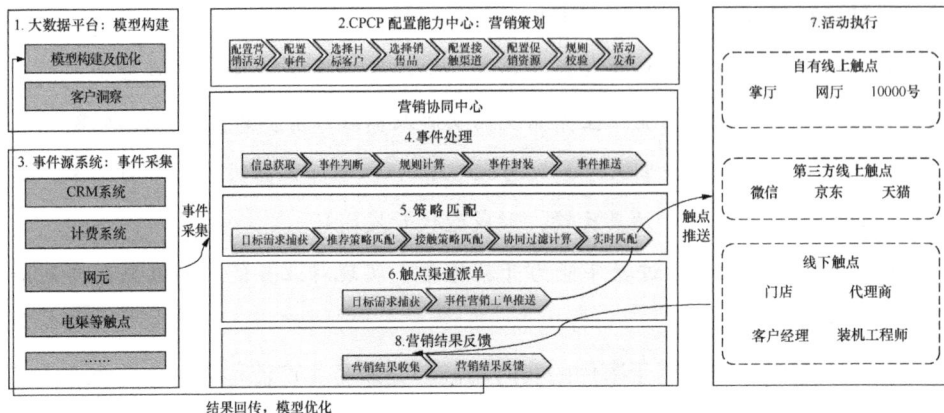

图 3-26 数智循环迭代化示例

【实现步骤说明】

下面对案例实现步骤进行详细说明。

1. 模型构建

大数据平台构建客户标签体系，用训练好的客户洞察模型对客户进行预测，输出转化率高的营销目标客户，并形成标签。

2. 营销策划

按基于事件的实时精准营销服务生产流程，CPCP 配置能力中心配置相应的营销活动。其中，选择目标客户时应考虑大数据平台输出的标签客户。配置完成后进行营销活动的发布，进入生产流程。

3. 事件采集

当事件发生时，事件源系统（即 CRM 系统、计费系统、网元等生产系统）生成事件实例，并通过接口将其推送给营服协同中心。

4. 事件处理

营服协同中心进行事件采集，完成数据接收、数据清洗等操作后，开始进行事件判断、事件封装等；同时将事件封装为标准化的格式，推送到策略匹配环节进行处理。

5. 策略匹配

营服协同中心采用实时计算能力框架，实现对营销活动的 CPCP 匹配，支撑面向客户的实时事件接触，根据匹配的结果生成事件营销实例单。

6. 触点渠道派单

按营销活动配置的接触渠道对营销实例单进行派发。可采用不同派单模式派发接触工单，并根据接触工单的接触结果和营销结果来进行接触协同，防止对客户的过度打扰。

7. 活动执行

触点渠道进行营销服务接触工单执行操作，如从短信渠道给客户发送短信，从 10000 号外呼渠道外呼客户，从客户经理渠道联系客户、进行客户拜访等。

8. 营销结果反馈

活动执行完成后生成且记录接触信息、接触执行结果，并将接触执行结果反馈给大数据平台。

大数据平台针对营销活动执行过程、营销结果进行自动实时评估，根据营销活动效果进一步优化模型和标签，不断对模型进行迭代，以实现数据流的循环迭代。

上篇小结

通过企业数字化转型业务重构实践，我们有几点体会供读者参考。

1. 宏观层面：树立"数据智能驱动企业生产经营"的意识是出发点

当前，无论是从企业的框架、路线、模型还是从数字化转型的现实进展来看，企业的数字化转型已经全面进入智能化时代。智能化时代的企业竞争优势主要体现在以下几个方面：强大的创新能力，意味着企业能够不断推出新的产品或服务，以满足市场不断变化的需求；高效的管理机制，能够帮助企业提高运营效率，降低成本，提高产品质量，提高竞争力；卓越的供应链能力，可以帮助企业降低采购成本，提高生产效率，保证产品的质量；精准的营销能力，意味着企业能够有效地推广和销售产品或服务，从而吸引更多的客户并保持客户忠诚度；开放的生态能力，能够帮助企业与合作伙伴建立良好的合作关系，共同推动业务发展；持续的人才培养能力，可帮助企业吸引和留住优秀的人才，为企业发展提供源源不断的动力。所有这些能力和机制的建设、发展、运营，都离不开数据驱动这一重要特征，数据已经成为企业高质量发展的内生动力。

传统企业的决策通常基于经验、直觉或者有限的、离散的、未经加工的数据，因而具有主观性和不确定性。大数据、AI、物联网等技术不断发展，并应用于数据获取、处理、分析和挖掘，由此，催生了数据智能，其为企业的决策提供了全新的科学视角，企业可以更好地通过数据智能了解市场需求、预测客户行为、优化业务流程、提高生产效率等。因此，智能化时代的数字化转型，需要企业将数据智能作为驱动力，以数据为依据，制定更加科学、精准的决策。意识决定行动，在宏观层面，我们首先要树立数据驱动一切的意识，从满足客户需求、提升运营效率、解决企业痛点问题出发，将企业全流程数据视为重要资产，基于企业数据资产做分析与决策，培养数据驱动的决策文化，推动企业从数据中获取信息与知识并做出更明智的决策。同时，企业内部文化、组织架构和战略定位也应随着意识的转变而同步变革，这是所有企业实施数字化转型的出发点与基础。

2. 中观层面：遵循能力框架与方法论是正确道路

我们参与了中国电信集团及各省级公司众多大型 IT 系统的管理、开发、运营，在众多业务系统重构实践中经历了喜悦、痛苦和无奈。我们通过实践，深刻地认识到，深入推进企业数字化转型需要一个顶层框架，这个框架从体系上要能涵盖企业数字化转型长远健康发展最关键的特征，为企业数字化转型提供根本的遵循指导。好的顶层设计能有效避免业务系统烟囱林立、数据孤岛丛生、投资失控、跨流程不贯通、客户感知差、业务效果不理想、系统可扩充性不足等一系列问题。我们将本书 2.3 节介绍的能力框架作为数字化转型落地实践的顶层设计，将 2.4 节提出的"四步法"作为实操方法论。能力框架与"四步法"相辅相成，后者说明了如何规划"数智驱动场景"，前者说明了如何从机制上保障这些场景高效落地。能力框架作为业务变革与技术变革遵循的核心内涵，对企业 IT 能力进行合理布局，厘清能力之间的逻辑关系，同时确保有效承接运用"四步法"规划的数智化场景，并支持不断循环迭代，全方位、持续落实数字化转型的"上云用数赋智"，推动中国电信走向数字化转型的良性循环。

不同的企业或行业在数字化和智能化方面的核心生产要素、AI 应用场景和业务流程重构存在差异，但能力框架和"四步法"能为各行各业的数字化转型提供通用"基本公式"，很好地赋能各行各业的数字化转型。运用书中提出的能力框架和方法论，企业可以建立基于数据智能的运营体系，将数据智能应用于整个运营流程，推动商业模式、产品和服务、客户体验、运营流程等多个方面的重构，在正确的数字化转型之路上稳步前行。

3. 微观层面：变革一个个具体业务场景是落脚点

在数字化转型初期，我们一度希望通过学习和借鉴其他行业的成功案例，掌握"一招制胜、一步到位"的技巧，达成革命性业务重构目标，快速完成企业数字化转型。随着学习与实践的深入，我们认识到数字化转型无法一蹴而就，需要持续的勇气和毅力。在中国电信的实践中，我们落实"数据智能驱动企业生产经营"意识，贯彻能力框架与"四步法"，企业各级领导和同事坚持"用数据说话、用数据管理、用数据决策、用数据创新"的经营管理理念，聚焦企业管理、产品运营、渠道销售、客户服务、网络运营和开放合作等重点运营领域的痛点问题，依托一个个特定的业务场景，通过大数据与 AI 算法与应用，形成自动化策略与建议，将其嵌入生产运营流程，不断优化流程。例如，为解决客户对业务文档理解不同、受理渠道受限、业务办理慢等客户感知差问题，我们通过数字化模型优化重构销售品上架流程、新增存量客户精准营销等场景，提升了内外部客户业务办理体验；为解决特定场合移动网络质量不稳定问题，我们通过数字化模型优化重构移动客户感知评价体系、新增宽带质量感知运营监控等场景，有效改善了客户网络使用感知；为解决管理决策方面的痛点问题，我们又通过数字化模型优化重构人力资源精确化配置及评价场景、新增多维度投资评价等场景，极大地提升了内部管理的效能……通过一个个"小而具体"的场景优化或新建，使企业形成了以数据为核心的智能化闭环，达到了精确管理、精准营销、精细服务和精益网运的"四精"智能化水平，做到了生产经营全过程可度量、可追溯、可预测、可传承，提升了质量、效率、成本方面的核心竞争力。

在微观层面，实施数字化转型一定要避免好高骛远，要做到"大处着眼、小处着手"，从企业生产运营的具体场景入手，利用数据智能先进行微创新、微变革，再进行大创新、大变革。一个个变革场景的成效构成了企业数字化转型的整体成效。

4. 转型阶段性业务成效再复盘

本书上篇提到的方法论全面应用于中国电信 31 个省级公司的 BSS3.0 建设项目及中国电信承接的菲律宾 PTO 绿地项目，通过数据智能驱动业务重构，助力中国电信取得了较好的阶段性业务成效，主要表现在以下几个方面。

第一，通过将数字化、智能化数据要素注入企业生产运营流程中，给决策者提供决策依据，实现商业模式重构；通过数据智能驱动业务变革，实现对营销服务、网络运营和企业管理全面"注智"，分析和解决企业痛点问题，驱动各方高效协同，实现快速响应市场，有效改善客户网络使用感知、提高企业运营效能。例如，某分公司通过数据智能驱动，全新实现了智慧营销闭环管理、"千人千面"实时推荐、"猜你喜欢"、向上营销、交叉销售等新营销模式，每月接触客户达 5.1 亿次，获得可观的收入增长。

第二，基于客户需求驱动产品、销售品的柔性定制，根据客户历史消费行为，生成"千人千面"的专享套餐；通过业务生态化引入合作伙伴的能力，我们共同为客户提供高质量的产品和服务，在扩规模、调结构、增效益等方面取得了良好的业绩。例如，某分公司在全网的目标客户中开展大转盘定制营销，客户参与度与转化率高，人均参与次数达 4.1 次，该营销活动取得了良好的效果。

第三，基于业务办理、业务开通、安装修障、业务使用、网络监控、故障解决等客户全生命周期信息建立客户画像，并且以客户画像为基础，优化或新建场景，解决客户全生命周期中感知不佳的痛点或断点问题，实现从统一营销到精准营销、从被动服务到主动服务、从粗放网运到精益网运，全面提升客户感知。例如，我们通过客户标签与销售品匹配的方式进行客户精准维系挽留，基于客户主动或被动事件触发实时营销、客户问题实时预测与智能诊断、网络故障预警与及时解决。调研显示，这些措施使得中国电信的客户全流程业务感知得到了明显提升。

第四，中国电信业务流程重构分成两大类。一是优化规范化、智能化水平不足的原有流程，将数据智能嵌入流程进行优化。例如，原有的销售品上架流程环节缺失、智能化水平不足，我们利用客户、产品、渠道等数智化要素进行产品上架流程的优化与重构，使全国核心销售品的配置上架实现从月到天的提速，省级销售品、营销活动配置实现从周到小时的提速。二是利用数据智能驱动，建立新的流程。例如，我们新建了存量客户经营流程、事件实时营销流程，在变革的当年，中国电信的精准营销能力得以大幅提升，营销活动数量迅速增长至几千个，一线使用人数增加至每月几万人，营销成功率增加了 5 个百分点。

通过这几年的数字化转型实践，中国电信集团、省级公司、各专业公司的各级领导与同事，已经形成了向数据要智能、用智能推变革、用变革促转型的工作模式。在统一的能力框架与方法论的指引下，大家集思广益，找问题、用数据、产智能、出方案、创场景，使中国电信呈现出良好的数字化转型态势。

技术重构：
企业数字化转型的基础

第**4**章 企业数字化转型技术重构的思路与方法探索

4.1 当下面临的技术问题

企业数字化转型是结合新一代信息技术对企业进行全方位产业链重构、创新链重塑。全面推动数据智能驱动的企业数字化转型对基础的 IT 架构提出了很高的要求，尤其是对于大中型企业，处理不当会导致架构复杂化、投资不可控、烟囱系统数量激增。因此，强化架构的顶层设计、加强整合是关键。实践表明，持续统一的架构演进能很好地应对企业各方面的数智化需求造成的 IT 架构的频繁变化，有效降低企业成本。

因为企业的 CIO 不仅具有 IT 背景，同时又熟悉企业内部业务和核心价值链，故一般由企业的 CIO 承担数字化转型的技术引导和总体方案规划等重要职责。而在企业数字化转型过程中，CIO 需要考虑的往往不再是单纯地建设 IT 架构来支撑业务，而是如何构建 IT 架构来推动业务发展。

这一发展趋势下，IT 部门往往也不再是单纯的成本单位，而可能变化为利润单位。企业 CIO 要意识到，虽然新技术很重要，但是新技术下产生的新的业务模式和商业逻辑更加重要，只有了解清楚新的业务模式，才能够更加清晰地认识新技术和新架构。

前文提到的为数据智能驱动的企业数字化转型定制的能力框架表明，数据智能驱动的企业数字化转型有其自身特殊的发展规律，需要建立从应用层、业务编排层、能力开放层、能力建设层到云化基础设施层的层层映射的关系。本章将说明如何从技术层面来落实这一能力框架，从而实现运用"四步法"来策划创新业务场景。

通常，就技术框架而言，企业 CIO 需要考虑的核心问题如下：如何"上云"，"上"什么"云"，才能做到可管可维、自主掌控？ 如何构建数据中台与业务中台的数字化能力，满足能力中心化、服务化、平台化的要求，提升应用的敏捷开发能力及数据注智能力？ 如何汇聚数据资产，为业务编排层及应用调用提供唯一入口，构建标准化、统一的能力开放体系？ 如何贯通业务中台及数据中台，实现数据在两个中台间的循环、迭代、优化并最终实现对业务的注智？ 通过哪些技术框架的构建，可以为企业构建什么方面的生态，从而在企业内部推动数据智能驱动的数字化转型？

4.2　敏捷注智技术框架

对大中型企业而言，通过长期的积累，企业内部的存量 IT 资产非常丰富，IT 系统往往很多且种类复杂。现有的 IT 系统尽管能够支撑业务运作，但由于用的是传统的建设和架构模式，日常的迭代开发与运维复杂，对业务的敏捷支撑与智慧化支撑明显不足，导致应用部门怨言不断。

在"上云用数赋智"的大背景下，企业需要规模推动甚至全专业推动而不是局部推动、个案推动数据智能驱动的数字化转型，现有的 IT 架构已经遇到了瓶颈，从长远发展的角度思考，如何确保技术框架对未来可持续推动数据智能驱动的数字化转型的适应性与稳定性是一个难题。上篇提出能力框架及"四步法"的目的，就是希望从长远、规模推动企业数字化转型的角度，有效地把握企业数字化转型在能力构建上的内在规律，并指导企业开展具体的业务实践。运用这些方法论，不管是短期的、局部专业的还是长期的、全专业的数字化转型，都将逐步走上一条康庄大道。那么，究竟什么是适应数据智能驱动的数字化转型的技术框架呢？

我们经过对多个大系统实践的有效实施进行总结，提出企业数字化转型在技术层面需要遵循的重要原则。这里需要指出的是，这些原则及下面要提出的框架，主要针对具有一定规模，期望并有能力自主掌控核心业务系统的大中型企业。如果是小企业，我们不建议用这些方法论，因为付出的代价或许不值得，用市面上成熟的套件或 SaaS(Software as a Service，软件即服务)支持企业运营就足够了。

1. 把握云化基础设施的统一性、标准化、自主掌控问题

云化基础设施是企业内部各个业务系统的公共基础。在传统 IT 时代，由于企业内部 IT 系统多且开发厂家多，各个业务系统的数据库、中间件、应用种类繁多，软件迭代与系统维护复杂，通常系统硬件扩容或软件版本升级都需要停机，而且一个业务系统的升级会涉及周围多套系统的配合调整。大系统的升级就像一个系统工程，需要全方位考虑各个系统之间的逻辑关系及接口关系，并制定严密的割接流程及回退流程，升级周期长，影响面广。

得益于各种分布式架构技术的兴起与逐步成熟，业务系统的构建有了全新的技术底座。基于分布式架构技术，企业"上云"的硬件成本大幅压缩，企业可以采用通用服务器，并且能有效实现系统容量的弹性伸缩，应用实现蓝绿发布、红黑发布或灰度发布，软件系统升级或扩容丝毫不会影响客户感知。

但是在新技术驱动下，仍然需要思考的问题是，业务系统在"上云"重构的过程中，应使用什么样的底座？因为分布式架构的基础组件种类非常多，拿分布式数据库来说，目前流行的组件就有几十种，如开源的 MySQL、PostgreSQL，以及腾讯的 TBase、华为的 GaussDB、谷歌的 Spanner、亚马逊的 Aurora 等软件厂家开发的数据库。众多的组件也给企业的有效管理带来了挑战。

如果我们随意选择底层使用的组件，对云化基础设施不实施统一的、标准化的管理，那么这对今后各种业务系统的迭代开发与运营维护都是致命的。因此对于具有实力的大中型企业，制定统一的各种类型的组件清单、加强软件版本控制意义重大。对于组件，企业求的是稳定与易于维护，通常需要一种机制，来确保各种业务系统的开发都遵循同一种组件标准。

当然，在实际推进过程中，在制定统一的 IaaS、PaaS 清单的基础上，还要求清单内组件制定统一的北向接口，并在应用层预埋标准化的数据探针，从而解决全国各级业务系统从底层云化基础设施到上层应用的统一管理、监控、维护与故障诊断的问题。

2. 把握业务中台建设过程中的能力中心化、服务化问题

大中型企业往往有很多业务系统，"上云"重构的关键是形成可供上层调用的中台能力，业务中台是由一个或多个系统组成的体系，其作用如下。

● 业务中台落实了企业核心的业务运行机制，因而处于企业业务运行生态的核心位置，上层所有的应用系统与运营逻辑都必须和它建立联系，核心的业务数据和业务流程才是中台存在的基础。

● 业务中台在各个业务领域提供了一系列可复用的能力。

那么，什么是业务中台的能力呢？一个软件系统实现特定业务逻辑的功能，对外以某种形态提供出来，这就是能力。

能力的基础是运营逻辑，功能则是具体的展现方式，比如为客户提供统一的认证方式，这就是认证能力或认证功能。在我们的能力框架中，这些中台能力（当然也包括数据能力）通过能力开放层供业务编排层调用形成业务流程，并通过封装形成界面供各个不同的角色使用，最终形成企业的业务运营。从 IT 的角度看，也可以说企业的运营建立在一系列包含中台能力的流程化封装的机制之上，确保员工高效协同工作，达成期望的目标效果。

能力中心化、服务化又是什么呢？能力中心是一个独立的体系，它能够独立运营，支撑多个业务场景，而且关键是在运营过程中不需要横向依赖其他中心提供能力。因此，能力中心的软件升级不会涉及其他中心。

大中型企业在系统重构中清晰抽象出一系列可为上层应用复用的能力中心是非常关键的一步。在实际操作中，产品经理、业务与技术框架师需要形成团队，共同努力，将业务目标相同的一类或多类功能合成一体，组合成一个能力中心。比如，企业的产品经理及销售人员都会用到产品，使用产品的各类属性及特征，那么产品视图就是一个能力中心。

大中型企业由于 IT 系统多，在"上云"重构的大前提下，认真排查各级系统的能力中心就很关键了。这既避免了能力重复建设的问题，也解决了能力重复建设可能导致的数据不一致的问题。至于服务化，就是尽可能推动能力的标准化封装，如统一使用基于 HTTP 的 OpenAPI，为上层应用提供标准化的接口协议框架。

能力中心化、服务化与微服务化的差别在哪里？能力中心化更偏向于业务层面，而微服务通常指架构层面。一个能力中心可以由若干个微服务组成，并且可以通过微服务实现能力的弹性伸缩与灰度发布。

大中型企业建设能力中心并构建丰富的能力，从企业内部讲，是业务编排与应用敏捷开发的关键，这对当前企业快速适应市场环境的变化具有极其重要的意义。更重要的是，企业数字化转型过程中众多能力的沉淀，也为数据资产变现、生态开放打下了坚实的基础。

3. 把握数据中台建设中的数据加工体系构建问题

首先要弄清楚大中型企业在数字化转型过程中为什么要建设数据中台。大多数企业由于在业务快速发展阶段缺乏对整个数据产品体系的整体规划，会出现多个按业务线垂直建设的烟囱式数据平台，并针对数据采集、数据集成、数据开发、数据应用、数据治理等阶段分别开发产品，从而出现大量的重复建设，导致算力、开发人力、运维人力、存储等资源的重复浪费。在这种烟囱式数据平台中，大量跨域业务数据由于缺少统筹规划而无法被综合利用，这会导致数据加工过程中数据特征不全，无法产生真正对企业有用的数据智能，甚至会误导企业决策。

大数据的"大"在于数据的全面性。一个部门的数据不是大数据，一个省份的数据不是大数据，一个专业公司的数据也不是大数据。只有基于统一平台实现企业上下各专业公司数据、各类外部数据的汇聚整合，才能实现数据的全面性。

大数据的"大"在于数据的一致性。如果不能建立起从源数据到数据模型再到指标口径的端到端的数据管控体系，不同的人对同一数据、同一指标就会有不同的理解。

大数据的"大"还在于数据的相关性。如果不能将不同来源的数据有效地关联，就无法突破视野的局限性，就无法揭示出事物间更深层次的联系，就无法挖掘大数据"金矿"。因此，按业务线垂直建设的烟囱式大数据平台，其中的大数据就只能是"管中窥豹"的大数据，就只能是"盲人摸象"的大数据，就只能是"一盘散沙"的大数据。

　　因此，在企业数字化转型中，在各个业务线"上云"重构的过程中，同步规划数据中台非常重要。数据中台与业务中台处于同一个层次，并具有极其重要的战略地位。它是"上云用数赋智"输出智能化数据、赋能业务的大脑，可实现对业务提供的数据能力的抽象和共享。数据中台将企业的数据变成数据资产，提供数据能力组件和运行机制，聚合数据采集、集成、清洗、加工、建模处理、挖掘分析，并以共享服务的方式将数据提供给业务端使用，从而与业务产生联动，结合业务系统的数据生产能力，最终构建业务系统产生数据—数据再加工—数据消费—数据再生的闭环，通过这样持续使用数据、产生智能、反哺业务，从而实现数据智能赋能企业经营管理的方方面面。数据中台有着一套完整的数据变现运营机制。

　　再讨论一个关键问题：要大规模推动数据智能驱动的企业数字化转型，对于数据中台建设，需要关注什么？我们知道，数据中台的建设涉及各个领域的数据整合及数据能力的规范化，势必带来组织架构的变革和重组，这是数据中台建设至关重要的环节，比如专门成立数据中台部门或大数据中心。

　　然而，即使有专门的数据管理与开发团队，仍然无法有效满足各个业务部门日益增长的对数据智能的需求。数据部门常常由于不能及时满足业务部门的需求而被埋怨，对大中型企业而言更是如此。一方面要建立全企业的数据中台，强化各个业务领域数据的集约或集中管理机制；另一方面要及时满足全企业对数据智能的相关需求，推动数据智能在各个专业领域的注智落地。上述两个方面往往是一对矛盾，或者说，集中管理与及时赋智，是在满足企业在数字化转型中对数据智能的规模需求方面的一对矛盾。如何有效解决这样的问题？

　　根据我们的实践，数据中台在强化数据采集、整合、治理的同时，最重要的是关注开放生态的数据加工体系的构建，以及一条适应各个业务条线、各个层级企业人员数据加工流水线的构建。这条流水线，应该具备标准化的数据生产流程、丰富的建模工具、傻瓜式的极简操作、数据操作安全隔离租户化等特点，真正建立从大数据到数据建模再到形成对外提供能力，并开放给业务中台、流程编排与能力编排及应用。随着数据加工流水线的建立，一套完整的数据生产保障机制也需要同步建立，如主数据管理、数据目录管理、元数据管理、数据血缘关系、数据溯源等，确保在流水线上加工的是高质量的数据，并确保期望的效果达成，真正规模推动数据智能的产生并赋能企业全方位的发展。

4. 把握数字化能力开放体系建设在企业数字化转型中的重要位置

如何认识这一点？我们认为可以从以下几个方面入手。

其一，这是众多能力统一管理的需要。随着企业内部各个业务系统"上云"重构，在推动业务中台、数据中台建设的过程中，在实施能力中心化、服务化的进程中，会沉淀大量的能力，这些能力需要统一的管理平台、统一的管理规则，以避免能力调用的混乱无序。

其二，这是应用敏捷开发运营的需要。企业通常面临着激烈的市场竞争，变化的市场、产品、服务、销售通常需要内部的能力、数据、流程乃至应用界面快速开发、定制。通过能力开放体系的构建，企业各项专业能力（包括业务中台的所有能力及数据中台的数据能力）显性化。这些能力的集中统一管理、集中统一开放，通过统一入口的能力的调用、编排，强化业务能力的复用，既避免了能力的重复开发，也实现了应用的敏捷高效交付。

其三，这是企业向数字化业务使能者转型的需要。一个转型成功的数字化企业，会积极利用数字化能力体系，打包核心数据资产和核心能力，如客户管理、销售服务、客户体验、客户习惯偏好等，吸引生态链中成千上万的商家到数字化能力平台上提供和分销业务，实现多方共赢。

著名的电商企业亚马逊，从 2001 年开始，除了宣传自己是最大的网络零售商，还把打造以客户为中心的服务型企业作为发展方向。亚马逊的系统接口在业内开放得最彻底，被称为"超级 API"，整合了内外部各种能力资源。亚马逊于 2002 年推出了 300 多项服务，范围涉及计算、存储、网络、数据库、应用、数据分析与部署管理等领域，聚集 5000 多家咨询和系统集成合作伙伴、3000 多家技术合作伙伴；2007 年更是开放了聚合物流系统的能力，推动上下游企业共享资源。"超级 API"推动亚马逊成为互联网领域的一流企业。

总之，企业通过数字化能力开放体系的建设，全面汇聚、封装 IT、DT（Data Technology，数据技术）、CT（Communication Technology，通信技术）、平台等各个方面的能力，实现能力服务化、服务平台化、平台生态化，以及数据智能与生产应用支撑的敏捷、灵活、高效的交付与注智。能力开放体系的构建，对内支撑大数据、AI 技术的规模便捷应用，支撑业务的敏捷交付与敏捷运营，对外支撑生态圈的协同发展，真正推动了企业数字化转型向全方位的"数字化、网络化、智能化"方向发展，提升了企业的核心竞争力。

把握了数据智能驱动的企业数字化转型的技术框架应该遵循的重要原则后，我们简单介绍该技术框架（如图 4-1 所示），下面将从实施角度展开描述该框架的技术要点。

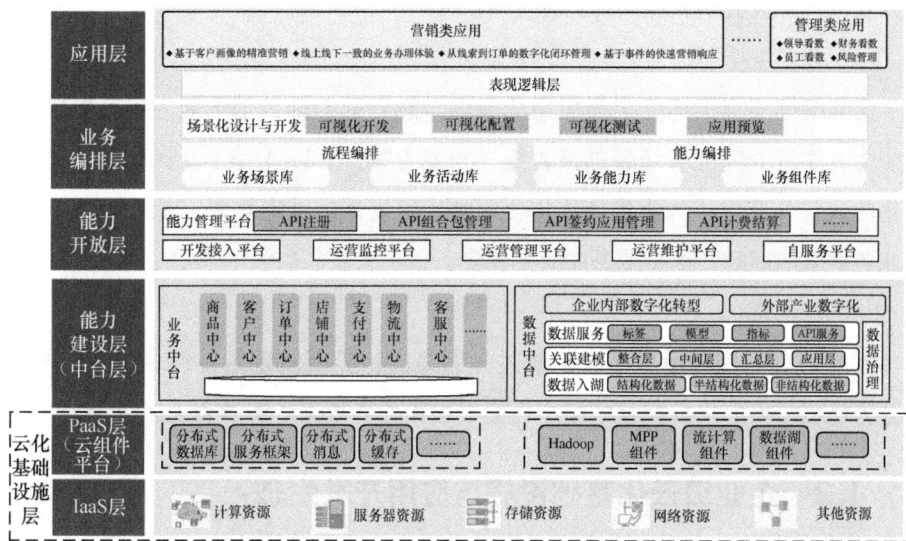

图 4-1　敏捷注智技术框架图

（1）云化基础设施层

• IaaS 层：计算、网络、存储等资源常被称为"基础设施"，IaaS 层实现了时间灵活性、空间灵活性和操作灵活性，通过调度器动态地管理计算、网络、存储等资源，提供资源共享服务并提高资源的利用率。

• PaaS 层：提供包括操作系统、中间件、容器技术、工作流引擎和权限管理、日志管理、缓存、文件服务、ETL 数据集成、消息和通知等 IT 组件，供个人开发者和企业将相应功能模块嵌入软件或硬件，以提高开发效率。

（2）能力建设层

能力建设层主要包括业务中台和数据中台，二者分别提供丰富的业务服务能力及数据服务能力，并通过能力开放层供业务编排层与应用层调用。业务中台与数据中台实现生产数据互通共享，并通过数据中台的大数据和 AI 能力为生产运营赋能。数据中台与业务中台形成了完整的数据循环体系。

（3）能力开放层

能力开放层系统地对能力建设层业务中台及数据中台的全域服务能力进行统一管理，并向进行能力场景化组装的业务编排层提供服务的平台。企业通过引入能力开放层，对内实现应用与能力的解耦、应用的敏捷开发运营，对外提供标准服务能力，开放数字生态供第三方使用。

（4）业务编排层

业务编排层提供适配上层应用的流程与能力的编排，基于能力中心提供的丰富能力，实现面向业务场景的流程编排与能力编排，以及基于低代码能力进行场景化的设计与开发，为上层应用提供灵活、可复用的业务场景，快速、敏捷地满足业务需求的同时，保持业务中心的稳定。

（5）应用层

应用层负责接收用户请求，通过界面集成将界面展现组件组合成用户界面，可分为负责与用户进行交互的用户界面子层和负责数据协调的表现逻辑层。

4.3 企业级云化基础设施与应用开发生态

大中型企业的业务一般具有多样且复杂、分布面广的特点。传统 IT 支撑方式是随着业务的发展，不同开发商在不同时期提供不同系统进行业务支撑，最终形成了系统烟囱。从基础设施角度可以看到，不同系统都配套相应的硬件资源与基础组件，不仅存在资源的冗余浪费，还进一步增加了基础设施维护的难度，使维护经验无法共享。

在数字化转型过程中，可通过构建统一的云化基础设施层（包括 IaaS 层、PaaS 层），规范相应的技术框架。具体来讲，应通过 IaaS 层实现基础硬件资源层按需分配、有效共享，通过 PaaS 层实现对基础设施统一标准化的安装、部署、开发、运维。

1. 建设统一的 IaaS/PaaS 平台

数字化体系对数据的处理和存储能力有较高的要求，但对数据的处理与存储同时具有不确定性和突发性，构建 IaaS 平台，利用弹性的云计算架构，可以既满足弹性计算的需求，又满足低成本的需求。

PaaS 平台也称为 IT 云服务能力平台，是以"平台＋应用"的思路把业务通用的、可共用的基础组件抽象出来构建的，中台的业务应用可调用这些组件进行快速开发，如图 4-2 所示。这些基础组件包括：通用基础设施的资源管控组件，提供统一的开发门户组件、基础中间件、容器服务组件、容器编排服务组件、微服务框架组件、分布式总线组件、分布式数据库组件、分布式缓存组件、数据中台组件、AI 平台组件、应用框架组件、统一运维组件等通用 PaaS 服务，实现一体化开发、测试、部署和运行的环境。

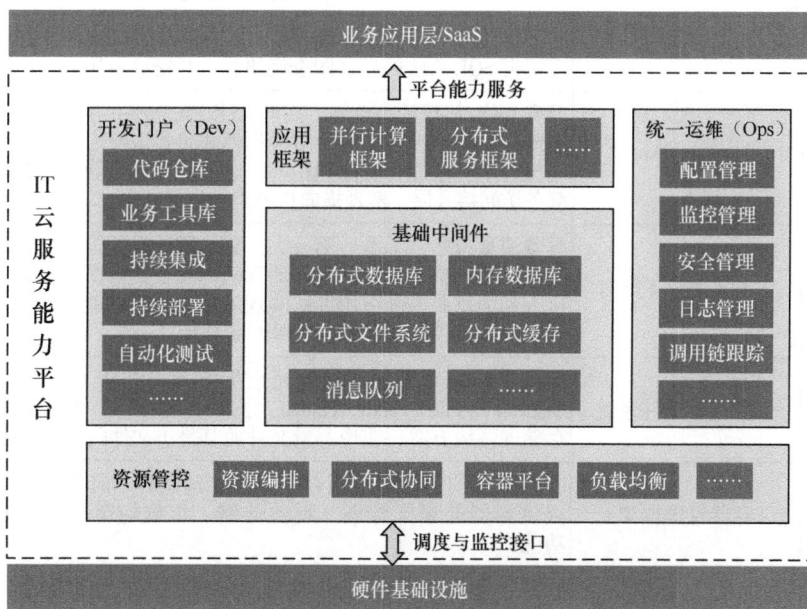

图 4-2　IT 云服务能力平台

2. 可以自主研发、掌控的 PaaS 组件建议清单

具有自主研发能力的大中型企业，可以进行 PaaS 组件的统一管理或自主研发，可以更加有效地推动数字化转型工作。结合云原生的成熟度，建议企业建立可以自主掌控的 PaaS 组件清单。

业务中台领域建议自主掌控的 PaaS 组件清单可参考表 4-1。

表 4-1　业务中台领域建议自主掌控的 PaaS 组件清单

序号	组件名称	组件描述
1	分布式数据库	分布式数据库基于 MySQL 实现数据库一主多从的高可用模式，基于 MyCat 实现数据库统一访问，数据访问对应用透明；高度兼容 MySQL 协议和语法，支持自动水平拆分的高性能、高可靠性分布式关系型数据库；提供灾备、恢复、监控、不停机扩容等整套解决方案
2	列式数据库（HBase）	兼容 HBase 协议和语法，支持自动水平拆分、自动负载均衡、自动故障转移、备份还原、自动配置优化推荐等能力，提供可视化 Shell、二级索引、冷热数据分离的高性能、高可靠性 NoSQL 数据库
3	对象关系型数据库	PostgreSQL 数据库支持大部分 SQL 标准以及丰富多样的数据类型，支持自查询、多版本控制、数据完整性检查等
4	图数据库	支持属性图，高度兼容 Apache TinkerPop Gremlin 图查询语言，支持类 SQL 语法的扩容图查询语言，具备高可用性、易运维性
5	分布式缓存	兼容 Redis 协议的高性能、高可靠性、可水平扩展的分布式缓存系统，优化单进程模式为多进程模式，实现按表垂直共享，大幅提升单机性能和资源利用率，通过研发高性能低延迟的数据服务访问接入层，实现横向扩展组件集群能力
6	分布式消息中间件	具备消息有序、不重、不丢失，高堆积低损耗等特性的消息中间件产品，实现消息队列、消费队列以及集群横向扩展；实现接入和消息服务高可用性；实现消息处理高性能，并提供运维管理、监控预警、动态扩容等配套功能
7	分布式小文件系统	利用 HBase 实现分布化的元数据管理，基于 HDFS（Hadoop Distributed File System，Hadoop 分布式文件系统）提供物理文件存储的两级方案，实现海量文件尤其是小文件的多级管理
8	容器管理框架	自主研发的容器功能组件，向下管理集群，向上承载应用，提供容器的集群管理、弹性伸缩、负载均衡、资源编排等功能
9	负载均衡组件	针对业务集群同时提供 4 层、7 层软件负载均衡能力，实现弹性伸缩、流量控制等特性，实现业务高可靠性运行
10	分布式任务调度	支持平台海量定时任务的运行及提供轻量消息服务
11	跨 IDC 数据同步	提供基于日志和表机制的远程复制技术，为同机房、跨机房、异地及异构数据库间提供可靠数据同步功能
12	DevOps 套件	实现 IT 系统全生命周期的可管、可控、可信，打通端到端的应用持续交付流水线，提高业务"上云"交付速度
13	北向接口	实现北向接口的采集，集成在自研组件中，不需要安装 Agent，用于采集和监控自研组件的信息

数据中台领域建议自主掌控的 PaaS 组件清单可参考表 4-2。

表 4-2　数据中台领域建议自主掌控的 PaaS 组件清单

序号	组件名称	组件描述
1	HDFS	HDFS 是 Apache Hadoop 的核心组件之一，它是一个分布式文件系统，用于存储和管理大规模数据集
2	YARN	YARN（Yet Another Resource Negotiator，另一种资源协调者）是 Apache Hadoop 的一个核心组件，它是一个集群资源管理器，用于协调和管理 Hadoop 集群中的计算资源。它将计算框架与资源管理分离，提供高效、灵活和可扩展的资源管理和任务调度功能，使得 Hadoop 可以支持各种分布式计算框架和应用程序，并能够应对企业级大规模数据处理和分析的挑战
3	ZooKeeper	ZooKeeper 是一种开源分布式协调服务，它是一种基于 Zab 协议的分布式协调服务，可以实现分布式系统中的统一命名、状态同步和配置管理等功能。ZooKeeper 被广泛应用于大规模分布式系统（如 Hadoop、HBase 和 Kafka 等）中。它提供了一个简单的接口来协调和管理分布式应用程序的进程，使得这些应用程序可以在一个高度可靠和高度可扩展的环境中运行
4	Hive	Hive 是基于 Hadoop 的数据仓库工具，它可以将结构化的数据文件映射为一张数据库表，并提供类 SQL 查询功能。Hive 计算基于 Hadoop 处理框架，将计算任务分割成多个处理单元，然后分散到集群中的各个节点上，从而降低成本并提高水平扩展性。Hive 的特点包括可伸缩、可扩展、容错、输入格式的松散耦合
5	Spark	Spark 是一个多语言引擎，用于在单节点机器或集群上执行数据工程、数据科学和机器学习。Spark 的主要特性包括批量/流数据处理、SQL 分析、大规模数据科学和机器学习。它能够统一处理批量和实时流数据，并使用多种语言（包括 Python、SQL、Scala、Java 和 R）进行操作。Spark 还支持快速执行分布式 ANSI SQL 查询，用于生成仪表板和临时报告。此外，Spark 还可以在笔记本电脑上训练机器学习算法，并使用相同的代码将其扩展到数千个集群中
6	Flink	Flink 是一个用于在数据流上进行有状态计算的开源流处理框架。它支持所有流式场景，包括事件驱动应用、流批分析、数据管道和 ETL。Flink 的主要特性包括 Exactly-Once 状态一致性、事件时间处理和成熟的迟到数据处理，可以确保正确性。它还提供分层 API，包括 SQL on Stream & Batch Data、DataStream API 和 DataSet API。Flink 具有部署灵活、高可用性等运维特性，并且能够扩展到任何使用场景，具有水平扩展架构，支持超大状态和增量检查点机制
7	Tez	Tez 是一个基于 YARN 的数据处理框架，它可以加快数据处理的速度，特别是在大数据环境下。它主要用于执行复杂的数据处理任务，例如数据排序、关系型操作、图形处理等。Tez 提供了一个可编程的执行引擎，它允许用户编写自定义数据处理应用程序，并利用其提供的高效的并行化和优化技术来运行这些程序。这些技术包括动态任务调度、数据本地性优化、复杂任务优化等

序号	组件名称	组件描述
8	Kerberos	Kerberos 是一种计算机网络认证协议，它允许某实体在非安全网络环境下通信，向另一个实体以一种安全的方式证明自己的身份。Kerberos 是第三方认证机制，其中用户和服务依赖于第三方（Kerberos 服务器）来对彼此进行身份验证。Kerberos 服务器本身又称为 KDC（Key Distribution Center，密钥分发中心）。Kerberos 的主要特性包括代理身份验证、单点登录和互操作。它支持代理身份验证，使服务能够代表客户端与其他服务进行交互。使用 Kerberos 进行域内身份验证时，用户或服务可以访问管理员允许访问的资源，而无须多次请求凭据
9	Ranger	Ranger 是一个用于集中管理和安全控制 Hadoop 生态系统中各个组件访问权限的框架。它可以实现细粒度的权限控制，包括对文件系统、Hive、HBase、Kafka、Solr 等多个组件的访问权限管理。同时，Ranger 还提供了安全审计功能，用于跟踪和记录用户访问数据的情况，以便进行监控和故障排除
10	HBase	HBase 是一个分布式的 NoSQL 数据库，它建立在 Hadoop 之上，提供了具有高可靠性、高性能、高可扩展性的数据存储和查询服务。它的设计目标是为那些需要大规模、高吞吐率、低延迟访问海量数据的应用程序提供支持。 HBase 也是一个面向列的数据库，将所有数据按列存储，而非按行存储，这使得它在一些情况下比传统的行存储数据库更加适用。它的数据模型类似于关系型数据库，但是具有更灵活的数据结构，支持动态添加和删除列，可以存储复杂的数据类型，如数组、嵌套对象等
11	Kafka	Kafka 是一个分布式的发布/订阅消息系统。它具有消息持久化能力，即使对 TB 级以上的数据也能保证常数时间复杂度的访问性能；吞吐率高；支持 Kafka 服务器和消费者失败时的容错处理；支持在线水平扩展。Kafka 常用于构建实时数据管道和流应用程序，可以水平扩展，具有高可用性，并且已经在数千家公司的生产环境中运行
12	ClickHouse	ClickHouse 是一个用于 OLAP（Online Analytical Processing，联机分析处理）的列式数据库管理系统。它是一个开源的、高性能的分析型数据库，能够在实时情况下处理大量数据。ClickHouse 的主要特性包括快速查询处理、线性可扩展性、强容错能力和高硬件利用率。它还具有丰富的功能，包括用户友好的 SQL 查询语言、内置的分析功能等
13	Doris	Doris 是一个基于 MPP（Massively Parallel Processing，一种高速并行的计算架构）架构的高性能、实时的分析型数据库，以极速易用的特点为人们所熟知，仅需亚秒级响应时间即可返回海量数据下的查询结果，支持高并发的点查询场景，也支持高吞吐率的复杂分析场景
14	Elasticsearch	Elasticsearch 是一个开源的分布式全文检索引擎，它可以近乎实时地存储、检索数据；扩展性很好，可以扩展到上百台服务器，处理 PB 级别的数据

序号	组件名称	组件描述
15	Hudi	Hudi 是一个数据湖平台，提供了一些核心功能来构建和管理数据湖，其提供的核心功能基于 DFS（Distributed File System，分布式文件系统）摄取和管理超大规模数据集，包括：增量数据库摄取、日志去重、存储管理、更快的 ETL 数据管道、数据合规性约束 / 数据删除、唯一键约束、处理延迟到达数据等
16	Kyuubi	Kyuubi 是一种 Thrift JDBC/ODBC 服务，目前对接了 Spark 计算框架，具有支持多租户和分布式等特性，可以满足企业内诸如 ETL、BI 报表等多种大数据场景下的应用需求。Kyuubi 可以为企业级数据湖探索提供标准化的接口，并赋予用户调动整个数据湖生态的数据的能力，使得用户能够像处理普通数据一样处理大数据
17	DolpinScheduler	DolphinScheduler 是一个云原生的分布式、去中心化、易扩展的可视化 DAG 工作流任务调度平台，致力于解决数据处理流程中错综复杂的依赖关系，使调度系统在数据处理流程中开箱即用。DolphinScheduler 采用了分布式无中心设计理念，系统中的 MasterServer 和 WorkerServer 都通过 ZooKeeper 来进行集群管理和容错。它简单易用，所有流程定义都是可视化的，通过拖曳任务完成定制 DAG。它支持丰富的使用场景，支持多租户，支持暂停恢复操作，并紧密贴合大数据生态，提供 Spark、Hive、M/R、Python、sub_process、Shell 等近 20 种任务类型。它具有高扩展性，支持自定义任务类型、调度器使用分布式调度、调度能力随集群线性增长，MasterServer 和 WorkerServer 支持动态上下线
18	Ceph	Ceph 是一个统一的分布式存储系统，其设计初衷是提供较好的性能、可靠性和可扩展性。Ceph 的特点包括高性能，它摒弃了传统的集中式存储元数据寻址的方案，采用 CRUSH 算法，数据分布均衡，并行度高。它考虑了容灾域的隔离，能够实现各类负载的副本放置规则，例如跨机房、机架感知等。它能够支持上千个存储节点的规模，支持处理 TB 级到 PB 级的数据。它具有高可用性，副本数可以灵活控制，支持故障域分隔，数据一致性强。它可在多种故障场景自动进行修复、自愈，没有单点故障，可自动管理。它具有高可扩展性，去中心化，可扩展性随着节点增加而线性增长。它特性丰富，支持 3 种存储接口——块存储接口、文件存储接口、对象存储接口，并支持自定义接口，支持多种语言驱动
19	TiDB（TiKv）	TiDB 是一个开源的 NewSQL 数据库，支持 HTAP（Hybrid Transactional and Analytical Processing，混合事务与分析处理），既支持事务型操作，也支持数据分析。TiDB 的核心特性包括高度兼容 MySQL，大多数情况下，无须修改代码即可从 MySQL 轻松迁移至 TiDB。它支持分布式事务，100% 支持标准的 ACID 事务。它作为典型的 OLTP 行存数据库，同时兼具强大的 OLAP 性能，配合 TiSpark 可提供一站式 HTAP 解决方案。它是云原生 SQL 数据库，支持公有云、私有云和混合云。它具有水平弹性扩展能力，简单地增加新节点即可实现 TiDB 的水平扩展。它具有真正金融级高可用性，基于 Raft 的选举协议可以提供金融级的 100% 数据强一致性保证

序号	组件名称	组件描述
20	Grafana	Grafana 是一个开源的度量分析与可视化套件。它是一个用 JavaScript 开发的前端工具，通过访问库（如 InfluxDB），展示自定义报表、显示图表等。它在大多场景中配合时序数据库一起用于系统监控，和 Kibana 类似。Grafana 的 UI 更加灵活，其有丰富的插件，功能强大。Grafana 支持许多不同的数据源。每个数据源都有一个特定的查询编辑器，该编辑器服务于特定数据来源。官方支持以下数据源：Graphite、InfluxDB、OpenTSDB、Prometheus、Elasticsearch、CloudWatch 和 KairosDB。每个数据源的查询语言和能力都是不同的
21	Prometheus	Prometheus 是一个基于时序数据库的开源监控告警系统，非常适用于 Kubernetes 集群的监控。它的基本原理是通过 HTTP 周期性抓取被监控组件的状态，任意组件只要提供对应的 HTTP 接口就可以接入监控，不需要任何 SDK 或者其他的集成过程。Prometheus 的特点包括支持多维数据模型，内置时序数据库 TSDB，支持 PromQL 查询语言，可以完成非常复杂的查询和分析。它支持以 HTTP 的 Pull 方式采集时间序列数据，支持 Pushgateway 采集瞬时任务的数据。它支持以服务发现和静态配置两种方式发现目标。它还支持接入 Grafana

3. 推动基于统一 IaaS/PaaS 平台的开发生态建设

构建统一 IaaS/PaaS 平台的目的在于避免开发建设烟囱系统各自为政，导致应用系统开发所依赖的基础计算存储资源、基础组件多样化而带来的资源浪费、运营维护复杂，甚至系统迭代开发、迁移困难。通过构建统一的 IaaS/PaaS 平台，企业内部的基础承载组件高度一致，各个组件的版本号、北向接口实现了统一的管理，也为构建内部中台与应用系统承载的统一资源池打下了坚实的基础。统一 IaaS/PaaS 平台在内部的全面使用，进行开发者生态建设，是平台持续迭代开发、构建数字化转型基础资源核心竞争力的关键。

实践中需要注意以下几点。

（1）把好源头关

数字化转型涉及大量的系统云化升级改造，坚持统一规划与设计，统一的 IaaS/PaaS 平台是关键。需要引导企业各应用系统在统一的云平台上部署和运行，充分利用云平台实现资源的按需分配、弹性伸缩及自动化部署和管理，实现应用系统统一标准的安装、部署、开发、运维。

（2）把好标准关

成立企业级的决策委员会，严把组件入口关，充分征求各个应用系统开发者的意见，建立 IaaS、PaaS 组件清单，统一发布，促使全企业执行。在清单制定的过程中不追求最先进，稳定性、统一性是关键。特别注意在 PaaS 组件清单的制定中，需要关注众多平台组件的集中化运维系统的建设问题，对组件的北向接口制定统一的标准，并对原有开源组件进行二次开发部署。

（3）把好人才关

随着应用系统云化改造升级，必然会出现人才与知识技能的升级。人才的培养极其重要，否则企业无法有效适应业务系统从原有传统架构到云化新架构的安装、部署、运维，更无法有效适应从原有瀑布式开发到云化分布式架构的升级，当然也无法适应统一 IaaS/PaaS 平台的推广。

我们在实践中，通过组织开发内部平台组件的生态网站及开展开发、运维大会，促使内部开发运维人员互相交流学习，分享知识、分享经验、分享体会，逐步实现相关技术人员的转型升级，为企业数字化转型奠定坚实的人才基础。

4.4　数智化管理业务中台

业务中台通过从服务分类、业务数据对象、业务过程等多角度、多维度对企业核心的业务能力进行拆分，面向企业业务运营及运营支撑，对外提供标准化且相对独立的一组服务能力。业务中台提供了业务能力的共享、重用和复用功能，将业务公共模块提供给业务系统调用，可降低成本、提高效率、缩短系统上线周期。业务中台可以是一个系统，也可以是几个跨地域部署的多套系统，并且每个系统由多个能力中心组成，能力中心不重复，形成标准化的 OpenAPI，多个系统的各个能力中心提供的 OpenAPI 全部注册到数字化能力开放平台，供业务编排层结合流程编排调用，最终开发成应用界面供用户使用。

服务能力中心化是业务系统"上云"改造最核心的技术特征之一，能力中心的设计应该遵循以下原则。

● 功能内聚：中心的功能必须是紧密相关的，中心提供的业务处理逻辑可以在中心内部闭环。

● 应用解耦：中心之间的交互采用标准化方式实现，中心对外提供的服务采用标准化的接口，在接口保持不变的情况下，单个中心内的功能变更不影响其他中心对外提供服务。

● 服务复用：中心基于标准化接口对外提供服务，可以被外部多个应用和门户网站复用。

● 部署独立：各中心必须可以独立部署和运行，中心的代码是独立的版本且可以独立升级。

按照以上原则，结合中国电信的 BSS"上云"重构实例，系统一共构建了 18 个能力中心，为全国各个省级公司 20 多万名营业人员与几亿名客户提供营业受理服务。后续新增的业务需求原则上由这 18 个能力中心的服务能力提供支撑，如果现有的能力中心不能满足要求，可酌情扩展其服务能力，或按照以上原则新增能力中心。

中国电信的 BSS3.0 主要包括 CPCP 配置能力中心、客户管理能力中心、受理能力中心、营销资源能力中心、营服协同能力中心、销售支持能力中心、渠道运营能力中心、客户服务能力中心、基础管理能力中心、采预能力中心、批价能力中心、策略能力中心、账务能力中心、充值能力中心、支付能力中心、结算能力中心、客户查询能力中心、事件侦测能力中心。这些能力中心会在第 5 章的实际案例中介绍，这里只挑几个重要的能力中心做简单说明。

● CPCP 配置能力中心：提供客户、产品、渠道、促销服务能力，这些能力通过编排并流程固化后，由企业的产品与营销策划人员用于营销策划，并打通到末梢的渠道，推动企业的产品销售。

● 客户管理能力中心：提供对客户的各种信息（如客户资料、账户、客户积分、信用等）进行管理的能力，这些能力通过流程编排并进行界面封装后，为企业的渠道业务运营、服务人员提供支撑。

● 受理能力中心：提供业务订单受理、受理单处理、受理规则调度等能力，这些能力通过编排并流程固化后，为企业的渠道业务运营、服务人员提供支撑。

● 客户服务能力中心：提供服务请求处理及跟踪、投诉建议处理及跟踪、故障受理及跟踪和客户 QoS/SLA 管理等能力，这些能力通过编排并流程固化后，为企业的渠道业务运营、服务人员提供支撑。

● 支付能力中心：一点对接第三方金融机构，完成线上线下支付的集中管理。

业务中台的另一个重要支撑系统是面向管理的，涉及人力、采购、工程建设等方面，可以参考的能力中心架构如图 4-3 所示。

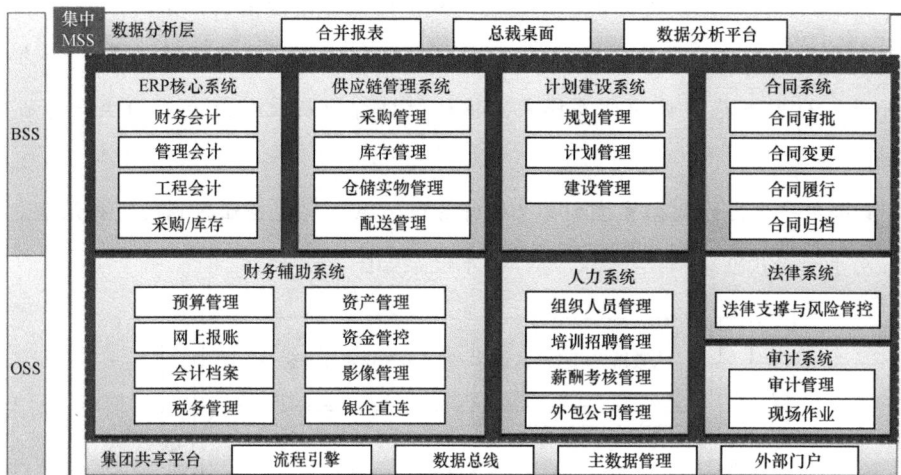

图 4-3　MSS 能力中心架构图

该系统包含了 ERP 核心系统、供应链管理系统、计划建设系统、合同系统、财务辅助系统、人力系统、法律系统、审计系统等 8 个方面的 30 个能力中心，为企业提供了管理领域全方位的能力支持，在这里就不展开说明了。每个企业的管理、市场、生产环境不尽相同，其内部的业务系统能力框架必然会不同，建议企业在推进数字化转型的具体实践中，严格按照本节提出的 4 个原则，根据实际情况详细设计能力中心。

4.5　数据中台及数据应用开发生态

介绍数据中台的书及文档很多，在此我们不准备从专业技术角度全方位描述如何建设数据中台，只是从 CIO 角度出发，围绕数据智能驱动的企业数字化转型，介绍在数据中台建设中哪些是最重要的、需要关注的技术内容。

1. 数据中台的主要技术框架

数字化时代的企业，通常基于"集中、开放、云化"原则，按照平台与应用分离的设计思路，打造企业级的数据中台，有序推进大数据战略。

企业数据中台总体的技术目标如下。

● 打造面向未来的、高性能的、可扩展的、互联网化的数据中台架构体系，充分借鉴国际先进的、开源的、丰富的、成熟的数据中台架构体系。

● 建立大数据能力开放体系，采用平台统一建设、数据集中汇聚、能力分级开放、应用百花齐放的部署模式，推动数据智能有效赋能企业的生产与运营管理。

● 建立一体化的数据管控和资产运营管理体系，实现企业数据的有效治理。

对于一个企业级数据中台，总体技术框架如图 4-4 所示。

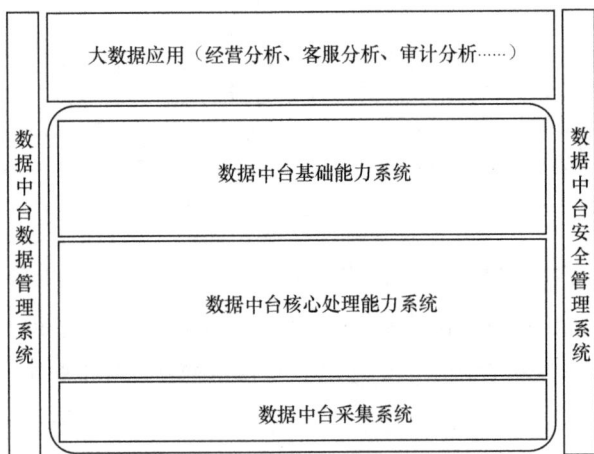

图 4-4　企业级数据中台技术框架图

通常，企业级数据中台包括数据中台基础能力系统、数据中台核心处理能力系统、数据中台采集系统、数据中台数据管理系统、数据中台安全管理系统、大数据应用 6 个部分。

● 数据中台基础能力系统：作为整个数据中台的基础框架，为其他系统提供资源分配及管理、系统监控、调度管理、能力开放等服务。

● 数据中台核心处理能力系统：对接口层数据进行加工处理，形成按照主题域组织的整合层数据及按照客户和企业管理视角组织的中间层数据。

● 数据中台采集系统：汇聚不同来源的数据，进行接口数据清洗、稽核校验、模型规范后，将数据规整到相关域，统一存放在数据中台指定地方，形成接口层数据。

● 数据中台数据管理系统：作为数据中台的基础能力系统，负责数据中台内的企业数据管理，涉及数据标准、指标库、数据质量、主数据和调度监控等方面。

● 数据中台安全管理系统：作为数据中台的基础能力系统，负责数据中台内的企业数据安全监控与管理；从各系统获取日志，同时为各系统提供安全控制策略，包括数据脱敏、数据加密、数字水印、权限管理和接入管理等内容。

● 大数据应用：根据应用需求，基于中间层数据，利用大数据能力构建各类数据应用，涵盖企业决策、业务运营、营销支撑、产品开发等应用。

在上述架构的基础上，更进一步，企业级数据中台围绕数据治理的功能框架如图 4-5 所示。

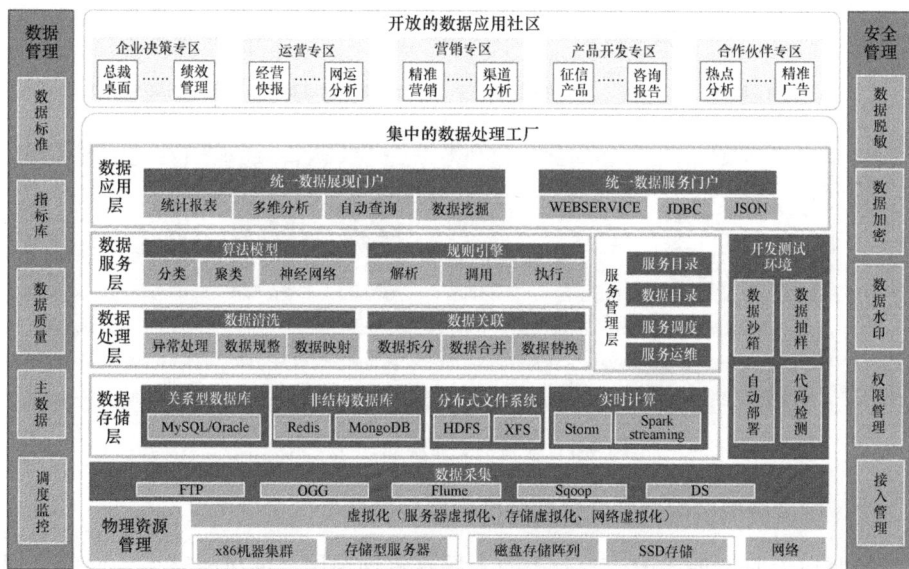

图 4-5　企业级数据中台功能框架图

图 4-5 所示框架涉及数据采集、数据存储层、数据处理层、数据服务层、数据应用层及数据管理、安全管理等模块，每个模块的详细内容在此就不赘述了。

2. 强化数据全生命周期管理体系建设

数据作为新型生产要素，在做强、做优、做大数字经济，增强经济发展新动能上发挥重要作用。为充分激活数据要素潜能，构建企业数据资产的标准化、合规化、增值化服务能力，数据中台需以构建贯穿数据全生命周期服务链的数据治理体系为目标，以数据标准引领，推动全域资产数字化，缩短价值转化路径，通过数据共享来为企业降本、提质、增值、收益。在企业级数据中台的建设及运营过程中，数据管理体系的建设与持续的运营迭代尤其重要，涉及数据智能是否能高效、精准、规模注智企业的生产运营，从而推动企业高质量发展。

数据中台的数据全生命周期管理体系如图 4-6 所示，应该从建立组织、制定规范、完善能力、落地标准、智慧运营等多方面入手，包含标准定义、数据产生、数据采集、数据加工、质量管理、数据安全、开放共享等多个环节，并通过数据质量、元数据管理等工具进行落地承载。关键要点如下。

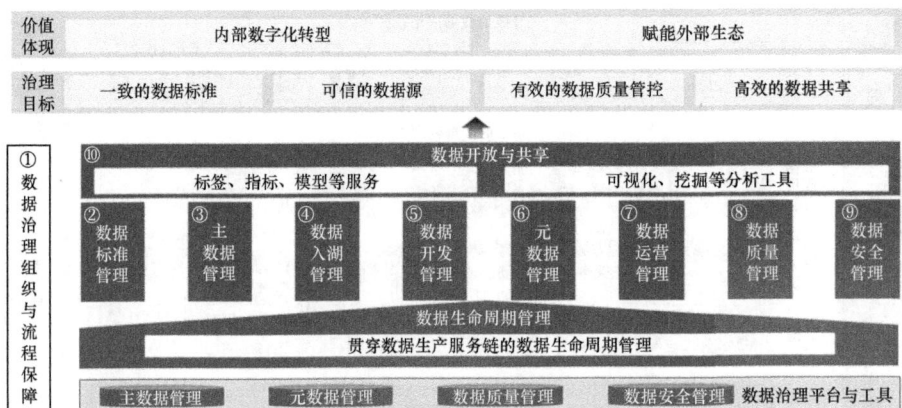

图 4-6　数据全生命周期管理体系

（1）组建数据治理组织，明确责任

按照自上而下顶层设计、自下而上场景驱动原则，通过战略引领面向全局、价值导向点面结合、科学评估闭环管理，建立数据治理组织，实现数据治理决策和工作机制常态化，以企业重大任务为驱动，逐步建立关键数据责任体系和考核机制。

（2）制定企业统一数据标准规范，从开发到运维标准化控制

数据中台数据标准管理的对象可以分为数据模型、主数据和参照数据、指标数据三大类，企业应结合实际业务特征构建标准化、规范化的企业数据标准体系。数据标准能力建设，贯穿数据中台设计、开发与运营，有助于实现数据中台规范

化的数据开发和资产运营过程管控。

（3）建立关键主数据标准，融入数据中台建设和生产系统运营

主数据和参照数据的标准化是企业数据标准化的核心，企业需进一步发挥主数据作为"黄金数据"的价值，以应用为导向，聚焦关键主数据，坚持主数据"一点维护、统一管理，一点分发、多系统引用"，构建统一主数据标准，建立主数据责任体系。加强数据中台主数据能力建设，可获取来自权威数据源的高质量主数据，降低数据整合成本和复杂度，从而支撑跨部门、跨系统数据融合应用。

（4）确定入湖原则，开展标准化入湖

数据进入数据中台需强化数据源管理。首先，确定各数据源的拥有者，明确数据责任主体。数据中台遵循企业业务数据标准，发布数据入湖标准，完善入湖数据源评价机制。其次，认证数据源，确保数据从正确数据源入湖；定义入湖数据的密级，确保数据充分共享的同时，不产生数据安全问题。再次，制定数据质量评估方案，既要保证数据入湖后"原汁原味"，也要对源端数据质量进行评估。最后，注册入湖元数据，形成数据目录，以便快速搜索数据中台中的数据，降低使用门槛。

（5）加强数据模型管理，构建开发运营一体化能力

数据中台数据模型能力建设，遵循"应用导向、重点切入、效益导向、嵌入生产"原则，要求建立模型管理制度和流程，构建精品数据模型，实现模型统一管理、统一维护。基于精品数据模型，建立分层分级数据指标分类体系，完善指标的创建信息、业务口径、血缘关系等，统一对外提供指标。在系统及工具层面，建立统一模型设计和开发工作台，规范管理数据开发全过程，提供标准化、智能化数据建模能力以及可视化／一体化数据开发能力，提高开发效率。

（6）以元数据为驱动，打造端到端数据链路治理能力

通过业务元数据、技术元数据和管理元数据的自动化采集汇聚，构建从标准定义到模型设计、开发、加工、使用、运营、评估、下线等数据资产链路价值运营能力，形成数据全局血缘关系图，清晰追踪数据流向和数据关联情况。强化元数据应用能力，保障元数据日常运营，提供元数据查询、血缘及影响分析等对外服务能力。

秉承可视化、端到端的设计思路，实现数据中台数据流端到端实时监控和管理，

全链路各环节监控指标统一呈现，加快数据中台运维工作中的排查与清障，提高运维生产效率。

（7）数据资产常态化评估，推进数据健康运营

实现数据资产目录化管理以及资产注册、盘点、评估的全生命周期管理。根据数据所处的不同时期、访问频度、内容、归属系统等所体现出的不同价值，制定相应的数据存储和服务响应策略标准，从数据分类、数据有效性、数据成本等方面，推进模型／任务／存储器等常态化清理，以提高数据服务效率、降低数据运营成本。

（8）实现端到端数据质量管理，提升质量自动化稽核和告警能力

数据质量管理遵循"统筹管控，专业管理，源头保障，分段负责"的分级管理原则。数据中台加强数据源管控，以应用为牵引，实现数据入湖常态化运营考核通报，推进源端数据质量提升和数据质量运营。

数据中台构建全域数据质量稽核库，并结合 AI 技术，提升质量稽核智能化水平，驱动常态化、标准化、自动化的数据质量管理，打造数据质量事前规范、事中检查、事后评价的完整闭环，以达到数据中台数据质量管理全面、可控、可度量、可迅速定位和可有效解决问题的效果。强化基础质量和业务质量运营，基础质量聚焦接口／任务及时性、完整性、一致性，业务质量聚焦数据中台各层模型的数据内容质量。

（9）全方位数据安全能力建设，贯穿供给、流通、使用全过程

数据中台提供数据全流程安全保障，提供权限管控、数据分级分类、敏感数据发现、数据脱敏、数据水印、访问监控、风险发现预警与审计能力，提供自动化、智能化安全能力构建服务，为数据安全护航。数据中台安全场景主要涉及数据开发／运维、临时取数／前端下载、数据 API 服务与对外合作等。

（10）全域数据开放与共享，知数用数，以用促治

构建面向全场景的数据地图和数据目录，形成多层级、多角度的数据可视化查询能力，实现模型可读、易懂、易用，提供智能化数据检索功能，构建统一、标准的数据资产共享开放能力。打造面向不同看数需求的多种取数工具，降低用数门槛，充分利用数据中台的平台／工具／数据等资源，鼓励各用户自主充分应

用各种工具提高用数效率，开展自主创新。

3. 建立数据应用开发生态，规模推进数据智能赋能企业数字化转型

在大数据时代，数据已经成为企业重要的战略资源，传统行业要实现数字化转型，必须善于认识数据、挖掘数据、分析数据、利用数据。对企业来讲，随着数字化转型的持续推进，各业务部门的"用数"与"赋智"需求量增大，数据的挖掘建模已经不可能全部交给有限的数据工程师来完成，因此建立便捷、高效、易用、安全的数据工厂已经成为企业唯一的选择。

在建设数据中台的进程中，通过构建简便易用、标准化的数据工厂，支撑一线人员根据业务需求自行进行数据加工，并将加工后的数据注册到数据开放平台，供企业内部与外部合作伙伴使用，从而形成完整的数据加工、开放与应用体系，进而利用数据智能规模赋能企业内、外部的数字化转型。数据资产化、服务化、生态化是数字化企业一个最重要的特征。

数据工厂的工作流程如图 4-7 所示。

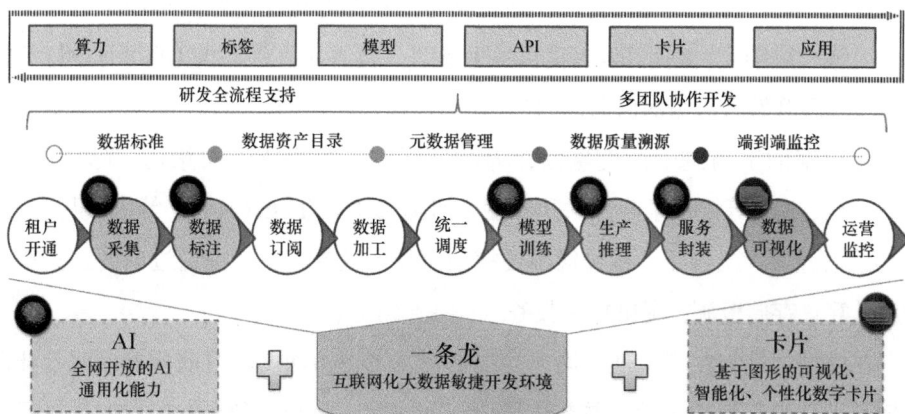

图 4-7　数据工厂的工作流程

使用数据工厂承载的数据开发体系，充分利用大数据与 AI 处理能力，从租户开通、数据采集、数据标注、数据订阅、数据加工、统一调度、模型训练、生成推理到服务封装，最终将封装后的数据及模型注册到统一的企业级数字能力开放体系中，再由业务系统在业务运营过程中调用数据与模型能力，可实现数字化转型企业的"用数"与"赋智"。或者，也可以将经过封装的数据能力，利用在数据

中台构建的通用数据卡片加工工具，如 Power BI、Tablet 等，把复杂、多维的数据转化为一些基于图形的可视化、智能化、个性化的数字卡片与数据驾驶舱，并有机融入企业的运营流程，为企业的各级管理者提供决策支持。在这里需要指出的是，数据专区建设在数据中台建设中的地位尤其重要，数据工厂的流水线是通用流水线，需要在数据专区中落地。此外，基础设施的租户化是重要特征。因为在数据建模加工中，一是数据开发的角色不同，数据探索的目的不同；二是除了订阅公共数据，不可避免也会用到私有数据，为确保私有数据、加工过程及结果的安全，隔离、确权是数据专区主要考虑的问题。因此，一站式数据应用开发平台要能够为各个开发者提供从底层（计算、存储、工具）、中间（OpenAPI、模型）到上层应用快速进行科学探索的一条龙服务。

在租户开通层面，为各级数据开发者提供"CPU（中央处理器）+GPU（图形处理器）"算力，算力资源可按需实现弹性伸缩。

在数据采集、标注及订阅层面，为数据开发者提供适配多种数据源、上传私有数据的工具，提供处理图片、语音、文本、视频等类型数据的标注工具，便于模型训练；也需要为数据开发者提供数据地图，展现各个专业维度的可开放订阅的数据，实现开发者数据的自助订阅。

在数据加工与统一调度层面，为数据开发者提供支持决策树、随机森林、K-means、ID3 等机器学习算法和深度学习框架（如 TensorFlow 等），以及适合各类数据分析人员使用、操作简单便捷的可视化挖掘工具，并通过调度工具有效调度计算、存储资源，提供相关服务。

在模型训练与生产推理层面，为数据开发者提供深度学习的开发框架、开发环境及训练流程编排手段，并在模型训练完成后，为开发者提供模型加载执行的便捷的推理执行管理及资源调度手段。

在服务封装层面，为数据开发者提供基于企业能力的开放规范，服务开发、测试、发布、订阅全流程的 OpenAPI 封装工具，提供数据加工结果，发送到数据开放最终被生产系统调用的关键接口。

在数据可视化层面，为数据开发者提供可将数据开发结果推送到数据展示层面的可视化开发工具，比如数据驾驶舱、数据仪表盘等，以图表方式便捷展示数据开发结果,为决策者提供有力的决策支持手段;甚至可将决策数据通过图形化工具封装,形成企业运营各个专业环节关键流程节点的决策支持卡片,结合决策规则,形成数据决策卡片库。卡片也作为一种通用能力,有机嵌入企业生产的各个关键流程中,为流程中的关键决策者提供实时的、事件触发型的各种决策支撑。

在运营监控层面,为数据开发者提供个性化的数据开发流水线的数据及资源的各种统计信息及监控能力,便于开发者实时掌握数据开发与资源使用的质量与状态,也为平台运营者提供全视角的数据加工信息统计与运营功能。

当然,上述数据加工一条龙的流程不是唯一的,读者可以按照企业内部的组织架构与运营机制做出调整。总之,要实现规模推动企业数据智能驱动的数字化转型,将数据智能有机嵌入企业的各级流程、各种应用系统中,丰富的数据智能的产生就非常重要了。建立数据工厂的真正目的就是通过标准化的数据加工流水线,满足各级数据工程师及数据爱好者的数据探索使用需求,从而使得规模推动数据智能产生成为可能,进一步使得企业全方位推动数字化转型成为可能。因此,在数据中台建设中,加快推动标准化的数据工厂落地尤为重要,并且需要在实践中不断迭代完善。

4.6　企业级数字化能力开放体系与数字化能力开放生态

前文介绍了如何打造业务中台和数据中台,如果要推动业务中台、数据中台灵活地支撑业务、服务客户,就需要对中台能力进行有效的管理、充分的开放,打造统一的企业级数字化能力开放体系。

在企业级数字化能力开放体系(如图 4-8 所示)下,将来自业务中台及数据中台的数字化能力以共享服务化的方式向外提供,可形成共享服务中心,强化能力的复用。企业的业务能力就像积木,必须是标准化的,企业做一个新业务的时候,只要把这些能力积木拼接、组合起来就可以了,从而大大加快创新的速度,也可以降低创新的成本。

大中型企业通常分支机构多、合作伙伴多,中台系统及业务能力往往分散在不同的物理地点,为有效地管理企业自有能力和外部合作伙伴的能力,可以考虑将能力的管理和执行分开,实现管控与执行的分离。数字化能力开放平台负责内、外部能力的统一管理，来自不同物理地点的业务能力可以通过能力网关被外部授权的应用调用。能力网关可以是分布式的，按需部署，负责能力的调用和执行。如果下属分支机构调用量大，或者合作伙伴对能力要求隔离管理，可以进行能力网关的独立部署，如图 4-9 所示。能力网关对能力调用的执行、鉴权受管理平台的控制。

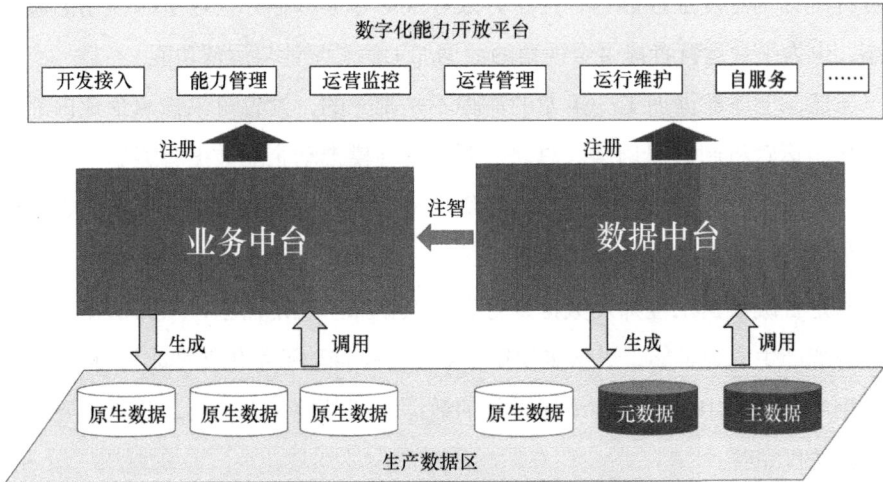

图 4-8　企业级数字化能力开放体系

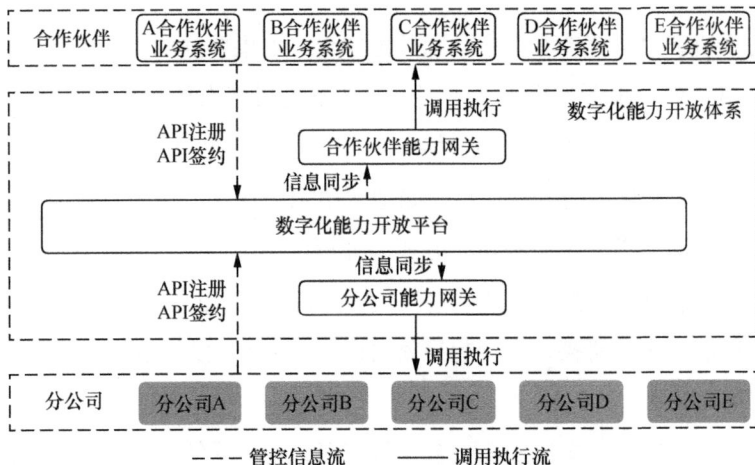

图 4-9　企业级数字化能力开放体系技术框架

数字化能力开放平台是能力管理的核心平台，通常包含多个模块，各模块的主要功能与关系如图 4-10 所示。

1. 能力接入模块

能力接入模块是一个面
向能力提供者的管理模块，
旨在通过汇聚企业能力和生
态能力，共同构建一个大的
能力生态体系。对于能力接
入模块，应把握以下 3 个关
键点。第一，使用国际能力
开放技术标准，将其作为企

图 4-10 数字化能力开放平台的结构

业数字化能力开放体系的统一技术框架，这样既符合国际标准，又方便生态对接，
还可以有效降低能力接入成本，建立数字化、标准化的生态格局。第二，建设与
数字化能力开放平台相配合的能力网关，并支持能力网关按需部署。这样企业能
力与生态能力可以在管理平台一点注册、一点签约，分公司或合作伙伴可按需部
署能力网关，让其负责能力的调用和执行。能力网关统一接受数字化能力开放平
台的管理，统一回吐能力调用信息，这样可为企业打造一个有弹性、可扩展的数
字化能力开放体系。第三，建立一个简单、易用的能力上架审批流程，内外部能
力按照这个流程来上架，这样既可保障过程的规范性，又可确保能力的安全性。

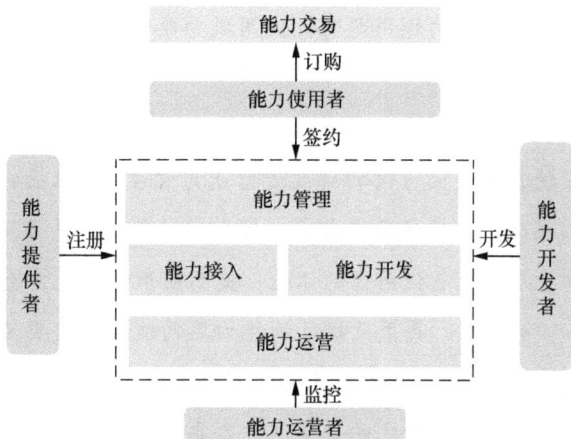

2. 能力管理模块

能力管理是面向能力使用者的管理模块，为能力使用者提供规范、便捷的服务。
能力使用者通过能力目录，能够快速检索使用所需要的能力。能力使用者可以按
照自己的使用要求、管理要求进行能力的便捷获取，要使用的能力可以一点签约。
能力使用者无须关注能力提供者，即可按照协议合法合规地使用能力。对于能力
管理模块，应把握以下 3 个要点。

● 能力须先签约再使用。对于同样的能力，不同使用者的诉求是不同的，所
以能力签约应明确使用者的责权利，如明确能力的并发量、响应时长、可用率等。
签约后，使用者可以合法合规地使用能力，当出现异常高频调用，超出签约时
规定的能力调用阈值的情况时，管理平台有权终止协议。当使用的能力出现问

题时，如能力调用超时或调用成功率低于签约阈值，能力使用者也应及时获得技术支持。

● 个性化管理签约能力。管理平台可以为不同使用者提供能力签约目录，方便使用者按照习惯的维度进行能力管理；可以提供能力标签，可以对能力进行详细描述，方便使用者自主选择合适的能力，并且可以提高服务搜索的准确性和效率，从而改善使用者的体验，提高使用者的能力使用率。

● 简单、易用且规范的能力签约流程。需要为使用者提供规范化且简单易用的签约流程，让各类使用者的签约申请能够按照流程快捷、高效、规范地进行审批，既要保障能力开发的安全性，又要确保使用者快速获得需要的能力。

3. 能力开发模块

能力开发模块是面向能力开发者的核心模块。对于能力的二次开发，可采用在线可视化开发方式，通过低代码开发框架在线可视化设计、开发应用，集成云网能力，构建 SaaS 应用，将其一键发布到能力目录中；也可基于 DevOps 来开发，对于开放源码的标准化应用，可将其代码托管在 DevOps 平台上，通过 API 或 SDK 的集成，支持一键部署到上层应用；同时也可以采用本地化开发模式，对于无法提供源码的应用，需要遵循能力接入规范，集成自有或第三方能力并制作标准化的软件包，通过能力管理模块的页面功能将其上传发布到能力目录中。

4. 能力运营模块

能力运营模块是面向能力运营者的核心功能模块，也是整个能力开放平台中的关键模块，涉及的能力提供者、运营者、开发者等最终都会使用运营模块。能力运营应包括安全管理和质量管理两个方面。

对于能力运营的安全管理，应要求能力的提供和使用严格落实国家法律和公司安全管理办法中运行安全、网络安全、信息安全、数据安全的相关要求；确保能力的信息安全性，保护客户和企业的数据和资产安全，防止安全事件的发生和扩大化。

对于能力运营的质量管理，应建立完善的运营质量管理流程，加强能力运营的质量把控，全面落实能力质量监控，建立完善的运维体系，做到事前预防、事中控制、事后处理，确保生产过程的质量管控。运营质量管理流程是对平台上运营的能力确定质量标准，并在生产过程中对质量进行监控，对于发现的质量问题，由能力提供者进行整改并由平台管理员进行审核的闭环流程。此外，还应严格落实业务和技术规范及操作审核流程，规范质量控制和检验流程，严格监督和控制能力的上下架、上下线，确保能力的可靠性和稳定性。

5. 能力交易模块

基于能力交易模块，企业可以将数字化能力用于交易，这是促使 IT 系统从成本单位向利润单位转变的重要抓手。对于哪些能力是可用于交易的，可从以下 3 个方面考虑。

- API/SDK：直接通过 API，如身份证验证接口等获取的能力。
- 通用组件：基于开源组件开发的、可自动化部署的 IT 组件能力。
- 专业服务：客户信息化项目中可能用到的 IT 专业标准服务，如迁移服务、专业系统实施。

为了能快速筛选可用于交易的能力，企业需要建立可交易能力的筛选标准，可参考表 4-3。

表 4-3　企业可交易能力的筛选标准

类别	序号	步骤	可交易能力的筛选标准	评估要求
总则	1	规范描述	应提供具体详尽的能力描述和相关材料，以符合准入原则和规范性原则为要求	—
	2	评估择优	原则上择优准入，要求评估和筛选	—
基本要求	3	功能场景	能力应至少具有一个完整功能，并参与构建某个应用场景，功能、场景可描述、可理解	是否具备，原则上必须为"是"
	4	可管可用	能力具备对接使用平台、统计管理平台的接口，能被管理平台管理，能被内外部相关业务平台调用，能以组件形式被封装集成	是否具备，原则上必须为"是"
	5	安全评估	能力准入前必须完成安全性和敏感性评估分级（初步须确定为敏感/非敏感），具体完成哪个级别（按能力开放程度评级）由安全管理部门确定	是否完成能力开放程度评估，原则上必须为"是"
	6	云化扩展	能力应支持部署到云资源中，可以很好地与云计算能力结合，为了兼容，可以支持改造扩展；如果当前不具备这项能力，则之后需要具备	是否具备，当前不具备的情况下之后是否具备，原则上必须为"是"
	7	运营支撑	能力应有运营团队支撑，可提供使用前后的相关服务和保障（能力对接及服务的技术支持），需明确对接负责人	是否具备，原则上必须为"是"
评价参数	8	客户案例	能力具有客户案例（或具体需求案例）作为证明	列举案例或者需求情况

续表

类别	序号	步骤	可交易能力的筛选标准	评估要求
评价参数	9	能力形态	能力需要明确形态，如 API、FTP、SDK、组件包、SaaS 能力、服务等，某种形态所支持的协议类型，明确可供哪些使用者调用等	选项为 API、FTP、SDK、组件包、SaaS 能力、服务，选其中一种或多种
	10	开放范围	能力要明确开放范围，如可用系统范围、组织群体范围，初步可分为对内、对外、均可 3 类。原则上能力为集团级、可全国使用的，鼓励先对内开放、逐渐对外开放	选项为对内/对外/均可，选其一
	11	价值标准	能力具有明确的价值计量标准，如数据量级、调用次数、调用时长、调用服务等级等	按照收费依据（如次数、时长、体量、服务等级等）等描述
	12	能力指标	能力提供者应尽可能地提供能力指标，以评估能力性能，具体指标包括能力调用响应时长、并发量等性能指标以及可用率、修障时间等服务指标，指标应可量化、可分级、可承诺	应尽可能地提供能力指标

4.7　编排能力实现注智

前文已经描述了怎么推动企业级云化基础设施建设，怎么打造业务中台，怎么打造数据中台，怎么打造数字化能力开放体系，并描述了 3 个重要的生态（云化基础设施与应用开发生态、数据应用开发生态、数字化能力开放生态），这些都是大规模推动数据智能赋能企业数字化转型的关键内涵。没有这些基础，企业无法实现全方位的真正的数字化转型，或者即使实现，由于架构上的缺陷，也会导致 IT 系统烟囱林立、推进速度缓慢、成本居高不下、人员需求激增、未来的架构动荡，从而导致企业的数字化转型不彻底、不完善。这些潜在的风险，企业的 CIO 必须清楚。因此，仔细理解并掌握其中的关键要点极其重要。

有了上面的基础，我们再回过头来看看数据智能注智企业全业务的多样性、规模性如何实现的问题，如图 4-11 所示。

第一步：在各级业务系统"上云"重构（注意，不是简单的云迁移，而是重构）的基础上，加快业务解耦，加快实现能力中心化、服务化，从而产生大量的可重复调用的能力，形成业务中台。这些能力以标准 API 的模式及标准化的表达方式封装后注入企业的能力开放平台，如图 4-11 中能力建设层的①、②、③、④，对应能力开放层的①、②、③、④。

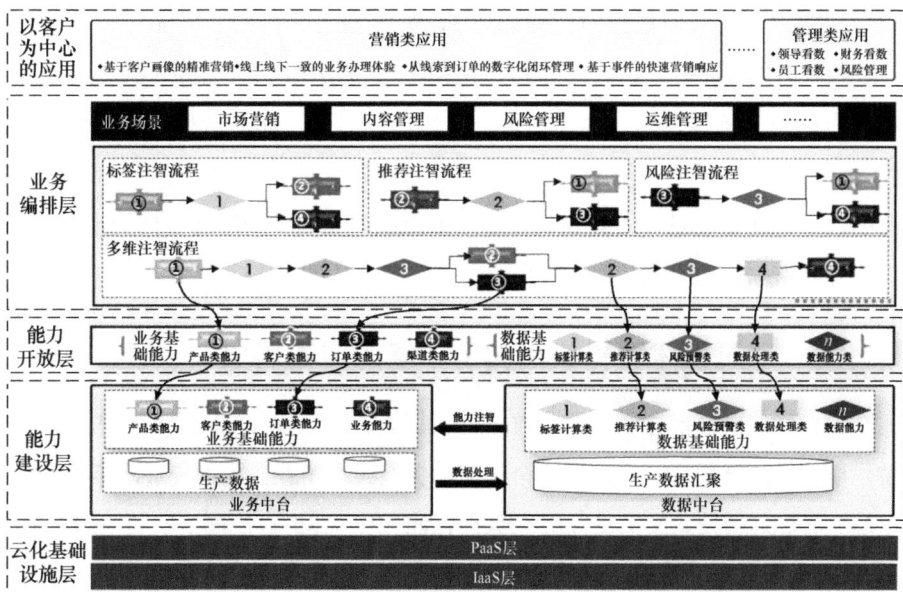

图 4-11　企业级数字化能力开放平台示意图

第二步：构建企业全新的数据中台，加快企业原有数据仓库的迁移，建立数据管理体系，推动基于标准化流程的数据工厂的建立，促使产生大量各个专业领域探索后的新的模型或数据，将这些模型或数据以标准 API 的模式及标准化的表达方式封装后注入企业的能力开放平台，如图 4-11 中能力建设层的 1、2、3、4，对应能力开放层的 1、2、3、4。除了注入能力开放平台，还有另外一种应用方向，即将新的模型或数据封装后注入各种类型的数据卡片，并将这些卡片分类、归档，以便构建数据驾驶窗及支持决策，在此就不赘述了。

第三步：构建企业级数字化能力开放平台，建立开放的数字化能力超市，将来自业务中台、数据中台甚至外部合作伙伴的能力统一管理，按专业分类，提供快捷订阅调用服务。

第四步：依据各种创新场景，在数字化能力开放平台中订阅、调用场景所需要的相应 IT 能力、数据能力；在业务编排层，通过编排工具或流程引擎对被调用的各种能力进行编排，最终形成适合该场景的固定流程。以终（场景）为始，可以形成数据智能赋能企业运营流程的全方位解决方案。如图 4-11 所示，在标签注智场景中，通过数字化能力开放平台，我们调用了来自业务中台的业务基础能力

①、②、④，以及来自数据中台的能力1，最终通过编排封装固化了该场景的流程；在多维注智场景中，我们调用了更多的能力，满足了复杂场景的流程需要。场景—能力调用—流程编排—固化场景—场景迭代优化—能力迭代优化调用—编排优化……我们完成了业务场景的实现、迭代优化的全闭环。通过不断复制该流程，企业的数字化转型在各个方面蓬勃开展，企业数字化转型的最终目标一定会实现。

第五步：进行 UI 封装，主要结合流程、客户感知，使 UI 达到好用、易用的效果。

4.8　通过技术重构快速实现丰富的数智场景

至此，我们已经描述了"适合数据智能驱动的企业数字化转型的技术路径及总体技术框架"的全部内涵，通过这个框架，我们实现了业务重构篇"四步法"构建的顶层业务规划到技术架构及应用实现的全面映射。我们再梳理一下其中的逻辑。

"四步法"解决了企业资产数字化及智能化问题，给决策者提供了基于该资产更多的决策支持手段，资产数字化、智能化是流程可构建的基础，是流程中的关键节点。

AI 注智的场景设计及流程重构是数据智能驱动企业数字化转型的关键，是业务专家、数据专家、流程专家共同研讨的结晶，BPR+AI 是其表现形式，意味着期望通过 AI、大数据建模生成新的数据对原有流程进行改造，实施注智，或创造带有数据智能的新流程、新场景。例如，在上篇中，我们经常用 CPCP 构建的企业营销服务生产流程进行案例解说，通过引入数据智能，我们可以构建"（C+AI）+（P+AI）+（C+AI）+（P+AI）"的流程场景实现大数据对 CPCP 的决策支持，也可以构建"（C+AI）+P+C+P"的流程场景实现精准客户营销，还可以构建"C+P+（C+AI）+P"的流程场景实现对产品与客户的细分。如果 CPCP 各自是多维度的，AI 也是多维度的，那么通过流程的丰富组合，千变万化的场景即将呈现，我们所说的"营销服务词典"就此诞生。市场营销不就是这样吗？不断策划 CPCP 的各个维度，打通产品和服务到客户的流程，高效售卖企业的产品和服务，提升企业的价值。

构建智能数据流循环迭代只是要表明，数据建模是需要迭代完善的。任何大数据、AI 建模产生的新的数据，都需要在实践中不断完善，不断检验修正，来自生产一线的数据将源源不断重新注入数据中台，通过模型训练，不断提高输出数据的精准度。如果数据流不闭环，数据智能就不可能实现。

"四步法"表述的业务逻辑基本就是这样，我们再来看看这些业务策划的成果如何映射到技术框架上，以及技术框架及其逻辑如何确保构思的各种业务场景在支撑系统中有效落地，实现业务到技术的真正映射。

在关键资产数字化以及基于资产数字化实例的数据智能驱动的场景的构思中，也对业务中台的各种 IT 能力提出了明确的需求，通过尽可能穷举的业务场景，业务中台独立的能力中心归纳就会越来越清晰。独立抽象出来的这些能力将被众多场景共享调用，从而实现能力的复用，有效节约了企业的资源，也确保了数据的一致性、唯一性。我们在 CPCP 案例中，通过各种丰富场景的构思（有一个场景业务规范）提炼了 18 个能力中心，包括 CPCP 配置能力中心、客户管理能力中心、受理能力中心、营销资源能力中心、营服协同能力中心、支付能力中心等，正是业务到技术的有效映射，形成了业务需求到业务中台能力中心能力开发使用的闭环。

此外，在有数据智能注智的场景构思中，同样对数据中台的数据探索提出了明确的要求。这些需求将基于数据工厂对模型的训练加工，最终通过 API 工具固化，注入数字能力开放平台中，供各类场景调用，形成数据智能从需求到开发使用的闭环。

当大量的业务中台能力与数据中台数据能力出现时，大中型企业复杂的系统可能包含几万种能力。这些能力的管理就很重要了。我们必须避免旧的 IT 系统烟囱式开发、能力开放接口独立分裂的局面，这种局面在系统开发方面会带来一场灾难，系统之间蜘蛛网式的无序链接方式会导致迭代升级和维护管理的困难。统一的能力开放体系的建设正是规避了上述的缺点，它有效实现了能力与应用的解耦、能力的复用、应用的敏捷开发，节约了开支，提高了效率。同时，正如前面提出的，企业数字化转型另一个重要标志就是将企业的数据资产化、服务化、生态化，统一的能力开放体系的建设正好迎合了这个需求。当开放的数字平台聚合了大量的企业内部系统和外部合作伙伴的IT能力、数据能力时，IT/数据就是生产力！IT/数据就是竞争力！

最后，就是按照业务策划场景组装、编排这些 IT/数据能力，并最终形成应用。

这就是业务逻辑到技术逻辑的完美闭环，确保了原先在业务层面策划的数据智能驱动的企业数字化转型的创新场景到技术实施环节的落地。如此反复迭代，规模推动数据智能驱动的企业数字化转型成为可能，企业就会真正走上数字化转型循序渐进的良性发展道路。

第5章 中国电信数字化转型的技术重构实践

5.1 数字化转型支撑系统面临的问题

中国电信虽然有着中长期的企业信息化规划，但在信息化系统的建设历程中，曾在相当长的时间内采用"谁使用、谁建设、谁管理"的 IT 系统建设和管理模式，缺少有效的架构管控措施和手段。面对激烈的市场竞争，业务部门更关心的还是 IT 系统能否快速支撑业务。在这种"重功能、轻架构"思想的影响下，IT 部门忙于满足业务部门随时提出的业务需求，主要强调系统功能的建设，对企业 IT 总体架构的思考还不够细致。

从总体上看，2016 年之前的中国电信传统 IT 技术框架是由多个供应商伙伴按业务域承建的、通过大量内部接口互联的、由多个系统构成的复杂封闭体系。这一架构主要有以下几个特点：系统独立运营，应用层以及与之配套的数据层中存在大量的垂直封闭系统，包括大量异构的硬件设备以及与之紧密绑定的专业商用软件；业务域内会为单一功能需求构建专用的 IT 系统，各个系统自成体系，彼此间的资源数据不共享，存在大量的私有接口和协议；系统更多关注的是上层业务的实现，对业务能力开放并不关注，一个系统的业务能力难以被其他系统快速灵活调用。

基于该架构，中国电信在发展业务的同时，也面临着如下困境。

● 客户感知不好：烟囱式架构，多点复杂交互，业务上线周期长，对外开放难度大；系统性能存在瓶颈，在业务高峰期系统响应缓慢。

- 架构扩展困难：分地域、分专业条块分割架构，形成一个个竖井和孤岛；系统架构缺乏弹性，水平扩展难，资源利用率较低。

- 建设维护投入高：传统架构（"小型机 + 阵列存储 + Oracle"）系统建设投入大，后续维护成本高。

- 供应商绑定：受限于供应商，系统的质量和建设进度不能有效保障；未能掌控核心技术，无法快速开展业务自主创新。

如果从 IT 架构分层的角度看，会发现每一层都暴露出一些问题，而这些问题已经严重影响了系统的可持续发展。下面从下至上对每一层进行分析，看看中国电信具体面临哪些问题以及有哪些可以改进的方向。

1. 底层资源层

中国电信传统 IT 架构中的核心系统主要使用商用封闭硬件平台，典型如 IBM 小型机和 EMC 存储，新建扩容周期长、硬件部署效率低、横向扩容困难，设备和软件维保费用高，对厂商依赖程度较高，维保成本居高不下。

x86 体系经过 20 多年的发展，通用性和标准化程度相当高，更加适合企业长远应用和需求扩展。运行在开放 x86 平台的分布式软件和存储平台，通过扩展集群规模可实现处理性能的线性提升，通过软件多备份及数据多副本等策略可提升整体可靠性，实现高系统可靠性目标。因此，x86 机器集群和 SSD（Solid State Disk，固态硬盘）的搭配成为企业构建可扩展、高可靠性、弹性伸缩、低成本的应用系统的主流硬件方案。

2. PaaS 层

从技术栈的角度看，传统垂直 IT 系统的应用、数据、中间件、操作系统、服务器等相对隔离，每个应用实例单独规划、采购、部署、运维，是典型的黑箱模式系统、能力封闭、供应商锁定、迫切需要打破封闭的架构。从整体建设情况来看，虽然中国电信有一些分支机构启动了 PaaS 平台的建设，但这些平台相对分散，无法在企业范围内统一技术栈、规模发展并形成合力。

云计算已成为企业应用的主流技术，企业统一的 PaaS 平台能提供云化应用开发和运营的公共能力，打破烟囱，提供开放、治理完善的基础环境，是工程化开发和运行云应用的最佳方案，可以为多个生产者 / 消费者的业务赋能，解决应用交付、高效运营的痛点问题，是后期 PaaS 建设的方向。

3. 业务和数据层

业务能力方面，随着业务的发展，传统架构系统内部复杂度越来越高，多个模块之间的耦合过于严重，微小的问题可能导致系统崩溃，部署和发布等运营工作也会互相影响，生产运营效率较低。因此需要引入业务中台，沉淀通用能力，降低系统间耦合度，提高服务的复用性和企业的系统效率。

数据能力方面，传统 IT 架构体系中的数据分散在各个系统中，缺少集约的大数据中台，也未建立企业级的数据标准规范和管理体系。在互联网大发展新形势下，非结构化的数据成为主流，业务系统对实时数据分析的需求也越来越迫切，因此需要引入数据中台，融合整个企业的全部数据，纳入多种数据形式，打通数据之间的壁垒，解决数据标准和口径不一致的问题，提供能与业务系统及时互动的实时数据分析能力。以数据资产化为导向进行数据治理，以共享数据服务的方式实现数据共享，通过构建数据中台，打通业务和数据环节，减少冗余，增加复用，快速响应用户需求，实现数据驱动业务创新。

4. 能力开放层

经过多年的能力建设，中国电信集团、各省级公司、各专业公司都陆续建设了大量的能力开放平台并将其投入运营。这些系统、平台大多按照垂直体系建设，应用与数据紧耦合，采用的还是传统的集中式一体化架构，没有进行彻底的云化改造和分布式改造，数据冗余且难以共享，容易形成各类信息孤岛。总的来看，中国电信缺乏的不是能力，而是从全集团角度对能力平台的统一规划、对能力开放的统一运营、对能力体系的统一规范。中国电信需要构建全集团统一的能力开放体系，聚合全集团各种能力资源，构建敏捷的运营体系，高效支撑网络智能化、业务生态化、运营智慧化等战略转型要求。

5. 业务编排层

传统的 IT 运营方式对业务需求的支持往往需要业务部门提交需求，由合作伙伴（IT 供应商）的开发团队开发，一个典型的业务流程走完往往需要一个月左右的时间。从时效性看，传统的 IT 开发模式很难满足业务快速发展的要求。

在众多的业务需求中，有相当一部分需求是不涉及底层数据模型变更、核心业务逻辑修改的简单需求，可以使用低代码、流程引擎等技术，通过复用各个中台提供的基础能力，进行基础能力的编排和组合，实现业务场景化敏捷开发。这种新的开发模式极大降低了 IT 人员的开发门槛，中国电信自有人员也可以进行轻量级业务场景的开发，需求上线速度从以月为单位提升到以天为单位，业务支撑的效率也提升了。

通过上面的分析，我们可以看到，移动互联网蓬勃发展的时代，中国电信运营系统面临业务快速发展对传统 IT 技术框架造成的冲击，客户对电信业务的使用体验提出了更高的要求，各类行业和人员之间的关联、配合更加紧密，而互联网先进的技术框架与电信行业的传统技术框架相比也有明显的优势。中国电信的运营系统需要统筹规划，结合 IT 技术框架发展趋势，走出一条具有自身特色的数字化转型之路。

5.2　总体技术框架

基于上述分析，为实现运营系统的数字化转型，中国电信启动了新的 IT 规划，全面提升系统灵活性和处理性能，打破原有运营系统采用烟囱式建设、应用模块紧耦合的情况，以实现聚合、开放为核心，分拆解耦，重构核心支撑系统。

在重构设计过程中需要遵循如下原则。

● 平台化："技术和数据平台化"，实现界面与应用分离、应用与数据分离、资源动态水平扩展；搭建提供各种基础能力组件和计算框架、能降低应用开发门槛的开放平台。

● 中心化："系统中心化"，按照业务职能，形成自治的、灵活集成的业务能力中心。

● 分布式架构：不管是底层 IT 基础资源还是上层业务能力，都能快速进行弹性扩展，确保系统整体具有高可用性。

● 能力统一标准和开放："能力服务化"，系统对核心服务进行企业级统一治理与管控，实现"可见、可控、可管理"的对内对外服务要求；为了降低现网运营系统的改造难度，在设计过程中尽量采用标准访问接口或协议，降低系统接入难度，缩短开发周期。

● 敏捷开发：采用微服务架构解耦业务逻辑模块，使用低代码、流程引擎等技术进行业务编排，实现快速开发、快速部署、快速构建。

基于以上原则，新一代运营系统采用"平台+应用"的模式，构建云化的运营系统。整体设计上，平台 PaaS 层引入云计算及互联网技术，对与业务无关的技术能力进行封装，形成标准化的技术 API 框架，如自研分布式数据库、分布式缓存、分布式消息中间件、分布式文件系统、分布式任务调度等；数据层设计采用云化架构进行分布式数据存储，同时需要遵循 CAP（即 Consistency，一致性；Availability，可用性；Partition Tolerance，分区容错性）理论；应用层设计对外遵循接口简单的使用规范，对内遵循编排灵活、使用高效的原则。中国电信沉淀通用业务能力和数据能力，形成"业务中台+数据中台"的双中台架构，同时统一规划企业级能力开放体系，业务中台和数据中台通过能力开放体系进行信息互通。总体技术框架如图 5-1 所示。

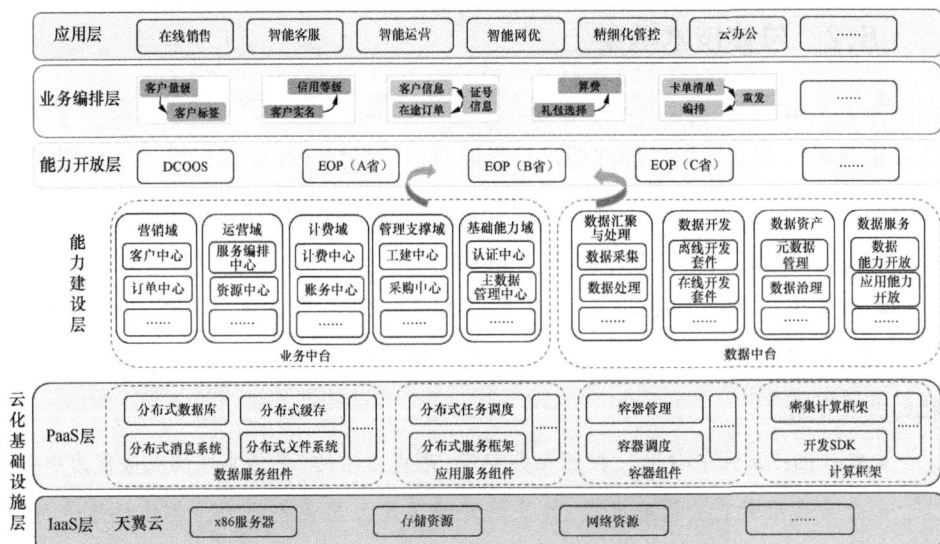

图 5-1　中国电信运营系统数字化转型的总体技术框架

图 5-1 展示了中国电信运营系统数字化转型的总体技术框架。从横向分层来看，它是一个 5 层云化架构，从上至下依次为应用层、业务编排层、能力开放层、能力建设层（"业务中台+数据中台"）、云化基础设施层（PaaS 层和 IaaS 层）。下面按从下到上的顺序分别介绍这几层的核心内容。

IaaS 层：由虚拟资源和硬件资源组成，主要提供资源的统一管理、调度、编排与监控功能，为 PaaS 层及 PaaS 以上各层提供按需分配的基础设施支撑，其中管理的资源包括计算资源、存储资源、网络资源等。同时，为应对电信互联网化业务灵活多变、瞬时高并发性、快速响应的特点，云化基础设施层具备资源的弹性分配和自动化管理能力。

PaaS 层：运行于各类基础设施之上，面向 PaaS 层以上各层提供互联网化的基础架构和服务组件；按照"厚平台、薄应用"模式，PaaS 层对上提供数据服务组件、应用服务组件、容器组件及计算框架，支撑快速构建中国电信 IT 业务系统，承载整个中国电信 IT 域业务应用运行，并具备承载第三方应用的能力。其中，数据服务组件面向中国电信 IT 系统中的各类数据资产，是应用与数据完全分离的关键；应用服务组件面向中国电信 IT 系统中的分布式应用，提供集群环境下的应用编排、管控、调度功能，操控分布式应用在 PaaS 平台上的协同运行，保障业务处理具备高并发性、高可用性；容器组件为可容器化的应用和服务提供基础的运行环境以及快速部署能力，为应用和服务提供统一的开发、测试及生产环境，实现应用和服务的快速部署及全生命周期管理；计算框架可向上层应用提供底层基础组件的核心能力，对上层应用屏蔽分布式架构技术细节和难点，便于应用聚焦业务逻辑，具备快速开发能力。

业务中台：运行于 PaaS 平台之上，基于 PaaS 平台提供的云化中间件服务以及开发 SDK、计算框架等能力构建业务应用服务，实现特定业务目标，支撑电信业务的运营和管理。业务中台用于实现能力的沉淀，要沉淀出可以"被共享的能力"，因此需要结合电信业务特点进行 MSS 域、BSS 域、OSS 域建模，划分电信业务的问题域，通过抽象和封装，提供一套统一的解决方案，满足各条业务线的需求，以达到提高业务运营效率和优化的目标。

数据中台：以全域数据建设为中心，技术上覆盖了从数据采集、计算加工到数据服务、数据应用等数据链路上的每一个环节，为生态内外的业务、企业、用户提供全链路、全渠道的数据服务；另外，通过数据工厂聚合和治理跨域数据，将数据抽象封装成服务，提供给业务系统有效的业务价值，最终的目标就是实现数据驱动的业务创新。

能力开放层：整合企业各类分散的能力开放平台，形成统一的企业级能力开放体系，统一管理 IT、CT、第三方的能力，采用统一的协议使平台互联互通，通过开放各类中台的接口和资源，使得第三方开发者可以快速开发出各种应用和服务；同时关注能力开放运营，不仅为能力消费者提供众多业务能力，还要使能力消费者用得方便，即需要使能力的接入、能力的消费、能力的结算等变得像产品订购和结算一样简便，提供持续的能力运维服务。

业务编排层：通过业务编排，让多种能力形成包含完整业务流程的应用，实现轻量级业务场景的敏捷开发。

应用层：基于业务中台和数据中台提供的各项基础能力，构建面向内外部用户的个性化应用。

采用云化分布式架构进行技术框架的全新构建确实能带来显著的技术成效，但这种分层的技术框架也在一定程度上带来了复杂性，不管是传统应用改造还是组织流程变革，都需要随着新架构的启动同步进行，因此大型企业在进行新架构建设时也需要注意以下几个方面的问题。

1. 传统应用无法照搬，需要进行相应的云化改造

运营系统中的应用需采用云计算架构进行改造，具备云化特征，实现应用与数据分离和无状态化，应用通过统一的数据访问引擎访问数据。

业务应用层的总体云化技术要求如下。

（1）应用与数据分离

要求相关应用不保存应用运行需要的数据，支持通过统一数据访问引擎获取数据。

（2）应用集群部署同质化

要求相关应用支持集群化部署，并且集群内各个节点部署的应用无差异、同质化，能够互相替代。

（3）应用节点间负载均衡

要求应用各节点能力对等，实现节点间任务均衡处理。

（4）故障自动接管

当应用服务发生故障时，其未完成的任务支持由其他应用服务接管继续处理或重新处理，接管过程中，要求任务处理完整。

（5）弹性伸缩

支持系统应用集群的动态调整，系统处理能力能够随应用节点变化进行线性调整。

（6）系统升级业务无中断

对不涉及数据模型变更、大规模的流程重构等的一般性需求开发，提供在线升级能力，确保升级过程业务无中断，保持业务的连续性。

2. 云化基础设施层不能简单整合，需要进行相应的云化改造

云平台基础能力包括以下内容：节点调度、负载均衡、故障接管、弹性伸缩、集群部署、集群监控、版本控制、流程编排。这些是云化基础设施层的核心能力，除此之外，平台层作为应用和数据的承载环境，作为流程组件、技术组件以及上层应用的部署、运行环境，围绕架构要求实现前后端分离、应用与数据分离等目标，需提供一系列技术实现框架，包括分布式服务框架、分布式缓存框架、分布式数据库框架、分布式消息框架等。

分布式缓存、分布式消息中间件、分布式内存数据库等作为数据服务能力，为上层应用提供基础的支撑能力和横向扩展能力。

数据服务能力主要采用数据分布式部署的方式实现数据的高效低成本扩展，通过分片化数据存储方式减轻单节点数据访问的压力，提升数据可用性，同时通过灵活的路由分配机制降低数据访问的复杂性，并通过统一的接入方式和数据加密等方式提高安全性。数据层还需要从业务层面考虑数据可靠性、可用性、安全性和完整性方面的管理策略，并利用平台层组件提供的技术能力来确保上述特性。

除了数据组件，还有一些技术框架为上层应用提供云化服务，这些技术框架构成了应用服务能力。应用服务能力由大量 API 进行能力承载，主要包括服务治理、流处理调度、容器封装、并行计算等。

● 服务治理：通过分布式服务框架等技术组件提供服务封装、服务注册与发现、服务编排、服务全生命周期管理等相关功能。

● 流处理调度：提供高可用性流程编排服务的引擎，主要用于提供流式计算型服务。

● 容器封装：容器作为一种轻量级虚拟化技术，可以将应用及应用依赖环境打包到一个可移植的容器中，实现资源管理的自动化，主要用于应用打包、应用版本发布等。

● 并行计算：采用分而治之的思想，先把任务分发到集群的多个节点上进行并行计算，然后把计算结果合并，从而得到最终计算结果；需要提供多节点计算所涉及的任务调度、负载均衡、容错处理等能力，这些能力主要用于大规模数据集的并行运算，如运营业务数据分析等。

应用服务能力面向新一代电信运营系统中的各类业务应用，在分布式环境下提供线程/进程管理、消息处理、文件处理等通用基础能力，以及应用的编排、管控、调度及协同运行能力。这些应用服务能力对上层应用屏蔽分布式架构技术细节和差异，便于聚焦业务逻辑，快速开发应用，满足高并发性、高可用性、高性能等要求。

3. 组织流程需进行相应优化调整

对于运营商，传统的单体应用的维护管理组织、机制和流程更多是基于 ITIL（Information Technology Infrastructure Library，信息技术基础架构库）指导思想配置和制定的，相关职责划分也参考了传统应用分层架构。IT 云化架构"去中心化治理、去中心化管理数据"的特点要求调整相应的组织和职责，运维流程也需要在 ITIL 最佳实践的基础上优化。

比如，微服务架构相比单体架构意味着引入更多的系统实体，必然会带来管理的复杂性。一般而言，大中型企业的微服务数量会很大，在版本管理和服务间协作方面需要投入更多的关注。微服务架构的良好运作需要更精细的监控能力和手段，一般需要专有的组织和管理平台。

又如传统的开发模式下都是私有和离散的 DevOps 流程、工具，没有可以共享的公共能力，流程自动化程度低，应用交付效率低，运营质量差。在建设统一的 PaaS 平台后提供统一 DevOps 工具给开发者和运营者，开发者可控制生产环境，运营者可自动化完成应用的部署运营。这就需要统一的 PaaS 运营组织架构制定全新的 DevOps 开发运营一体化流程，让开发者和运营者可更好地协作，实现应用交付效率和运营质量的提升。

5.3　云化基础设施建设

5.3.1　云化基础设施层统一管理

"上云"前，中国电信的业务系统采用烟囱式建设模式，这种模式的缺点主要体现在以下几个方面。一是软硬件"七国八制"。业务系统建设和维护人员需要掌握大量的软硬件技术才能完成建设和做好维护，特别是需要掌握应用比较少的软硬件技术，造成大量的人员浪费。二是技术路线不统一。业务系统架构不同，中间件选型不同，服务器和网络设备类型不同，导致维护的标准化和智能化程度不高、维护人员数量居高不下。三是资源利用率不高。业务系统烟囱式模式导致资源池规模不大且呈现碎片化，各业务系统独享资源导致资源利用率不高，使用专有网络导致网络结构复杂，业务系统之间又需要通过网络打通，导致安全防护难。四是业务系统建设面临"两慢两难"——IaaS/PaaS 集成一体的定制云服务交付慢，应用开发交付速度慢，依赖国外软硬件导致自主可控难，业务端到端的监控难。基于以上 4 点，为了加强 IaaS/PaaS 统一管理，通过集团构建统一技术底座，拉通分散的资源池、减少多类型的 IaaS、统一多版本的 PaaS，中国电信逐渐形成了"全网一朵云"（如图 5-2 所示），从需要专家数天安装配置到用户自助申请 IaaS/PaaS 一体化服务分钟级开通，从独享资源到共享资源节省 1/3 左右的硬件，初步实现了分布式云化架构的部署自动化、配置标准化和实施流程化。

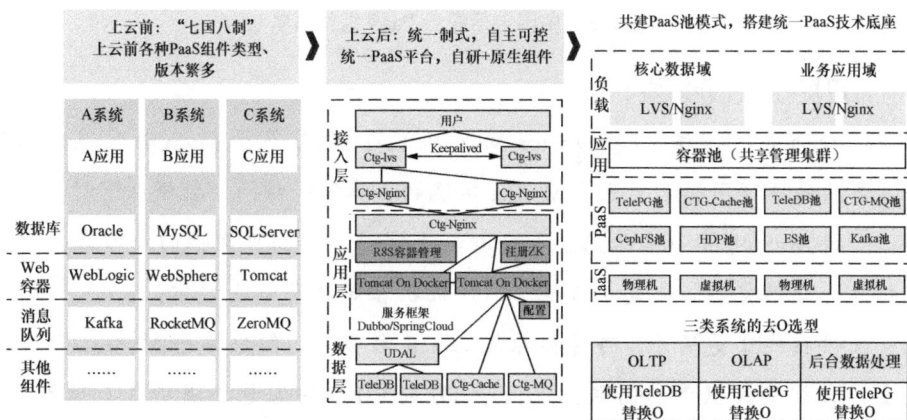

图 5-2　中国电信基础设施统一过程示意图

5.3.2 规范核心 PaaS 组件，推动 PaaS 平台的开发生态

为了规范 PaaS 组件的准入、退出、选型、使用、迭代开发、运营维护并保障 PaaS 组件的安全稳定运营，中国电信制定了涵盖业务系统常用的核心统一 PaaS 组件清单（35 类 54 种），其中自研组件 16 种，开源组件 38 种，如图 5-3 所示。从此 PaaS 组件有了全集团统一的管理要求，进入规范化生态运营阶段。

自研组件清单（11类16种）		
序号	组件类型	组件名称
1	数据库	CTG-TeleDB
		CTG-UDAL
		HBase
		TelePG
		CTG-GDB
2	分布式缓存	CTG-CACHE
3	分布式消息中间件	CT-GMQ
4	分布式小文件系统	CTG-DFS
5	密集计算框架	FM-MJJS
6	容器管理框架	CCSE
7	负载均衡组件	CTG-SLB
8	分布式任务调度	CTG-DTTS
9	跨IDC数据同步	CTG-IDC-SYN
10	DevOps套件	云道
11	北向接口	自研组件北向接口采集系统
		开源组件北向接口采集系统

原生组件清单（24类38种）					
序号	组件类型	组件名称	序号	组件类型	组件名称
1	时序数据库	OpenTSDB	11	数据仓库	Hive
2	分布式消息中间件	Kafka	12	数据查询	Impala
3	分布式服务框架	SpringCloud	13	大数据安全组件	Kerberos
		Dubbo			OpenLDAP
4	并行计算框架	Storm			Sentry
		Spark			Ranger
5	高可用	Keepalived	14	流处理框架	Flink
6	Web容器	Tomcat	15	机器算法类	TensorFlow
		Apache	16	分布式协同	ZooKeeper
7	基础环境	CentOS	17	图形化工具	Hue
8	日志处理	ELK	18	分布式对象存储	Ceph
9	运维工具	Zabbix	19	开放平台	Istio
		Pinpoint	20	数据采集工具	Flume
		ZipKin	21	DAG计算引擎	Tez
		Ansible	22	分布式列式存储系统	Kudu
		Prometheus	23	分布式数据分析引擎	Presto
		Grafana			Kylin
10	Hadoop	YARN	24	开源列式数据库	ClickHouse
		MapReduce			
		HDFS			

图 5-3　中国电信统一 PaaS 组件清单

常用核心组件介绍如下。

● **分布式数据库（TeleDB for MySQL）**：TeleDB 基于 MySQL 实现数据库一主多从的高可用模式，基于 MyCat 实现数据库统一访问，数据访问对应用透明，支持 MySQL 协议和语法，是一款具有高性能、高可靠性的分布式关系型数据库，提供灾备、恢复、监控、不停机扩容等整套解决方案；适用于 OLTP 高并发性在线交易场景，可替换原有 Oracle 数据库，解决单个 MySQL 节点无法支撑大规模数据量的问题，适用于 TB 或 PB 级的海量数据场景，如图 5-4 所示。

图 5-4　分布式数据库

● 对象关系型数据库（TeleDB for PostgreSQL）：PostgreSQL 数据库支持多种数据类型及大部分 SQL 标准，支持子查询、数据完整性检查等，适用于系统改造过程，替换原有 Oracle 数据库、汇聚库等。

● 容器管理框架（CCSE）：CCSE 是基于 K8S 和 Docker 自主研发的容器功能组件，提供容器的集群管理、资源编排、负载均衡、弹性伸缩等功能，涵盖容器虚拟化、微服务、持续交付等方面；将所有数据中心的计算资源当作一台大型计算机来调度，为整个数据中心提供分布式调度与协调功能，实现数据中心级弹性伸缩能力，确保各类资源随着应用的需求动态调度，同时简化应用的环境搭建，降低部署难度；简化服务的部署、升级、维护，实现开箱即用；提供轻量级的虚拟化技术，可以解决单个虚拟机消耗固定资源却无法根据实际业务需求动态扩缩容的问题，如图 5-5 所示。

图 5-5　容器管理框架

● 跨 IDC 数据同步（CTG-IDC-SYN）：提供日志和表机制远程复制技术，为同机房、跨机房、异地及异构数据库提供可靠的数据同步；替换 OGG、DSG 等同步方案，适用于从自研分布式数据库同步到 Oracle、HDFS 和消息队列 Kafka；并支持关联 SQL 配置、数据核对同步功能、数据迁移功能，适用于 Oracle 实时同步到 MySQL。

● 分布式消息中间件（CTG-MQ）：CTG-MQ 具备消息有序、不重、不丢失、高堆积低损耗等特性，实现了消息队列、消费队列以及集群横向扩展，接入和消息服务高可用、消息处理高性能，并提供运维管理、监控预警、动态扩容等配套功能；适用于系统的解耦、缓冲、数据交换、削峰填谷以及事务型消息的接收和发送，部署和配置简单，具有较高的可靠性，如图 5-6 所示。

图 5-6　分布式消息

● 分布式缓存（CTG-CACHE）：CTG-CACHE 是一款兼容 Redis 协议的分布式缓存系统，具有高性能、高可靠、可水平扩展的特点，将单进程模式优化为多进程模式，支持按表垂直共享，大幅提高性能和资源利用率；全新设计的高性能低延迟的数据服务访问接入层，提升了整个集群的横向扩展能力；解决了大规模、高并发访问时的性能瓶颈问题，并提供容灾、恢复、监控、迁移等能力；适用于需要大量内存的缓存调用，解决了单台主机内存无法满足应用的缓存需求的问题，如图 5-7 所示。

图 5-7　分布式缓存

● 分布式小文件系统（CTG-DFS）：实现海量小文件的多级管理、分布式的元数据管理、分布式文件系统集中管理和监控，提供 FTP、REST API 等接口，有效避免了用 HDFS 管理海量小文件所带来的弊端，能高效存储海量小文件（如计费话单文件、账单文件和无纸化证件照片等）。

5.3.3　构建全国集约的"八统一"PaaS 治理体系

规范核心 PaaS 组件后，最重要的就是做好运营。我们通过人才工作站，集合全网 PaaS 专家，借鉴互联网优秀社区模式，动态运营 35 类 54 种 PaaS 组件，从无到有建立了"八统一"PaaS 治理体系。如图 5-8 所示，"八统一"分别是：统一 PaaS 组件清单，形成了统一的业务系统技术路线；统一 PaaS 组件版本，形成了大版本每季度发布一次、补丁随需发布的周期性特性；统一 PaaS 组件准入和版本发布的技术检测，并覆盖功能、性能和安全等多种类型；统一 PaaS 组件开发 / 配置规范，确保组件上线前的合规使用；统一 PaaS 北向接口，在此基础上实现了全国统一的集中监控；另外，还对 PaaS 平台各组件的运营和维护制定了统一的、详细的运营规范和维护规范。通过清单动态管理、组件需求管理、技术检测管理和组件运维管理，有效支撑了 PaaS 治理体系的动态运营。

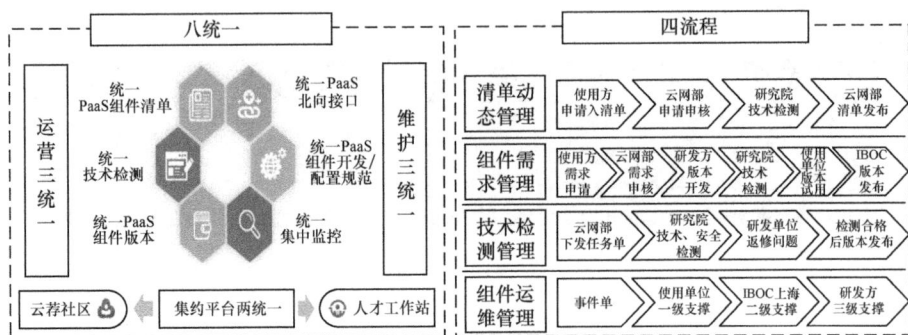

图 5-8　"八统一" PaaS 治理体系

5.4　新一代业务中台建设实践

业务中台通过对不同业务线解决相同问题域的解决方案进行抽象与封装，通过服务化等机制向各业务线提供通用能力，实现对不同业务线的业务支撑；数据中台对业务中台产生的数据进行二次加工，让结果再次服务于业务，为业务进行数据和智能的赋能。业务中台是数据中台建设的基础，也是构建企业中台的第一步。业务中台涵盖企业业务运营的所有领域，以中国电信这样的电信运营商为例，业务中台可以细分为 BSS 域、OSS 域和 MSS 域等。下面我们重点讲述 BSS 业务中台的建设实践。

中国电信现有的 BSS 体系现状与中国电信的业务发展与管控模式有关。一直以来，中国电信的业务管控模式如下：移动、宽带等大网业务以分公司为单位管理，云、安全、智能家居等新业务由各个专业公司负责。各个分公司与专业公司的业务需求有一定的差异，且需求是不断变化的，因此很难通过构建一套全网统一的 BSS 来满足所有分公司、所有产品或业务线的需求，因此出现了大网业务按省份建 BSS、专业公司业务由专业公司建设 BSS 的局面。

在市场竞争加剧、客户需求不断变化等方面的挑战下，集团公司进行业务集约化管理、推出统一业务策略的需求越来越强烈，企业的数字化转型需要企业 IT 系统形成一个有机的整体，因此现有的 BSS 架构必须进行重构与升级。

分公司业务创新与集团统一管控需求之间存在一定的矛盾，但在企业中，这二者又是密不可分的并存需求。创新业务是不断变化的，不断创新是业务发展的内在要求。另外，基本业务规则、基本信息的统一管控等需求是相对稳定的，尤其对比互联网企业，中国电信核心系统有着对稳定性的更高需求，例如无论面对多么复杂多变的业务，对客户等三户资料管控、订单管理、话单批价等的业务需求是相对稳定的，如图 5-9 左侧所示。

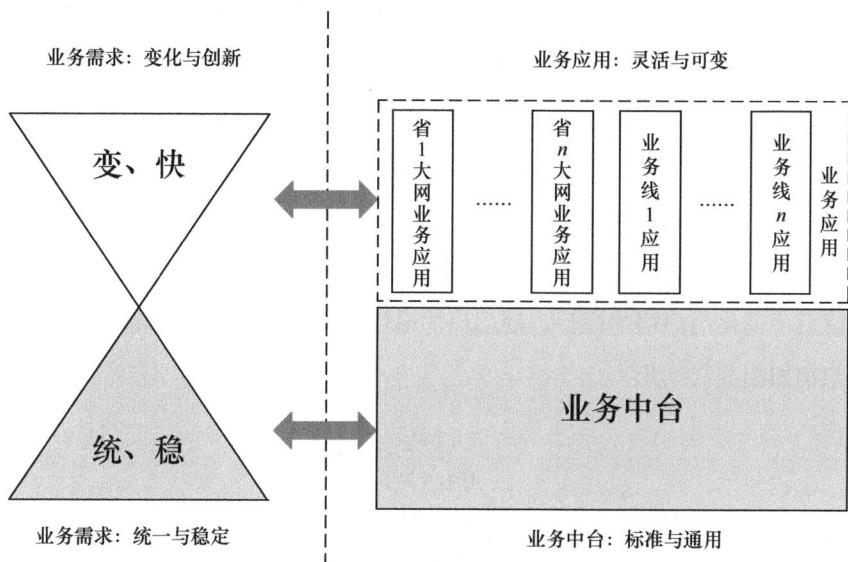

图 5-9　架构分层适应业务稳定与变化

　　针对业务需求的统一与稳定和变化与创新并存的情况，需把当前 1+31 套 BSS 核心业务逻辑层进一步分层演进：一方面引入业务中台，把通用的功能（如客户管理、产品销售品管理、订单管理等）封装、沉淀在统一的业务中台上，使业务中台成为企业通用功能的复用平台，支撑统一与稳定的业务需求；另一方面，新增业务应用层，应用可分省份、分专业公司构建，使现有系统中支撑分公司与业务线的差异化、个性化创新业务的功能（如不同产品的受理流程、不同渠道的营销支撑等）在不同应用中实现。业务应用层承接前台变化对 IT 核心系统的冲击，通过对业务中台提供的能力的组合和编排、进行个性化能力开发，来支撑各类变化与创新的业务需求，进行成本更低的业务探索，业务应用彼此之间互相独立，可以自由变化。引入业务中台、新增业务应用层的分层架构，如图 5-9 右侧所示，既能支持对稳定、统一业务的复用，又能支撑业务的快速创新，从而实现变化与创新的需求和统一与稳定的需求在一套架构中被高效、科学地满足。

电信运营商的业务复杂度高，各省份之间业务规则存在差异，即使各省份BSS都要受理电信业务，也存在不同分公司有不同受理规则的情况。例如电信业务的受理流程中有客户欠费验证环节，不同分公司的业务规则触发存在差异，有些省份在客户登录环节触发欠费验证，有些省份在购买销售品环节才触发欠费验证。这些差异如在门户层构建，则会对后续的前端灵活构建提出挑战；如在能力中心构建，则业务的多变性会给底层的稳定性带来挑战。

为了适应电信运营商自有产品的特性及分省份运营的需求特性，我们进一步将中台架构中的前台分解为门户和应用两层，通过应用层分类承载差异化的业务特性，从而简化门户层的设计，使门户的设计更灵活快捷。中国电信BSS中台的总体架构如图5-10所示。

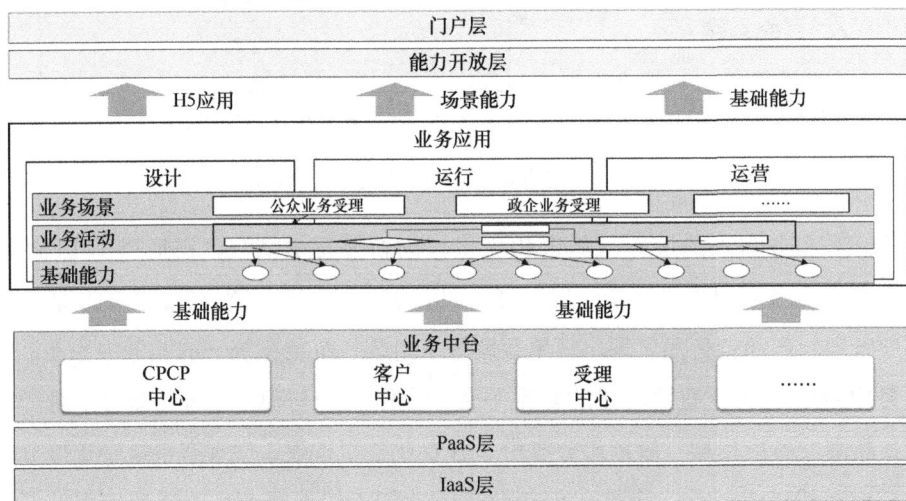

图5-10 中国电信BSS中台的总体架构

依据上述分层构建的总体架构，中国电信的BSS业务中台具有"轻门户，变应用，稳中台"的特点。

● 轻门户：通过手机、PC等触点完成与应用使用者的交互，完成信息的呈现、收集。门户层主要考虑多类型终端、多版本浏览器等问题。

● 变应用：针对不同类别特性的电信产品或不同分公司大网产品构建不同的前端应用，基于中台标准化 IT 能力，提供个性化的 IT 能力或应用；对上完成基于业务场景的服务支撑和提供，对下完成对业务能力层的服务调用和封装，通过服务的组合和编排提供基于业务场景的封装能力。应用层包括设计态、运行态和运营态，实现面向不同业务需求的系统能力定义、执行与运营分析。

● 稳中台：负责业务领域内的标准建模，提供业务领域内标准化的基础能力，目标是通过抽离与客户类型和业务种类无关的通用能力，实现企业级别的能力复用。

中国电信 BSS 业务中台从服务分类、业务数据对象、业务过程等多角度、多维度对核心服务能力进行拆分重组，形成多个能力中心。能力中心是面向企业业务运营及运营支撑、可以对外提供标准化且相对独立的能力的一组服务载体。各中心高内聚且中心之间低耦合，多个能力中心可以协同完成一个完整的业务流程，可以根据企业运营的需要进行动态调整及演进。

根据中国电信 BSS 已有 IT 服务能力及智慧运营的需求，BSS3.0 构建了 18 个能力中心，形成了 BSS 业务中台的核心能力集。

1. CPCP 配置能力中心

CPCP 配置能力中心提供对产品 / 销售品的统一管理，以及对产品 / 销售品的全生命周期全流程支撑；向外提供产品信息服务、销售品信息服务，提供营销活动配置管理、营销 CPCP 配置能力。CPCP 配置能力中心还具备规格数据、规则视图、服务事件的配置及管理功能。

2. 客户管理能力中心

客户管理能力中心是面向企业全渠道业务运营及运营支撑、可对外提供标准化客户管理和客户查询服务的业务中心。客户管理能力中心主要有客户资料管理、账户管理、客户积分管理、信用度管理等功能。另外，客户管理能力中心还负责产品实例信息管理和销售品实例信息管理。

3. 受理能力中心

受理能力中心是面向企业业务运营及运营支撑、可对外提供一组独立的标准化订单服务的载体，是贯穿前端销售、后端生产流程的能力提供中心，主要有业务订单受理、受理单处理、受理单管理、受理规则调度、流程管理等功能。

4. 营销资源能力中心

营销资源能力中心主要负责中国电信在市场营销、销售、客户服务过程中涉及的各类营销资源的管理，这些资源主要包括号码、终端、终端配件、业务卡、礼品、终端抵用券、UIM 卡资源和票据等。营销资源能力中心主要有营销资源配置、营销资源实例管理、码号资源管理、卡资源管理、进销存管理等功能。

5. 营服协同能力中心

营服协同能力中心是营销活动接触推荐的调度执行和协同中心，主要定位为实现全渠道营销推荐信息共享，实现营销活动的全流程营销接触控制，防止对客户的过度打扰，提升客户感知，提高营销的成功率；同时也采用了实时计算能力框架，支撑面向客户的实时事件接触反馈，支持实时营销服务。

6. 销售支持能力中心

销售支持能力中心主要提供面向政企客户或特定个人客户的销售过程支持能力，承接营销管理过程中产生的客户需求，支持将客户需求线索转化为商机，再经过完整的销售过程，最终和客户签订合同，并进行履约跟踪。销售支持能力中心主要有两级协同、线索管理、商机管理、合同管理、项目管理等功能，并可对外提供标准化销售支持服务的业务能力。

7. 渠道运营能力中心

渠道运营能力中心为渠道的发展和运营提供有效的能力支撑，为渠道差异化经营提供保障和渠道信息交互协同能力，并对外提供标准化渠道工作支持服务。主要服务能力包括渠道信息应用、佣金与考核管理、渠道两级协同、网格管理、渠道视图、渠道工作支持以及 SP/CP 管理等。

8. 客户服务能力中心

客户服务能力中心负责接收来自各渠道（如 10000 号、微信、短信、网厅等）的客户服务请求，接收系统内部发现的问题，采用自动或人工方式处理服务请求（咨询、业务受理、投诉 / 建议、故障申告等）及问题，在处理的过程中实时监控处理效率，在处理完成后采用自动或人工方式对客户进行反馈解答。客户服务能力中心有服务请求处理、投诉建议处理、故障受理、智能客服、知识库管理等功能，是各渠道服务请求接收与处理的能力中心。

9. 基础管理能力中心

基础管理能力中心有权限管理、线上排队管理、运营报表、业务稽核、公告信息管理、运营监控诊断管理等功能。基础管理能力中心是为所有接入 BSS 域的系统提供统一的登录认证和统一的用户鉴权、可对外提供标准化组织查询服务和用户权限查询鉴权的业务中心，主要有行政组织管理、用户员工管理、岗位管理、角色管理、权限管理、登录认证等功能。

10. 采预能力中心

采预能力中心对传统计费域采集和预处理功能进行重新规划整合，形成可集中管理、可对外提供服务的能力集合。采预能力中心有离线采集、消息接入、预处理、拣重和数据分发等功能。

11. 批价能力中心

批价能力中心将传统计费域中的批价（正算与反算）、周期费、账务优惠等涉及费用处理的功能进行剥离和重新规划整合后，形成的可集中管理、可对外提供服务的能力集合。批价能力中心有批价、合账、计费回退、账务优惠、量本管理等能力。

12. 策略能力中心

策略能力中心对计费策略配置承接、信控、提醒、PCC（流量达量降速、封顶断网）等涉及较多策略规则的模块进行重新规划整合，形成可集中管理、可对外提供服务的能力集合。

13. 账务能力中心

账务能力中心对传统营收系统和余额管理系统进行规划整合，形成可集中管理、可对外提供服务的能力集合，提供缴费、返销、发票打印等营收管理功能以及余额存入、余额预留、余额扣除等余额管理功能。

14. 充值能力中心

充值能力中心对传统计费域充值卡充值、空中充值、现金充值、第三方充值、流量卡充值等功能进行重新规划整合，形成可集中管理、可对外提供服务的能力集合。

15. 支付能力中心

支付能力中心是向中国电信内部各使用方提供统一的支付接入服务，一点对接第三方金融机构，实现线上线下支付的集中管理，并对交易结果进行统一对账的能力集合。

16. 结算能力中心

结算能力中心负责中国电信与其他运营商、服务提供商、合作伙伴等结算对象之间的收入和费用核算。中国电信与运营商间的结算主要包括网间结算、网内摊分、漫游结算、漫游摊分、租赁结算、租赁摊分等。结算能力中心的佣金结算主要包括佣金规则配置、佣金批价、佣金周期算费、佣金调账等功能。

17. 客户查询能力中心

客户查询能力中心对账单、详单从入库到查询以及相关日志查询的能力进行集中管理，形成对外提供服务的能力集合。

18. 事件侦测能力中心

事件侦测能力中心是为实现对风控的预警、对欺诈的防范、对收入的保障而建立可集中管理、可对外提供服务、可主动侦测的能力集合。事件侦测能力中心主要负责主动发现事件，根据配置的侦测规则实时监控各个侦测点，发现符合条件的事件立即告警，并上报给智慧运营平台。

上述 18 个能力中心构成了 BSS3.0 架构中业务能力层的核心内容，贯穿企业运营、服务、管理全流程，实现业务能力共享，支持低成本灵活构建面向客户、合作伙伴和员工的场景。

业务中台支持 3 种部署模式：集团集中部署，即集团集中建设业务中台并面向总部及各省级公司开放使用，省级公司不再单独建设业务中台；两级模式部署，即集团与省级公司分别进行相关能力中心和应用的建设，保持能力互相开放，供两级应用使用；"1+N"模式，是指除集团集中一级建设运营外，部分省级公司可以建设省份内节点，条件具备时与集团融合。从业务视角来看，除全国集中的业务外，可以分省份开展需由省份内系统承接的业务，例如集团客户管理能力中心、批价能力中心等主要承载集团政企集约业务，省份内客户管理能力中心、批价能力中心承载省份内政企业务等。

5.5　数据中台建设实践

5.5.1　中国电信特色的数据中台

随着移动互联网的迅猛发展和 5G 时代的到来，高流量、高密度、结构复杂的异构数据量呈几何级增长，如何存储、处理和使用这些海量数据成为摆在电信运营商面前的一大挑战。为了加速推进以数据为中心的转型，提供高质量、高可用性、低时延的数据，将中国电信庞大的"数据金矿"转化为核心竞争力，建设中国电信特色的数据中台迫在眉睫。

中国电信数据中台统一汇聚融合中国电信客户、网络、业务的海量数据资源，打造能够快速组合、编排、调度全域数据的平台，通过与业务场景的深度融合、与业务中台的建设协同，实现了数据从业务中台产生到汇聚于大数据湖，再到数据中台形成大数据和 AI 能力，最终反向注智到业务中台。数据流的有序、高效、智慧流动，可为营销服务、云网运营、网信安全和千行百业数字化转型赋能，提升业务价值。

中国电信在数据中台的建设中坚持集团主建、省级公司主战，集中建设和两级赋能相统一的原则。集团统一 IPaaS 技术底座架构标准，集中建设云边协同的数据中台，完成"核心 + 前置"两级建设；集团集约建设高算法要求、高算力要求、通用 AI 能力的生态圈集中平台，并建立集团 / 省级两级一体化运营模式，快速赋能省级公司一线。

5.5.2　全域数据入湖

1. 大数据湖建设思路

中国电信秉承"统筹规划，分布实施"的基本原则进行了完整的大数据湖架构设计。该架构从下到上分为 IPaaS、DPaaS、APaaS、大数据能力和 AI 能力层等，可以为内部业务中台和外部行业应用进行数据注智，如图 5-11 所示。大数据湖建设按照"逻辑统一"的思想进行，形成了大数据前置预处理节点、组件和应用统一部署、一体化监控的完整体系。

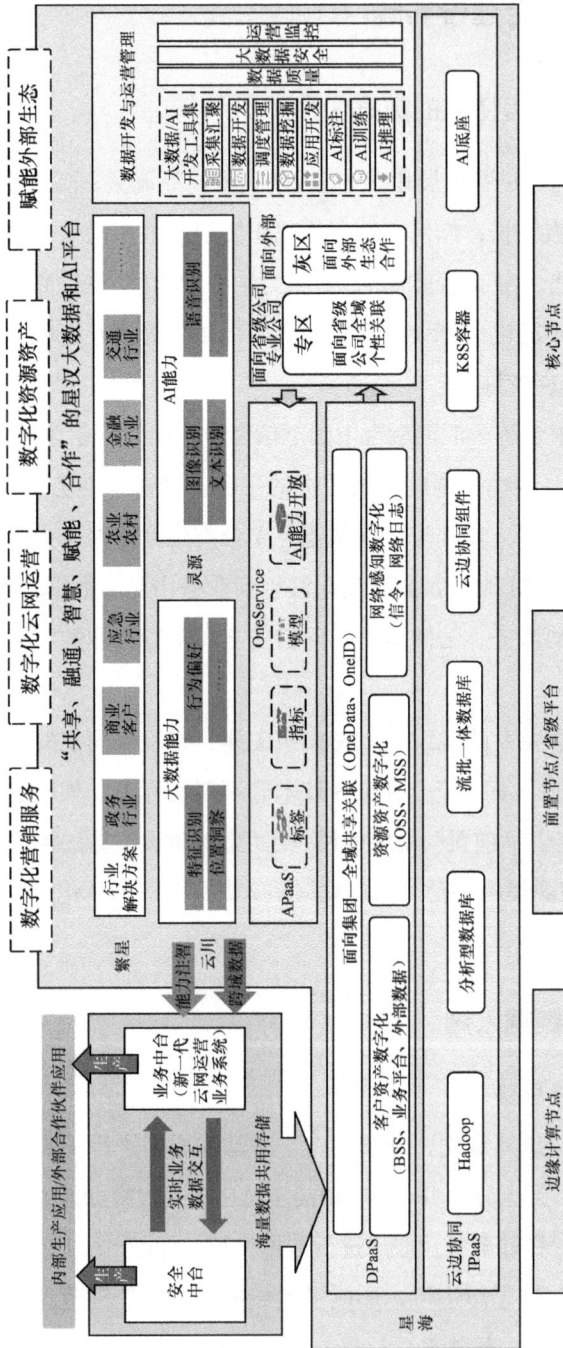

图 5-11　大数据湖架构图

前置采集是中国电信大数据湖采集汇聚能力建设的有机组成部分，如图 5-12 所示。前置采集可分担数据业务处理压力，为高效的数据管理建立坚实基础。对海量数据采用"省级公司前置处理 + 集团核心处理"的方式，实现了数据就近接入、边缘处理，避免了海量数据大规模跨域传输，节约了存储与带宽资源，提升了数据应用的时效性，可有效应对 5G 数据激增带来的挑战。前置采集平台作为大数据平台的组成部分，实行一体化部署方案，这是实现集中化的重要举措。

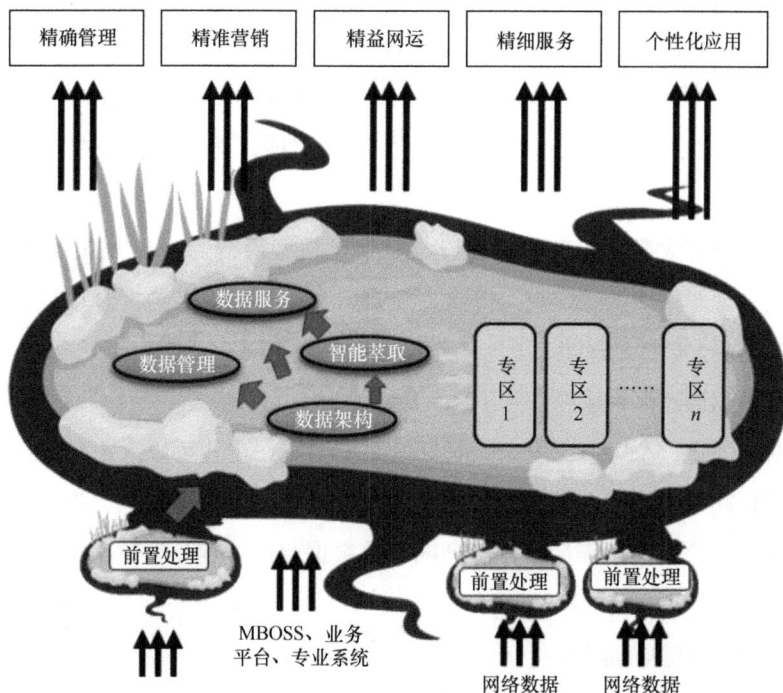

图 5-12　大数据湖前置采集示意图

中国电信在方案层面实现了"融通云网，统一交换"，即域内及跨域之间的海量数据交换统一由大数据湖承载，各系统之间除了生产类实时接口，不做网状关联的数据交换，从而降低了系统耦合度，避免了数据烟囱的形成。

2. 数据采集入湖流程

大数据湖分非标准层和标准层。非标准层存储原生数据，原生数据经过编码转换、修复、基础性稽核等处理后存入标准层（主数据存入主数据区），元数据区管理所有元数据、稽核规则、安全级别、数据目录、源端数据对象等，标准层数据和主数据通过注册目录对外开放。

数据采集入湖全流程包括：源端系统入湖信息管理、接口规范定义、数据采集实施、原生数据标准化管理和数据目录管理。

5.5.3 大数据治理体系

1. 大数据治理体系框架

数据治理的目的是确保企业数据的高质量、高可用性、安全性和易用性。数据是企业的重要资产，企业需要通过对数据的开发利用来降低经营风险、提升业务价值，最大限度地提升经营效益、效率和效能，而这些就是数据治理的意义所在。

中国电信将大数据治理体系建设与数字化转型相结合，聚焦重点难点问题，结合分散治理与集中治理，持续开展质量提升和数据共享能力提升项目，最终构建完善的企业大数据治理生态。

2. 大数据治理体系建设

数据治理是一个艰巨、复杂、长期的系统工程，企业可以考虑将数据质量提升与数字化转型重大任务结合，聚焦重点难点问题，不贪大求全，将分散治理与集中治理相结合，推进事后数据管理向事前数据治理转变。大数据治理体系建设主要涉及以下几个方面的举措。

（1）建立数据治理组织

一是围绕数字化转型重大任务，成立数据质量提升工作组，积累数据治理经验。二是推动在集团层面明确数字化转型推进工作组是企业数据治理工作的最高管理机构，赋予其企业数据管理职责。三是编制《中国电信企业主数据管理办法》，逐步推动建立企业主数据管理跨部门协同机制和责任体系。

（2）以应用驱动数据质量提升

面向企业数字化转型关键应用，如数据智能驱动的移动网络规划、建设、优化、节能应用，财务审计收入保障与资金风险管理应用，等等，开展数据治理工作，提升数据质量，确保关键数据质量达到基本满意水平。

（3）建立标准规范

发布一系列主数据管理办法，制定数据质量标准，优化完善业务规范和技术规范，组织生产系统整改，提升源头数据质量。

（4）加强主数据管理

推动统一主数据标准、建立主数据责任体系，从根本上解决数出多孔，以及BSS、MSS、OSS跨域拉通难的问题，提升数据内外赋能能力。开展主数据管理中心建设，完成基站站址和局站主数据试点，推动主数据"跨域统一、全网统一、新老统一"。

（5）构建全域数据运营体系

将数据运营纳入系统运营，建立"7×24"运营监控体系。上游对下游数据质量负责，实现运营监控衔接、问题处理联动、割接变更协同、考核指标共担。具备全域数据质量稽核能力，定期发布数据质量报告，加强数据中台和业务中台的运营监控能力，使其具备监控视图的集成能力。通过优化数据模型和主数据运营，逐步丰富数据治理运营的内涵。

（6）做好组织人才保障

成立企业数据治理委员会，建立实施业务责任制的数据治理组织。明确各级责任人，设置专人专岗，持续推进培训认证，打通岗位晋升通道，培养数据治理特殊专业人才队伍。

5.5.4　全域融合模型体系

中国电信集团大数据湖包含全域 BSS、MSS、OSS、网络、业务平台、外部数据等各类企业内外部核心数据资产，基于大数据湖进行上述核心数据资产的全域整合、全域关联、全域共享的最终目标是建立大数据能力开放体系，实现数据集中汇聚与处理，能力分级开放，通过数据的流动为满足企业精确管理、精准营销、精细服务、精益运营等各类需求提供数字化驱动力。

1. 数据分层架构

全域数据融合可对大数据湖的原始明细数据进行加工处理，实现高效、透明化的数据处理转换，形成整合层、中间层和汇总层数据，并通过数据封装的服务形式支撑前端业务，同时提供对内对外数据服务，如图 5-13 所示。

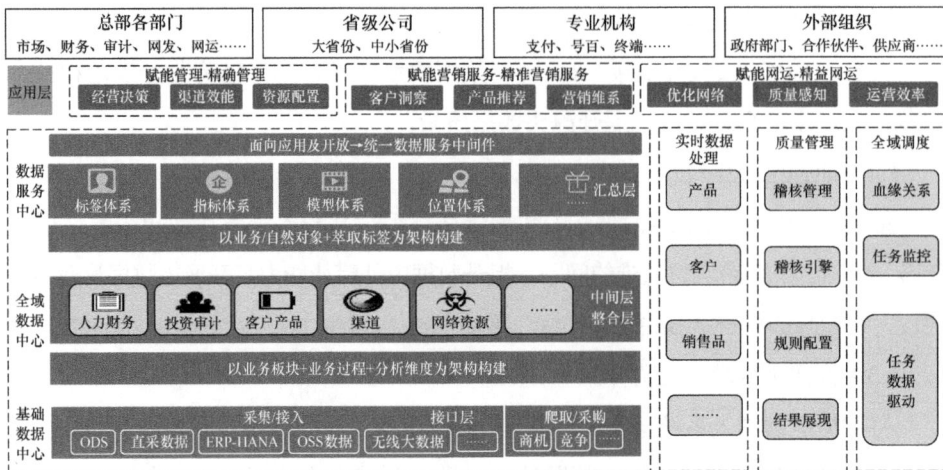

图 5-13　全域数据融合分层架构图

中国电信通过接口层、整合层、中间层、汇总层和应用层 5 层数据处理架构，实现数据加工、数据挖掘和数据服务的业务目标；同时通过数据处理、数据稽核、基础管理和元数据管理 4 个模块实现对数据的质量保障、流程管控、服务管控等功能，并建立数据质量管理体系和系统管理功能体系，实现整个大数据湖的数据质量管理和系统管理。

2. 全域数据模型能力

中国电信基于体系化的数据模型分层架构开展全域数据模型能力建设，汇聚了全网各域各类数据资源，构建了全集团数据统一采集、统一存储、统一交换的通用数据能力平台，涵盖了 BSS、OSS、MSS、网络、横向平台五大业务领域，为客户经营、渠道运营、政企拓展、反诈等业务领域提供了大数据赋能的基础能力。

3. 全域统一调度及计算

全域统一调度是指通过统一编排、调度、监控大数据和 AI 中心各系统生产任务，实现数据采集和加工，实现多系统全流程协同，形成完整的数据血缘关系。

在计算任务执行中，根据资源负载情况进行任务编排与资源动态匹配，可实现任务全流程监控，对任务异常情况进行及时统一告警、统一运维，进而可避免任务混乱管理的情况，实现调度任务统一纳管、统一编排和统一投递，依据业务特性进行弹性投递，自动适配合理资源，提高资源利用率。

5.5.5　大数据和 AI 应用开发生态

围绕数字化转型战略要求，中国电信数据中台以大数据湖和大数据治理体系为依托，打造了具有中国电信特色的大数据应用开发生态。

大数据应用开发生态包括大数据湖原生数据、关联数据、大数据开发、平台以及基于上述数据和平台在门户提供的工具产品、最佳实践等，如图 5-14 所示。中国电信通过"一方搭台，多方唱戏"，促进数据在企业内流动赋能，使数据真正成为流淌在企业内的血液。

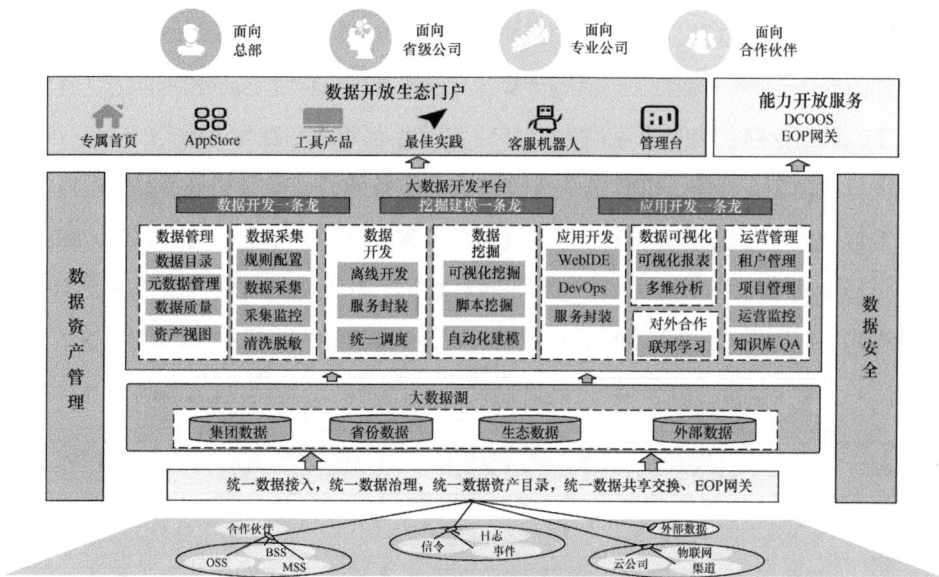

图 5-14　大数据开发生态架构图

数据工厂为开发者提供系统管理、数据加工、调度管理、挖掘建模、服务封装、数据可视化和运营监控等一条龙开发服务，确保数据安全、有序、合规地形成产品和服务，促使数据在企业业务系统中不断流动，进而提升业务价值，如图 5-15 所示。

数据工厂核心能力通过多租户体系进行开放，多租户体系能够充分利用计算存储资源，基于 Hadoop YARN 的资源管理，实现存储、计算资源的复用，并确保各租户之间的隔离性。

一、系统管理 | **二、数据加工** | **三、调度管理** | **四、挖掘建模** | **五、服务封装** | **六、数据可视化** | **七、运营监控**

一、系统管理	二、数据加工	三、调度管理	四、挖掘建模	五、服务封装	六、数据可视化	七、运营监控
租户开通： 1.注册账号 2.配置省级租户 3.分配资源 项目管理： 1.新建项目 2.新建角色 3.邀请成员	数据采集： 1.采集可视化配置 2.稽核规则配置 3.采集任务监控 4.数据下发 数据探索： 1.元数据总览、检索 2.元数据信息查看 3.血缘分析 4.数据订阅同步 数据开发： 1.建表 2.脚本开发 3.任务编排与发布 4.运营监控 5.即席查询	统一调度： 1.调度配置 2.调度监控	建模能力： 1.数据探索 2.建模（模板式、拖曳式、编程式） 3.模型评估 4.模型发布	API服务封装： 1.数据持久化 2.API服务配置 3.服务测试 4.API生成 注册到DCOOS： 1.导出Swagger文件 2.注册API到DCOOS 3.创建API组合包 服务订阅与调用： 1.API组合包签约 2.API调用	数据地图： 1.数据的可视化展现 2.数据快速检索 3.模型详情查看及血缘分析 4.数据订阅 快速报表： 1.新增数据源 2.报表设计 3.报表发布 4.报表订阅使用	监控能力： 1.IaaS服务监控 2.任务监控 3.租户资源监控 4.系统监控 5.采集任务监控

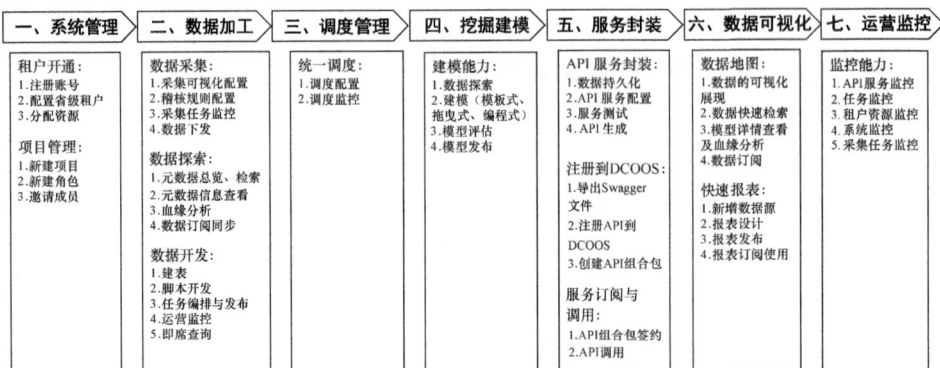

图 5-15 数据工厂核心能力示意图

数据工厂是为省级公司、专业公司打造的一站式大数据和 AI 开发平台，其技术框架如图 5-16 所示。数据工厂具备计算、存储等弹性可伸缩 IaaS 资源能力，提供数据加工、数据挖掘、深度学习、服务封装、应用容器等大数据和 AI 开发工具 / 产品，近万个算法模型、标签，600 多个 API 等数据服务能力，同时支持企业员工自主开发和合作伙伴项目级开发。按照相关流程，各省级公司、专业公司可以申请专区租户，订阅全网全域公有数据，上传自身私有数据，开展数据关联加工，建设本单位大数据和 AI 应用，达到减少分公司投资、打造大数据和 AI 开发生态的目的。

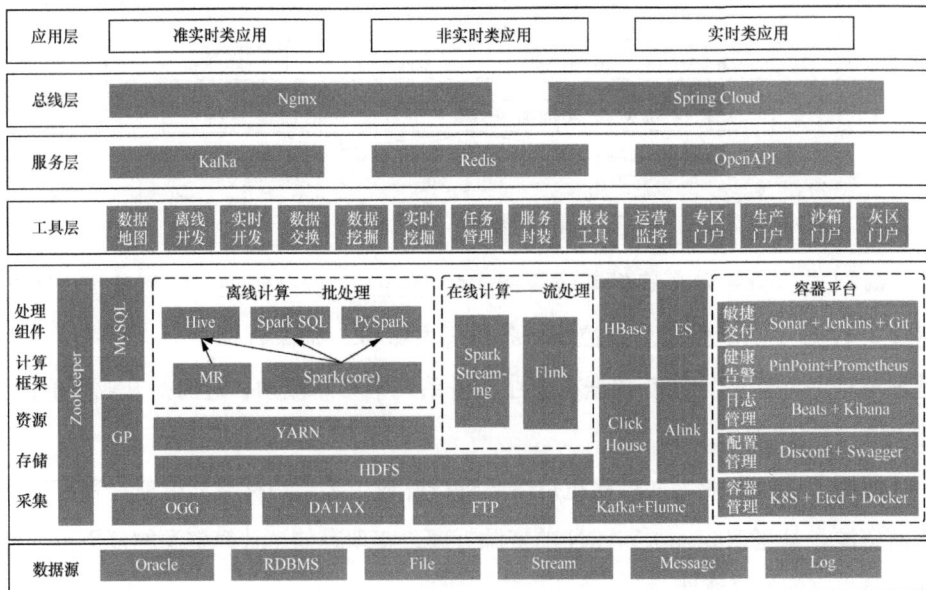

图 5-16 数据工厂技术框架图

下面详细介绍数据工厂提供的核心技术能力。

1. 分布式计算

数据工厂提供离线计算、实时计算、消息队列 3 种计算引擎。

离线计算依托 YARN 引擎和大数据平台提供针对 TB/PB 级别数据、实时性要求不高的批量处理能力。实时计算提供 Spark 流式计算框架，支持流式数据开发。消息队列采用完全分布式的、可分区的、具有副本的日志服务系统，具有高水平扩展性、高容错性、访问速度快、分布式等特性。

2. 分布式存储

目前数据工厂提供两种基本的分布式存储，包括分布式文件系统和分布式缓存。

分布式文件系统提供低成本、高效的对象存储服务，可以存储结构化数据和非结构化数据。分布式缓存将高速内存作为数据对象的存储介质，可解决传统数据库面临大规模数据访问时遇到的磁盘 I/O 性能瓶颈问题。满足读写性能高要求并发场景的要求，并提供内存数据写入硬盘功能，这保证了数据存储的持久性。

3. 数据管理

数据管理包括数据地图和数据订阅等能力。

数据地图提供元数据的可视化展现、快速检索和血缘关系分析能力，并提供模型详情查看和模型订阅功能，如图 5-17 所示。

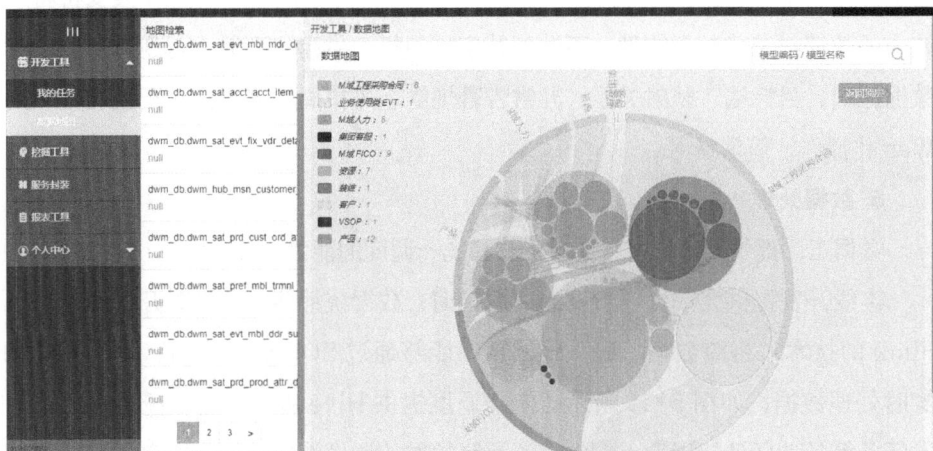

图 5-17　数据地图示意图

数据订阅提供对没有权限的数据进行单表和批量订阅的功能，如图 5-18 所示。

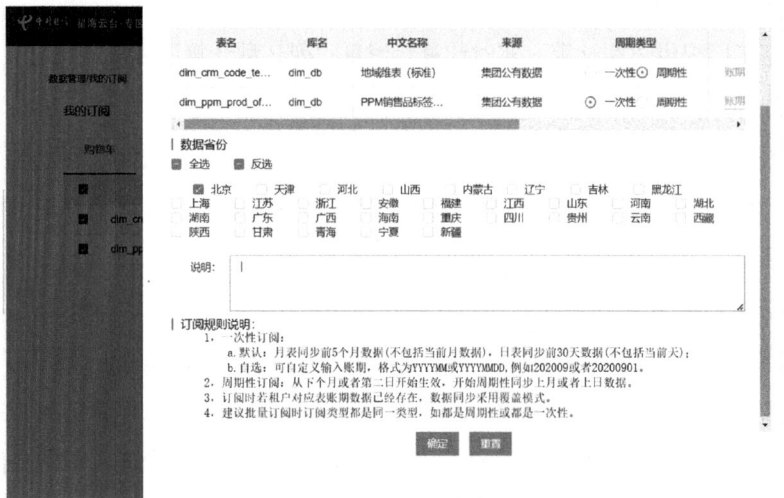

图 5-18　数据订阅示意图

4. 采集汇聚

数据工厂提供数据采集、数据同步、数据上传、数据下发和可视化配置能力。

数据采集基于分公司已有数据采集系统的能力，提供 FTP、SFTP 等数据源采集能力。数据同步提供主动将生产集群的全域数据同步到专区集群的能力。数据上传提供 Web 接口，支持将本地数据文件导入大数据平台。数据下发支持将系统内的数据封装成数据文件，下发到特定接口机，供用户下载。可视化配置提供数据源端、目标端、映射关系、异常告警规则、采集周期等可视化配置能力，全Web 化操作，简单易用。

5. 数据处理

数据工厂提供离线开发、实时开发和统一调度的能力。

离线开发提供大数据环境下的数据查询、数据统计能力。实时开发提供基于Flink 的技术，将流数据"表"化，用户能够通过 SQL 进行访问、关联等方式实时处理数据，如图 5-19 所示。统一调度提供 Hive 脚本、挖掘任务、数据下发任务等各种任务按周期、事件、资源等触发的调度能力，并支持自动监控和异常处理。

图 5-19 Flink 实时开发示意图

6. 挖掘建模

数据工厂提供强大的分布式内存计算引擎、高效的机器学习算法、友好的可视化界面、可定制的数据等完整的数据挖掘链路；通过拖曳式算法组件进行建模，可降低技术门槛，提高建模效率，如图 5-20 所示。

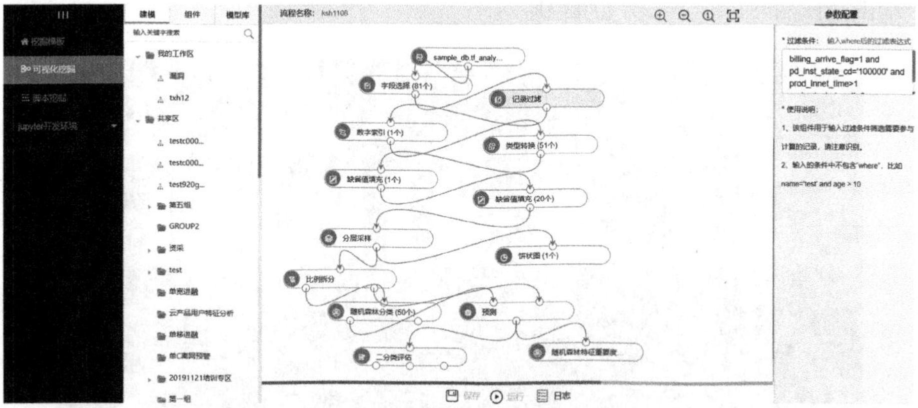

图 5-20 数据挖掘可视化示意图

编程式挖掘提供数据挖掘脚本在线编辑能力，支持 Python、R 等语言及 Scikit-Learn、PySpark 等机器学习算法库，并支持分布式集群环境。

模板化挖掘在可视化挖掘的基础上，事先配置一些完整的可视化挖掘应用，供用户一键引用，如图 5-21 所示。

图 5-21　数据挖掘模板示意图

7. 数据可视化

数据工厂提供可视化报表和多维分析的能力。

可视化报表是一种立足于大数据的数据分析产品，一种能够快速完成数据分析、报表创建、报表查看的 BI 工具，具有简单易用的特点，如图 5-22 所示。多维分析提供结合数据列存储技术和极速查询优化技术的实时多维分析引擎，向用户提供高性能的实时多维分析能力。

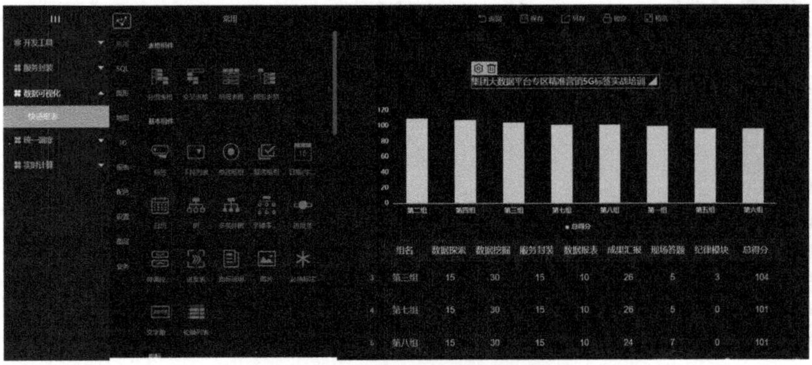

图 5-22　可视化报表示意图

8. 服务封装

数据工厂基于丰富的电信数据资源，通过微服务框架整合数据服务，并提供标准化封装、编排、注册、发布、流控、安全、监控等全生命周期管控能力。

服务开发能力提供将数据表自定义成服务的能力，支持界面化、SQL 化快速服务封装，且支持图形化编排工具，用户可根据业务逻辑将多项服务组装成新的服务，如图 5-23 所示。

服务管理能力提供对 API 服务的测试、发布、订阅、调用、下架、注销等过程的管理能力。服务安全能力提供用户身份认证、服务调用鉴权、调用数据的多等级加密等安全保障能力。

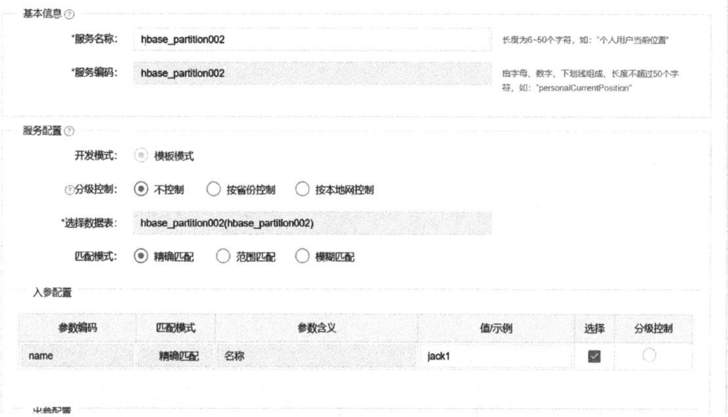

图 5-23　服务开发能力示意图

9. 运营管理

数据工厂提供运营监控和可视化大屏等能力。

运营监控提供对数据订阅情况、资源使用情况、任务执行情况、API 调用情况等的监控功能。可视化大屏支持以大屏的形式展示不同时间维度、不同租户的用户行为分析、项目活跃度分析、数据模型分析、挖掘模型资源使用分析等。

10. 容器产品

数据工厂提供应用服务、监控日志、镜像仓库、网络域服务、配置中心、数据库容器化、发布管理、源码管理和测试、工程构建、容器化部署、流水线等能力。

应用服务提供创建服务和应用的能力，以满足用户部署私有应用的需求。监控日志提供对日志的查询、分析和审计等能力，能满足用户查询不同颗粒度日志的需求。镜像仓库提供可视化展现公有镜像的能力。公有镜像由管理员维护，包括上传、下架等；私有镜像由个人开发者自行上传。网络域服务提供应用服务的访问路由，支持按照已有规则自动生成和用户指定地址及黑名单等不同的安全策略。

配置中心提供容器资源的个性化配置，包含环境变量和资源配置等。数据库容器化提供新建常用关系型数据库 MySQL 实例的功能。发布管理提供本地和容器的文件交互功能，能满足开发者一键上传 JAR 包、配置文件的需求。源码管理和测试支持以引用 SVN&Git 的方式管理源码，并对源码配置监测规则，提供源码维度、接口维度和单元模块维度的监测方式。工程构建提供新建、查看、搜索、删除、编辑工程的能力。容器化部署提供配置容器的配置文件，以便用户对容器的环境进行个性化管理。流水线提供各种场景适用的开发、部署、运维能力，根据所需设置节点阈值，以细粒度控制各个节点的流转。

除了数据工厂，中国电信数据中台还基于大数据能力，构建安全可信、面向外网、独立运行、数据脱敏的灰区平台（与生产环境隔离），联合外部生态提供安全、开放、合作的创新环境，以打造数据应用的开发生态。灰区平台的技术框架如图5-24 所示。

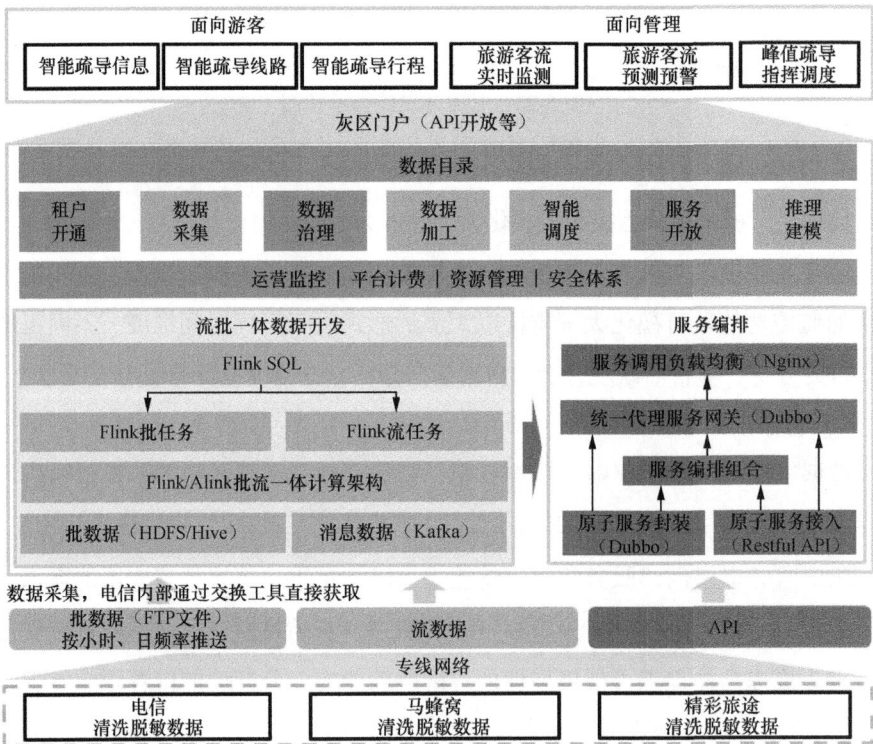

图 5-24　灰区平台的技术框架

数据中台建成后，在前端营销、网络优化等方面产生了很好的应用效果。以下介绍几个典型的数据应用案例。

1. 某省级公司离网预警项目

为减少互联网卡用户流失，促进互联网卡业务持续健康发展，某省级公司利用集团专区的数据挖掘建模能力建立了互联网卡用户离网预警模型，利用模型对用户进行精准维系，成功将互联网卡用户的"$t+3$"离网率降低了近 5%。截至 2021 年 6 月，这一举措为该公司增加了近 200 万元的收入。

2. 某省级公司客服投诉压降项目

某省级公司为提升客户感知和口碑，降低用户投诉率，通过集团专区订阅数据、使用 LightGBM 算法在专区开展建模，制作省份内 10000 号压降模型。通过精准服务维系用户，截至 2021 年 7 月，该公司实际压降用户投诉 10 万件，获得了显著的收益。

3. 某部门基于 AI 的异常工参稽核项目

该项目利用专区无线网络的 PM、CM、MR 数据，通过 API 调用的方式实施。2021 年累计进行了近千万次小区经纬度稽核，4G 位置准确率提升了 1.54 个百分点，5G 位置准确率提升了 3.18 个百分点；累计完成了超过 300 万次小区方向角稽核，4G 覆盖方向准确率提升了 2.49 个百分点，5G 覆盖方向准确率提升了 0.99 个百分点。

4. 某专业公司精准营销项目

为提升家庭用户网络质量，助力全屋 WiFi 产品营销，某专业公司使用大网 CRM 订单数据、客户基本信息、标签库等数据，由省级公司在 CRM、智慧营维、客服系统、IPTV 弹窗等营销渠道加载标签，通过外呼结合装维、网格营维协同等方式开展精准营销活动，2021 年累计转化全屋 WiFi 用户数近千万，拉动收入增长数亿元。

5.5.6　营销服务大模型构建与应用

除了采用传统的技术手段构建企业中台，LLM（Large Language Model，大语言模型）等新技术的涌现也为企业中台的发展提供了新的思路。基于此，企业中台将提供更优质的 AI 服务，推动企业数字化转型从数据驱动向认知驱动演进升级。

大模型的出现，使基于 NLP（Natural Language Processing，自然语言处理）的 AI 技术实现了飞跃式的发展，彻底开启了 AI 2.0 的时代。随着大模型的不断迭代与升级、周边生态的培育与成熟，其在企业数字化转型中发挥的作用越来越重要。按照业界的分类，大模型可以分为 3 类：一是具备"通识"的通用大模型，二是经过"行业知识"微调的领域大模型，三是针对特定任务或场景的任务大模型。为了更好地让以大模型为代表的 AI 能力更加显性化地体现在企业数字化转型工作中，从整体技术框架层面，可以考虑将原有的数据中台的内容拆成更加专业化的"数据中台 +AI 中台"，如图 5-25 所示。

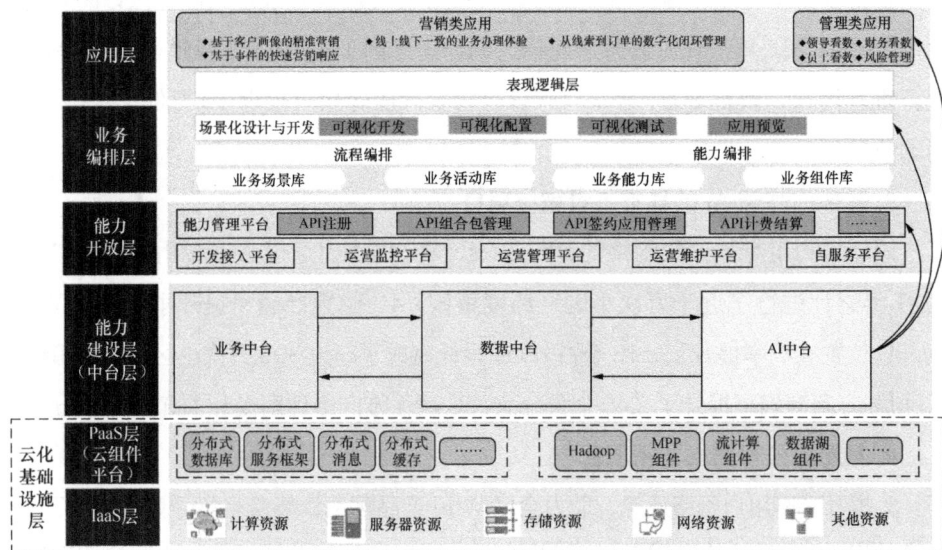

图 5-25　企业数字化转型技术框架演进版

拆分出来的 AI 中台基于数据中台进行模型训练与推理，形成的 AI 能力通过能力开放层进行开放，可嵌入业务编排层中，通过流程编排和能力编排，形成新的智能化场景，为企业经营赋智。同时，AI 中台也可以作为 AI 能力提供给应用层，为具体应用注智赋能，具体如下。

● **数据驱动决策**：大模型可以帮助企业更好地分析和处理大量数据，从而为企业提供更有价值的信息，这有助于企业做出更明智的决策，提高竞争力。

● **AI 与机器学习**：大模型是 AI 和机器学习领域的重要组成部分，通过使用大模型，企业可以开发出更智能化的产品和服务，提高运营效率。

● 自动化与智能化：大模型可以帮助企业实现业务流程的自动化和智能化，减少人工干预，降低运营成本，如使用大模型，可以智能化实现政企业务的批量受理，图 5-26 展示了基于大模型的政企业务批量受理流程。

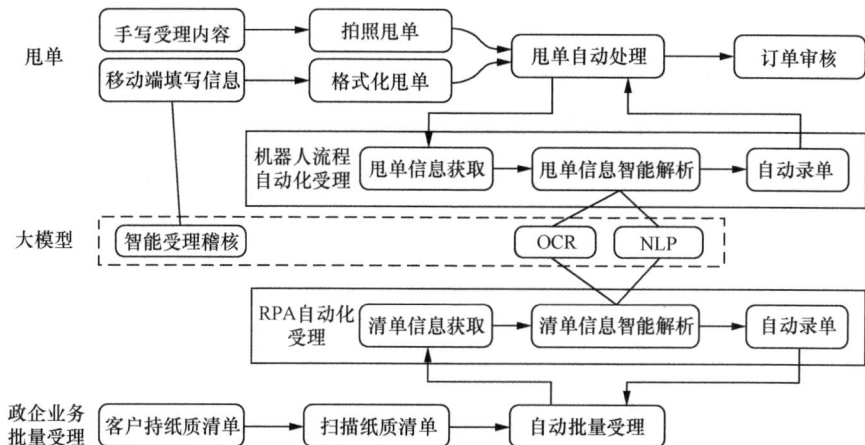

图 5-26　基于大模型的政企业务批量受理流程

● 客户服务与支持：大模型可以用于客户服务和支持系统，提高客户满意度。例如，智能客服机器人可以通过大模型理解客户的需求，提供快速、准确的解决方案。企业使用大模型，通过文本智能识别技术搭建工单分类模型，可实现投诉工单手工选择变为系统自动分类，为一线减负，如图 5-27 所示。

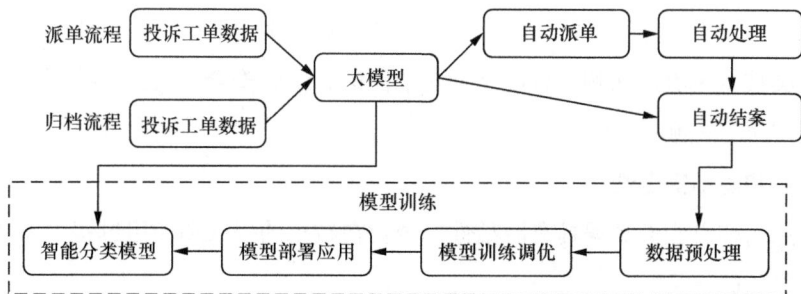

图 5-27　基于大模型的工单自动处理流程

● 营销与销售：大模型可以帮助企业进行精准的市场定位和营销策略制定，增强营销效果。此外，大模型还可以用于分析客户的购买行为，为企业提供有针对性的销售建议。产品经理使用大模型，可通过对文本形式的需求进行语义理解，获得产品解决方案设计思路及历史优秀参考案例，解决当前方案设计中过多依赖人工经验的问题，如图 5-28 所示。产品解决方案的推荐基于对政企客户特征和历史案例数据的智能分析，推荐结果也更具参考性。

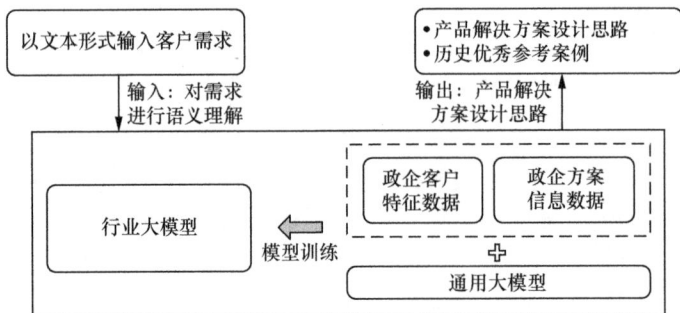

图 5-28　基于大模型的产品解决方案推荐

● 供应链管理：大模型可以帮助企业优化供应链管理，提高物流效率。例如，通过大模型预测需求变化，企业可以更好地调整库存管理策略，降低库存成本。

● 人力资源管理：大模型可以帮助企业进行人力资源规划和管理，提高员工的工作效率。例如，通过大模型分析员工的工作表现，企业可以更好地进行人才选拔和培训。

● 风险管理：大模型可以帮助企业识别和评估潜在的风险，提高抗风险能力。例如，通过大模型分析市场趋势，企业可以更好地预测市场变化，制定相应的应对策略。

综上，大模型的引入确实能有效地推动企业数字化转型，但企业也需要同步考虑各类技术风险，在解决智能化问题的同时，做到安全、可控，特别需要关注以下两方面的问题。

1. 客户隐私安全性

企业的客户业务数据具有隐私性，企业在数据的提取和使用过程中需要注意对客户隐私进行保护。

2. 伦理安全

中央网信办在《生成式人工智能服务管理办法（征求意见稿）》中要求，利用生成式人工智能生成的内容应当体现社会主义核心价值观。在领域大模型训练过程中，应选择具有自主知识产权的大模型。同时，需要对语料数据进行筛选和甄别，以确保符合国家要求和社会伦理要求。

5.6　能力开放体系建设实践

5.6.1　构建能力开放体系，形成企业级数字化开放生态

随着业务的发展，业务能力贯通和对外开放的需求越来越强烈，中国电信急需打造企业级数字化能力开放平台，构建全集团统一的能力开放体系，聚合全集团各种能力资源，构建敏捷的运营体系，高效支撑网络智能化、业务生态化、运营智慧化等战略转型要求。中国电信数字化能力开放体系的建设遵循以下原则。

1. 能力统一管理

能力管理的范围从领域看，涵盖跨部门、跨专业的企业级 IT、DT、CT、业务平台等所有能力；从层级看，既涵盖总部能力，也涵盖省级能力；从归属看，既涵盖内部能力，也涵盖外部能力。

能力管理的粒度为：既包括对外开放的能力，也包括内部跨系统、跨中心和中心内开放的能力。

2. 管理与生产分离

能力开放体系包含数字化能力开放运营平台和能力网关两部分，其建设遵循管理与生产分离的原则，DCOOS 只负责能力管理，不介入生产流程，生产流程由 EOP（Enable Open Platform，能力开放平台）网关负责。

DCOOS 定位为集团一级平台，负责能力一点注册、一点管理、一点运营等管理职能。

EOP 网关分为集团 EOP 和省级 EOP 两级，负责接收 DCOOS 配置，负责接入、流控、编排、适配、路由等生产职能。集团 EOP 具备对接集团系统平台能力，承担集团总部的服务接入及集团总部能力的对外开放；省级 EOP 具备能力的接入、流控、安防、编排、适配、转发等生产职能，具备接入省级能力，负责对接集团 EOP 网关以及向 DCOOS 上传计费和运营信息等。

3. 技术规范统一

全集团遵循统一的技术规范、统一的公共接口服务标准，以减少重复开发和资源浪费，降低研发成本和集成复杂性。

4. 架构灵活可扩展

能力建设应基于 IaaS/PaaS 云服务，满足持续集成、线性扩展、弹性伸缩、安全可靠、灵活高效等需求。

数字化能力开放体系功能架构如图 5-29 所示。DCOOS 平台负责全网能力的注册、管理和运营，不涉及能力的运行态；EOP 网关包括信息接收中心、API 中心、运营监控中心等，负责企业各类能力的接入、路由、适配、流控等生产职能。

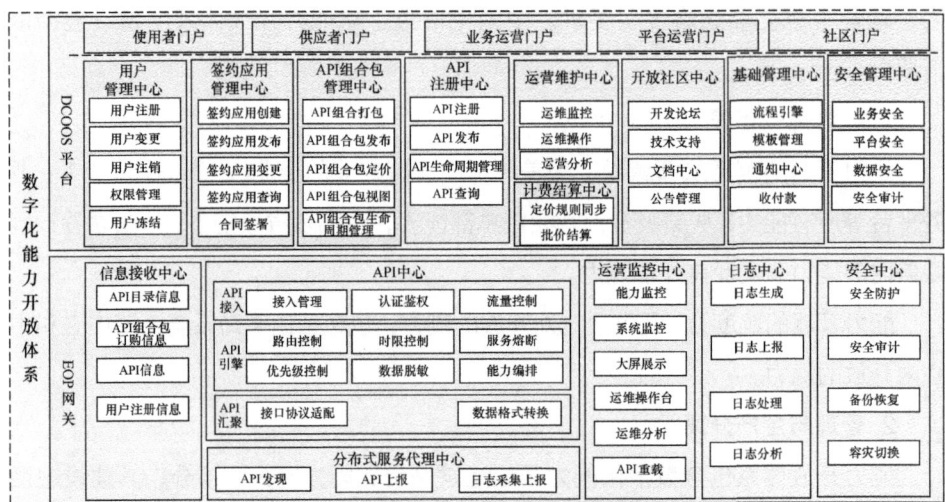

图 5-29　数字化能力开放体系功能架构图

能力开放体系由"聚合、开放"的数字化能力开放运营平台和能力网关构成。数字化能力开放运营平台是一个面向分布式、云化架构的能力集成管控平台，统一管理能力提供系统提供的能力以及通过服务编排、报文转换后形成的标准化能力。能力网关主要为中国电信所有能力和其他第三方引入的能力的运行提供接入管理、流量控制、API 编排等功能。

5.6.2　中国电信 DCOOS 功能

中国电信 DCOOS 的建设目标，就是紧密围绕智慧运营能力提升，坚持集中、开放、云化的方向，尽力构建企业中台，实现企业信息化工作从功能提供向数据服务转变。

　　DCOOS 的总体架构如图 5-30 所示，平台的建设要从原有的功能框架演进成能力开放框架，统一聚合全集团 IT、DT、CT、业务平台等能力，实现能力服务化、服务平台化、平台生态化，提升智慧运营大数据应用于生产支撑的敏捷、灵活、高效的供给能力。具体说明如下。

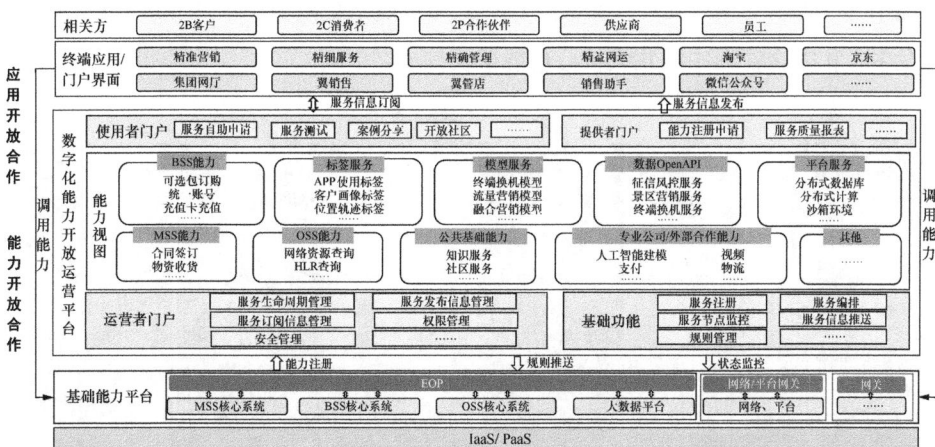

图 5-30　DCOOS 总体架构图

　　通过企业级数字化能力开放运营平台，实现对全网 IT、DT、CT、业务平台等能力的灵活、高效、规范的接入。通过统一的技术框架、统一的协议标准、统一的运营标准，降低研发成本、降低交互门槛、提升运营质量。

　　通过企业级数字化能力开放运营平台，实现对内部能力的统一注册、统一管理，同时对外部合作伙伴的能力进行统一的注册、管理。集中、统一的平台，可以打破地域、部门、专业的限制，避免数据、信息、能力的孤岛，促进平台经济的形成，促进能力提供者和能力使用者之间的互动。

　　通过企业级数字化能力开放运营平台，打造使用者、提供者、运营者门户，实现能力的灵活接入、便捷开放，降低门户应用与能力系统的耦合性，提升应对市场和需求的运营敏捷性，提高各部门各专业的能力建设和管理水平。

　　通过企业级数字化能力开放运营平台，打造开放、合作、共赢的生态体系，打通上下游生态链，以开放的能力、共享的数据，持续为客户提供更实时、更个性、更安全、更便捷的体验。

DCOOS 面向开放者提供开放门户和社区门户，向能力提供者提供应用者门户以及平台业务运营门户。在 DCOOS 上实现 API 统一注册与管控、统一全网 API 视图构建并实现 API 变现。

DCOOS 的功能架构如图 5-31 所示，由用户管理中心、能力注册中心、应用管理中心、服务管理中心、运营分析中心、开放社区中心、计费结算中心、基础管理中心和安全管理中心九大核心功能模块构成。

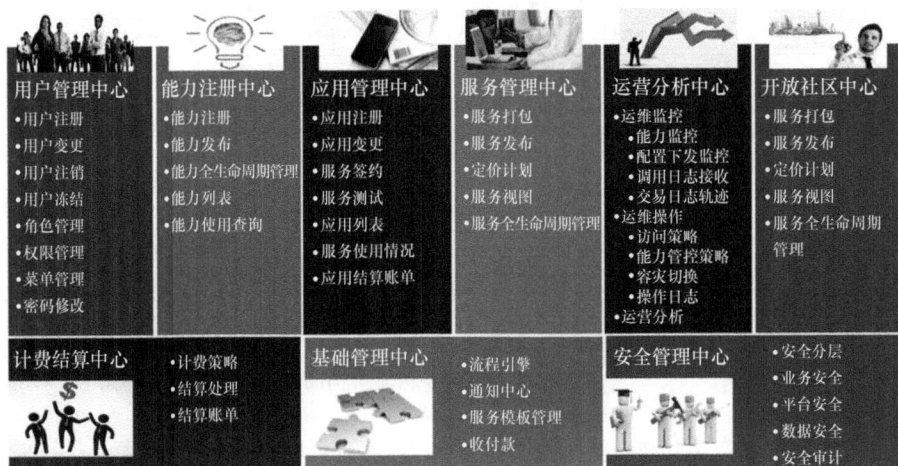

图 5-31　DCOOS 的功能架构

1. 用户管理中心

用户管理中心负责用户注册和权限管理等，为整个 DCOOS 体系中的各平台提供统一的用户管理服务。

2. 能力注册中心

能力注册中心负责对内部业务系统和第三方系统提供的能力进行统一注册，实现能力全生命周期管理、能力在使用过程中的监控和运营管理。

3. 应用管理中心

应用管理中心支撑能力使用者创建应用，实现通过应用订购服务；支持对应用的变更；提供相关的查询、统计和运营管理。

4. 服务管理中心

服务管理中心支撑对业务能力的组合封装，支撑对业务服务的打包定价，支撑对服务全生命周期中统一的查询、统计和运营管理。

5. 运营分析中心

运营操作中心通过采集 DCOOS 和各类 EOP 中的指标信息、日志信息，来支撑对业务运营指标的分析和对系统运行状态的监控；提供多种运维功能和工具，以实现平台扩缩容、版本管理、容灾、备份等各项运维操作。

6. 开放社区中心

开放社区中心通过提供论坛、文档、接入指引等多种方式，方便能力提供者和能力使用者便捷、快速地接入 DCOOS，为其提供完整、全面的平台使用指导和帮助，提供在线的技术支持，解决其业务使用过程中出现的问题和故障。

7. 计费结算中心

计费结算中心提供计费策略配置、结算处理以及向开发者提供结算账单等。

8. 基础管理中心

基础管理中心提供通用的公共业务组件、技术组件来支持其他业务中心的运营和管理，对体系中的用户、权限、功能进行统一的管理。

9. 安全管理中心

安全管理中心在 DCOOS 体系中提供安全策略集中配置管理能力，实现安全策略的分发和控制；对 DCOOS 体系进行统一的安全审计和安全防护，以实现业务安全、网络安全和数据安全的目标。

5.6.3　中国电信能力网关 EOP 功能

EOP 主要负责能力汇聚、编排，对外提供 REST 风格标准协议（同时支持文件、界面、推送等接入方式）。EOP 由信息接收中心、API 中心、分布式服务代理中心、运营监控中心、日志中心和安全中心六大核心功能模块构成。

信息接收中心负责 DCOOS 配置接收。API 中心负责 API 接入、能力引擎、能力汇聚和服务接入。分布式服务代理中心负责 API 发现及日志采集上报。运营监控中心负责 API 监控、平台监控、运营分析、大屏监控和 API 重载。日志中心负责记录运行日志、调测日志和接口日志等。安全中心负责数据和隐私保护、安全审计、蓝绿发布和备份恢复等。

5.7 数据中台与业务中台融通与注智实践

5.7.1 数据中台与业务中台的融通

在企业中台的建设过程中，要重视数据中台和业务中台协同建设，形成双向数据流动的闭环，共同满足各类业务场景的应用需求，提升各类业务场景的智能化水平，促使企业形成运营闭环，推进企业数字化转型和智慧运营。

业务中台的各类业务数据源源不断地注入数据中台，成为数据中台的数据基础；通过数据中台的大数据能力，形成各类数据服务并注智到业务中台各类业务能力中，提升客户洞察、网络优化、渠道选址等场景的数智化水平；同时，数据中台的 AI 能力还可以应用于业务中台的数据采集和数据校验场景，如人证校验、AI语音交互场景等，从而提高数据采集效率和数据采集精度，如图 5-32 所示。

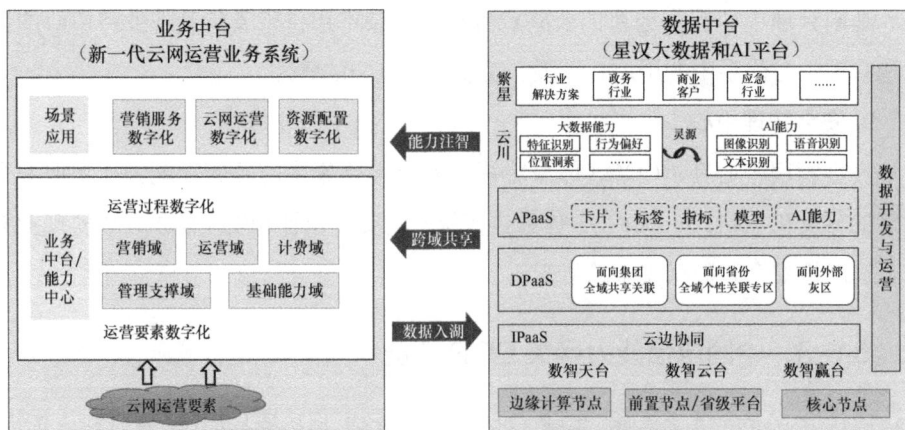

图 5-32　数据中台和业务中台融通示意图

数据开发体系反向赋能业务中台，是数据循环建模生态的核心要义。经过数据中台的不断建设，企业沉淀了一批生产经营需要的典型数据能力。业务中台可根据业务场景的不同，以企业生产运营数据为基础，调用数据中台的数据能力，研发智能算法模型，用于企业生产与运营全流程，打造各业务域全栈 AI 能力，提升业务的主动赋智、实时赋智、可解释性赋智、个性化赋智和多场景赋智水平。

5.7.2　双中台融通营销典型场景示例

随着企业数字化转型的不断推进，传统销售模式需要向数字化营销模式转变。传统的以产品为导向、撒胡椒面儿式的销售模式存在营销效率低、成功率低等问题，一线人员面对无差别的销售活动需要思考如何细分场景，企业需要针对不同客户需求向智慧营销转变，实现客户精准识别、销售策略分类匹配，做到"不打无准备之仗，仗越打越精"，如图 5-33 所示。

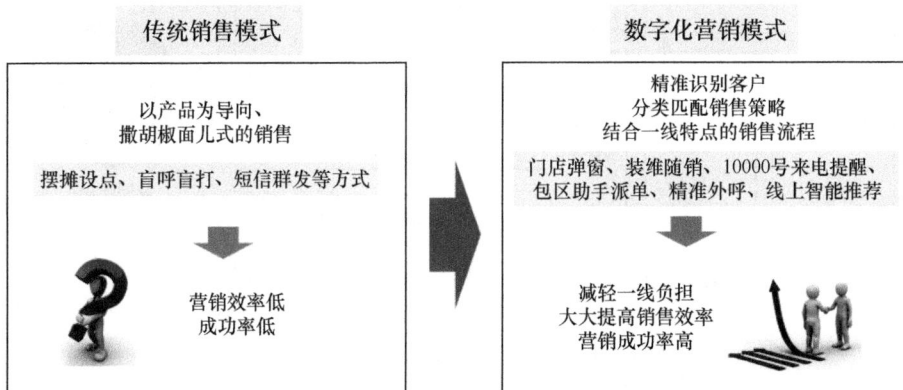

图 5-33　传统销售模式向数字化营销模式转变

基于市场营销的 4C/4P 理论，围绕中国电信的业务及组织架构特点，中国电信构建了基于核心生产要素 CPCP 营销系统，即通过大数据样本学习和建模，定位目标客户，聚焦客户和产品两条主线，围绕客户、产品、渠道三大视图进行智能化匹配，实现在合适的渠道向合适的客户推荐合适的产品。基于 CPCP 的营销系统是中国电信面向数字化时代，为了满足新条件下的市场营销和服务要求，建立的客户经营支撑体系的技术底座，其通过构建生产营销的一体化能力体系，来推进营销体系数字化转型。在构建这个全新营销系统架构时，需要重点把握以下几个方面。

1. 营销过程闭环

大数据平台将客户画像标签主数据同步至 CPCP 配置能力中心，该中心对标签规格进行选择，并通知大数据平台生成对应具体实例，将目标客户清单直接同步至营服协同能力中心，如图5-34所示。在流程中，企业通过CPCP配置能力中心，实现对客户、产品、渠道、促销的灵活编排，营销推荐直达渠道触点、线上线下有效协同。营销活动全流程由多方共同参与，在整个营销数字化体系中，业务部门负责营销活动策划，大数据平台负责标签生成及营销活动结果评估，CPCP配置能力中心负责营销活动配置，营服协同能力中心负责营销清单生成和渠道触点派单，实现渠道的协同管理。最终，所有的营销结果将通过大数据平台的采集系统返回至大数据平台，以优化客户营销模型。

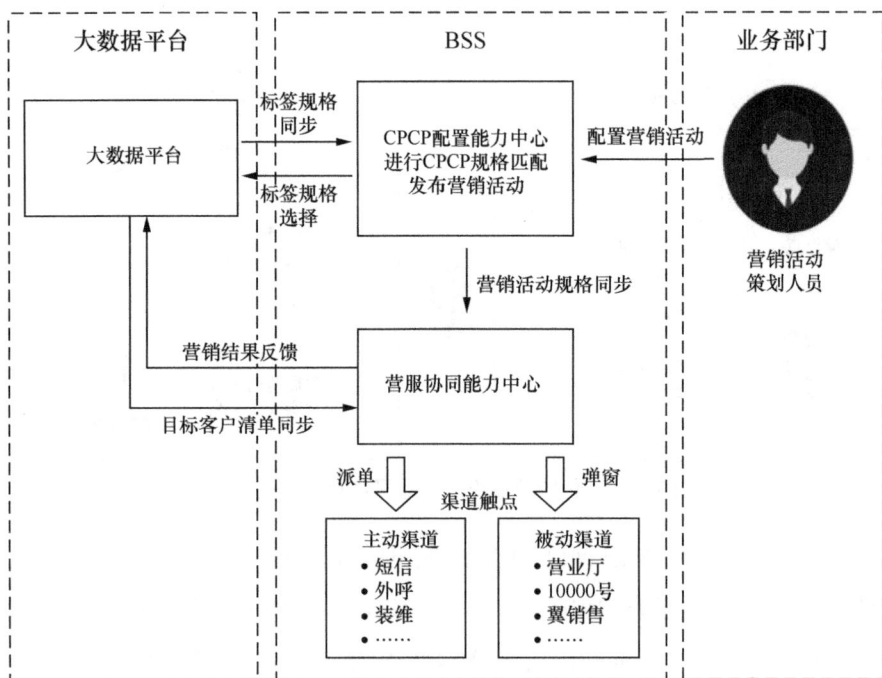

图 5-34 营销过程

2. 消息共享

CPCP系统进行客户、产品、渠道匹配后发布营销活动，并通知大数据平台、营服协同能力中心，营服协同能力中心生成工单并进行协同派单，实现主动渠道派单，被动渠道协同。整体上，企业通过大数据与CPCP系统的有机融合，实现客户全生命周期管理，助力营销活动策划、细分市场、实时营销、客户价值经营等市场支撑能力实现跨越式发展。

3. 渠道执行

营销活动渠道触点派单，由省级分公司创建、地市承接转派，满足地市经营需求，以省市两级线下触点派单为例，流程如图 5-35 所示。

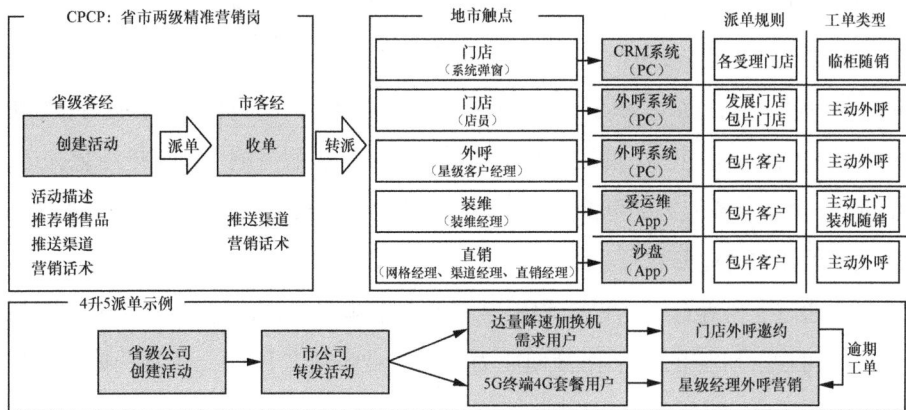

图 5-35 渠道执行示意图

营销活动要实现在不同触点间协同，主要有并行协同和串行协同两种方式。并行协同实现一个活动在多个触点执行，串行协同实现未转化工单的二次营销。另外，需要实现协同关单及过扰管控，保障营销效率和客户感知。

4. 实时评估

建立实时、精准的评估和纠偏视图，量化反映存量经营活动的触点落地执行、渠道能力和营销效果匹配等情况，在过程中及时纠偏、提高效率。区分主动触点、被动触点、协同营销等场景，实现分场景关键指标评估。多维度实时展示，便于查询、管控，及时发现问题。

5.8 数智化业务敏捷编排实践

5.8.1 业务编排目标

电信市场的快速变化引发了内部组织、人员和销售流程的变革，需要企业通过业务编排等手段实现敏捷开发和敏捷运营，快速响应需求变化，进一步从客户的需求牵引、面临的问题挑战、架构的创新要求 3 个层面去构建企业级业务编排层，推动业务能力资产体系建设，实现业务能力数字化运营。

客户的需求牵引包括个性化、场景化、不确定性3个要素。个性化是指通过数字化转型来改善客户体验，使客户需求更加自由和个性化；场景化是指客户需求呈现多样化特征，客户在不同场景下需求各异；不确定性是指消费需求越来越多变、越来越复杂。

面临的问题挑战主要包括：需求响应时间长，支撑模式反应慢；功能重复建设，服务扩展难；跨域场景复杂，协调沟通成本高；能力沉淀不够，显性化水平待提升；等等。

架构的创新要求包括：通过系统的柔性构建、业务服务的灵活编排组装去适应需求变化；全域业务能力的沉淀、拉通、融合；业务服务由量变到质变，提供更便利、更高效、更开放的业务能力。

企业通过业务编排，借助流程引擎等业务编排层工具，可为业务部门人员提供可管、可视、可控的数字化管理能力，完成业务场景设计、开发一体化管理，从而达到如下目标。

1. 业务目标

● 应用场景化：梳理分析业务需求，为满足前端快速响应的需要，结合普适性的原则，对能力中心原有逻辑进行场景化封装，提供更快捷的调用方式，降低应用使用门槛。

● 跨域融合化：流程引擎等业务编排层工具提供跨域的业务编排能力，通过业务场景拉通业务中台、数据中台，聚合外部生态能力，实现流程贯通、数据共享。

● 支撑敏捷化：依托业务编排层，基于不同粒度的业务能力，提升能力的复用度，形成易配置、易扩展、易接入的能力支撑体系，推动应用敏捷开发，缩短需求响应时间，实现快速上线。

2. 技术目标

● 稳中心：提炼共性，逐步沉淀基础通用能力，推动能力显性共享复用；筑牢底层，瘦身减负稳定基础能力，引入扩展机制，支持个性化需求，让基础能力保持稳定运行。

● 活应用：盘活能力，灵活编排组装基础能力，快速支撑个性化需求；收敛场景，不断丰富业务能力资产，形成多样化、差异化、场景化能力，对内对外能够按需开放调用，便于应用的快速实现。

● 轻门户：减少逻辑，聚焦体验提升客户感知，促进品质交互；便利查找、高效调用，降低沟通成本，加快需求的 IT 实现。

5.8.2　业务编排实现

能力场景化组装主要由业务编排层完成，业务编排层上接应用层，下接能力开放层，以流程重构为核心，推动数据中台与业务中台的能力编排调度。

基于业务中台、数据中台提供的中心能力，以端到端的核心业务场景为牵引，构建不同领域不同粒度的业务能力，可实现业务能力的全生命周期管理，支持低成本灵活构建面向客户、合作伙伴和员工的场景。

为了进行各类业务场景的灵活编排和封装，首先，需要业务中台和数据中台提供大量的基础能力，形态可以是 API 或者 H5；然后，利用流程引擎等业务编排层工具实现对基础能力的裁剪、设计、组合、封装、低代码开发，满足业务能力运营在不同层次的灵活创新需求；将来业务流程发生变化时，采用流程引擎编排的场景化应用能够更迅速地更新业务逻辑，确保流程的正确高效运行，如图 5-36 所示。

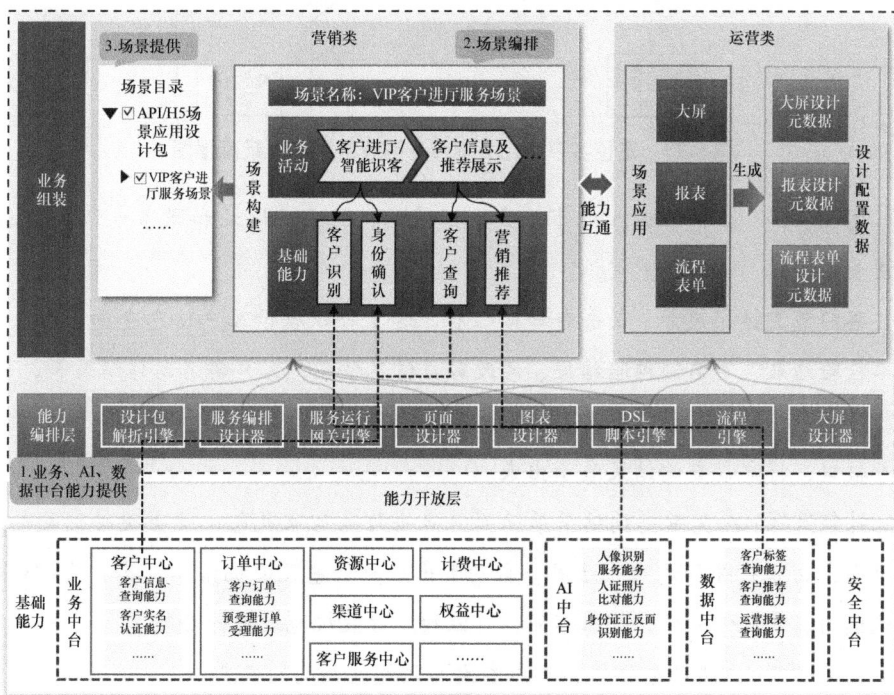

图 5-36　业务编排示意图

案例 1：宽带用户订购智慧家庭场景业务编排

业务场景说明：根据客户信息查询名下宽带接入号，选中需要订购智家产品的接入号，选择需要订购的智家礼包，提交订单，最后展示订购结果。

这个场景的业务编排过程中，需要用到业务中台提供的客户查询、黑名单校验、新增客户信息、修改客户信息、根据证件号查询宽带、实名制校验、宽带订购等基础业务能力，通过这些基础能力编排多个 API 和 H5 页面，最终通过流程引擎形成整个宽带用户订购智慧家庭场景的全流程，如图 5-37 所示。

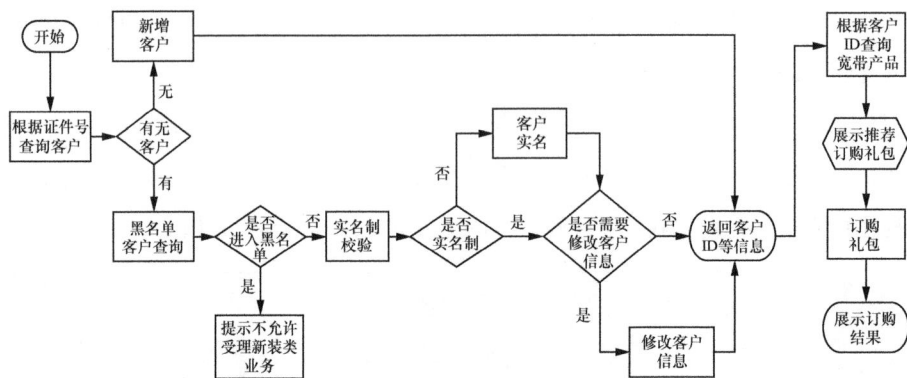

图 5-37　定位客户及已有宽带订购智慧家庭场景流程图

定位客户：在界面输入地市、身份证号码、姓名、地址和联系电话等信息，点击查询按钮，进行客户定位。

客户查询结果展示：点击查询按钮后，这里可以展示客户信息查询结果、黑名单校验结果、实名制校验结果、修改客户信息结果、客户实名动作结果等。

宽带查询结果展示：查询客户信息后，会有一个自动的事件调用查询宽带接入号接口，将宽带查询结果展示出来。

礼包选择：在宽带查询结果展示页，点击订购智家礼包，就会跳转到礼包选择页面，由客户进行订购。这里会自动带出客户信息及装机信息，其中装机地址默认选用客户证件地址，如有不同，可以按实际装机地址进行修改。

礼包详情：点击礼包详情，可以查看与该礼包相关的信息。

订购结果：订单提交后，业务中台会返回购物车流水以及订单 ID，另外还可以对此次业务办理进行评分和评价。

案例 2：礼包订购场景业务编排

业务场景说明：通过在触点中嵌入礼包选择页面，由客户经理协助客户进行礼包选择并进入填单页面，然后进行实名认证、号码选择、UIM 扫码录入、促销活动、终端扫码录入等，继而提供线上电子回执签名，完成扫码支付等步骤。

礼包订购业务受理流程属于 5G 数字化营销场景实时营销能力的流程重塑，支持天翼看家、全屋 WiFi、天翼云眼、智能音柱等礼包产品业务办理，支持线上订购、线下促销、代客下单等销售模式，形成了面对面交付、远程交付、批量快捷交付的三位一体全方位线上能力支持，助力各类营销活动。

下篇小结

数据智能驱动的企业数字化转型，推动了企业在商业模式、产品和服务、客户体验及运营流程上的全新变革，全面提升了企业的核心竞争力。这种变革促进企业实现高质量发展，也对云化基础设施底层架构提出了很高的要求，主要体现在以下几个方面。

● 支撑战略：需要与数据智能驱动的企业数字化转型战略相适配，落实"上云用数赋智"，推动践行"用数据说话、用数据管理、用数据决策、用数据创新"的经营管理理念。

● 敏捷灵活：市场竞争日趋激烈，需要组织与流程随时优化调整，需要应用快速构建与持续优化，对信息基础设施的敏捷灵活和快速支撑能力提出很高的要求，信息基础设施可以按照市场的需求对组织、流程、系统能力进行敏捷灵活的组装与编排。

● 生态开放：生态开放通常是企业最重要的发展举措，企业在生产运营中需要有效聚合合作伙伴的产品或销售能力，开放自身的各种数据及 IT 能力，融入社会化大生产或供应链的上下游。生态开放的目标是实现企业与合作伙伴的双赢、共同成长。

● 内在协同：大中型企业往往业务系统复杂、繁多，甚至分布在不同的地域，单靠某个 IT 部门已经难以支撑全链条的数字化应用。信息基础设施在架构上应确保各部门有机协同、合理布局、各司其职、紧密协作，如有的部门专门管数据开发，有的管业务开发，有的管能力开放，有的管底层共享平台开发……各个部门联合成一个有机的整体，共同推动数字化转型行稳致远。

● 自主掌控：大企业往往机构庞大，专业部门及分支机构众多，信息系统多而复杂，业务重构对企业的信息基础设施的统一管理、云化共享、自主掌控提出了很高要求。

● 稳定长远：尽管企业的数字化转型可以稳步、循序渐进地进行，但企业信息基础设施的框架底座需要提前布局与规划。技术框架的动荡或者经常变化将给数字化转型带来负面影响。

下篇在技术框架层面，提出了企业数字化转型在技术层面需要遵循的一些重要原则。认真理解这些原则，有助于搞清楚为什么采用这种技术框架而不是其他的框架。上篇提出通过"五层能力框架"与"四步法"来推动业务重构的设想，下篇提出的技术框架承接业务重构的方法，从技术层面给出了技术重构的思路。

● 从云化基础设施的关键组件自主掌控角度出发，推动企业内部统一云化分布式技术底座、统一 PaaS 组件、统一北向接口等，进而推进业务中台建设微服务化，能力服务化、服务平台化、平台生态化，将使云维护（当然是大中型企业的私有云）大大受益，也使得业务系统能够实现敏捷开发、敏捷运营，企业可以快速响应业务变化和市场需求并从中大大受益，也为进一步沉淀数字化能力、丰富数据资产、开放数字生态打下坚实基础。

● 下篇探讨了构建数据中台、建立数据工厂的问题。数据中台的建立至关重要，对于明确数据中台与业务中台的分工界面，推动数据中台统一接口并向业务中台注智，尤其是向多个业务系统（如 CRM 系统、ERP 系统等）注智，提升复用数据资源能力等至关重要。数据工厂的建立也至关重要，它使得数据智能的开发形成开发者生态圈。因为业务注智需求场景的多样性，光靠有限的 IT 人员是不够的，需要建立低技术门槛的数据开发能力供广大更为熟悉业务场景的数据使用者使用，从而形成应用百花齐放的局面。

● 下篇探讨了建立统一数字化能力开放体系的问题。大企业往往 IT 系统众多，系统间接口关系复杂，构建统一的能力开放体系能有效规范各层级应用系统间、数据中台与业务中台间、业务中台中各个应用系统间的连接，从而避免接口多且复杂而导致的无法管理的问题；通过能力开放体系的构建，集团各层级分公司的应用系统可以实现能力广泛共建共享，避免重复开发、浪费资源；此外，通过能力开放体系的构建，企业能沉淀数据资产，形成数据能力开放生态，为全社会提供数据服务，该体系在转变企业发展模式等方面发挥积极作用。

● 基于技术框架，下篇从内在逻辑上描述了来自中台的业务与数据能力经过编排实现数据智能注智企业全业务的多样性、规模性问题，读者应该明白这种分层架构支撑数据智能驱动数字化转型的科学性与长远性。

● 建立贯通业务重构到技术重构的内在联系，从业务场景设计出发到业务中台及数据中台的能力开发、开放、编排、场景封装再到快速、敏捷地实现业务场景，下篇深层次展现了数据智能与企业流程的深度融合带来的全新颠覆式变化。

中国电信基于业务重构，从解决实际问题出发，按照"四步法"和"五层能力框架"，对企业的信息基础设施也进行了技术重构，实践效果良好，举例如下。

● 构建了完全自主掌控的云化基础设施，并建立了标准化的 PaaS 生态。目前，中国电信已经完成了 3000 多套 IT 系统的"上云"工作，并取得良好的效果。

● 按业务特征拆分大系统，构建了业务中台和数据中台。将原有 BSS、MSS、OSS 各专业域的系统拆分，构建了 5 个专业域十余个能力中心。能力中心按照"标准化、服务化、可复用"的原则将能力封装为 OpenAPI，并通过原子能力平台对外开放。中国电信通过新架构的应用，打破了传统封闭、垂直集成的 IOE 架构，突破纵向扩容的限制瓶颈，实现系统横向无限制扩展；订单提交时长、计费批价速度等多项指标均实现指数级的增长，从而大幅提升了客户感知。系统并发处理能力得以大幅提升，以 BSS 为例：订单提交时长为原来的 1/10，计费重算速度提升 20 倍；话单批价处理效率提升 10 倍；话单回收处理效率从 1000 万条 / 时提升为 2000 万条 / 时，出账关键步骤耗时减少为原来的 1/5 ～ 1/3。

● 构建统一的数据中台，统一汇聚融合中国电信各类数据，通过业务场景融合，数据中台与业务中台协同，最终将基于数据的智能闭环注入各生产运营环节，赋智生产运营。当前，集约化的大数据平台数据工厂面向内部赋能大众创新累计提供了 70 多个租户，有近 150 000 名数据开发者，活跃数据开发者日峰值超过 700 名；大数据平台对外提供了 600 多个数据 API，API 签约量超过 1000 名用户，日均调用量有 1219 万次。目前，集团大数据平台存储的各类数据总量近 200 PB，总存储量 600 PB，日均数据入湖量超过 1.2 PB。开发各类标签 1560 条，标签实例量近 7000 亿条（用户数 × 标签规格），业务成效显著。

● **构建企业级的能力开放平台 DCOOS。** 业务中台的业务能力与数据中台的数据能力，以及合作伙伴的生态能力统一在 DCOOS 一点注册、一点签约、一点运营、一点管理。截至 2023 年底，DCOOS 管理各专业能力近 15 万个，API 订阅总数超过 170 万次，日均调用量超过 15 亿次，为企业能力高质量开放与数字化转型奠定了重要的技术基础。

● **构建业务编排平台，实现了各类业务场景的灵活编排和封装。** 基于能力快速编排形成智能创新场景所需时间由月向天转变，复杂场景开发只需 3 人 / 天，简单场景只需 1 人 / 天，开发周期缩短近 70%，在各类营销支撑上响应迅速，当天提出的需求当天上线，及时率提升 98%；敏捷构建丰富的智能场景，快速满足千变万化的市场需求，目前全国级的智能场景超过 200 个，省级公司开发的智能场景超过 5000 个，这一数据正在不断增加，业务编排平台发挥的作用也越来越显著。

通过业务实践和技术实践可以看出，本书提出的业务重构和与之相匹配的信息基础设施技术重构，在中国电信的数字化转型工作中均得到了广泛的实践验证，并取得了良好的效果，业务与技术实践落地是切实可行且效果彰显的。本书提供的业务与技术方法论从实践中来，最后回到实践中，其中蕴含了中国电信集团、研究院、各省级公司、专业公司无数业务专家、技术专家的心血与智慧，希望能给转型中的业界同行以启迪与参考。

第 6 章　企业数字化转型实施之术

　　数字化转型的实施是一个系统工程。当前，尽管各行各业都在推进数字化转型，但从实际进展看，我们认为还处在认识规律的初级阶段。中国的数字化转型起步晚，与西方发达国家相比，无论是技术储备还是人才储备都存在差距，加上各个实施主体的运营环境、自身运营特点、信息化基础及人才条件各不相同，而数字化转型涉及的专业面广，知识需求跨度大，相关人员不光要明白方方面面的业务及运营流程，还需要懂得与之对应的业务系统、数据系统的 IT 架构与布局及相互的逻辑关系，因为任何业务的数字化转型最终必须落地到 IT 系统，可见，体系化、系统化推进数字化转型难度极大。从总体看，大家还处在摸索之中，转型实践思路的差异大，缺乏可借鉴的共性思路，尤其缺乏对能指导数字化转型长远发展的体系框架的认知与思考。因此，把握转型规律以指导具体实践已经成为当务之急。我们正是基于同样的观点，从初次接触数字化转型的一脸懵懂、无从下手，到随着实践的不断深入，认识逐步深刻，努力思考一些体系框架及内在联系以科学指导企业转型实践，进而到试图总结、提炼、把握各行各业推动数字化转型的内在发展规律，试图努力为转型实施的关键决策者提供"通用逻辑"和"基本公式"，赋能各行各业的数字化转型的实施。

　　一切真知的获得都来源于直接经验。任何人要想获得对事物本质和规律的全面认识，就要到那个事物所生存的环境中去体验、去实践。实践，是我们提高认识的动力。对企业数字化转型的实践与认识也是这样，我们经历了中国电信集团及各省级公司众多大型 IT 系统的管理、开发、运营实践，涉足的专业范围涵盖了中国电信的 MSS、BSS、OSS、OA 系统，在数字化转型的时代，又全面推动了数字技术与中国电信传统业务系统的深度融合，并取得了积极的成效。我们在众多业务系统重构实践中经历了喜悦，经历了痛苦，经历了无奈，从实践中深刻地认识到，深入推进企业的"上云用数赋智"，其顶层规划设计非常重要，它能避免各个系统烟囱林立、野蛮生长而导致投资失控，避免各个系统流程不贯通导致客户感知变差、数字化转型业务效果不理想、后续可扩张性不足等问题。俗话说，"视野决定未来"，因此我们需要一种顶层框架，这个框架从体系上应该涵盖企业数字化转型以及能够让企业长远健康发展的关键特征，为企业数字化转型提供根本的原则。从业务上看，涵盖如智能数据驱动业务运营的特征、能力开放与生态合作的特征、业务应用敏捷构建的特征，让数据智能有机嵌入重构企业关键业务运营流程是实施数字化转型的企业最重要的切入点；从技术框架上看，涵盖统一 IaaS 和 PaaS 的管理、运营维护的特征，业务中台能力中心化、服务化的特征，数据中台数据资产化、服务化，数据加工流水线的特征，能否构建统一的"平台 + 应用"是技术板块最重要的评价标准。

在此，我们总结本书中根据实践提炼总结的数据智能驱动企业数字化转型最重要的 **12 个基本观点及方法论**，以帮助读者进一步加深理解并系统掌握企业数字化转型实施之术。

（1）企业不仅仅要"上云"，更重要的是实现"用数"与"赋智"。"用数"与"赋智"对企业的业务运营逻辑与信息化内核提出了很高的要求，内生的"用数"与"赋智"唯有通过业务重构与技术重构才能有效实现。

（2）业务重构的目的在于落实企业数字化转型的战略，以提高企业运营效率、效益，提升市场与客户服务等方面的能力为目标，合理利用数据中台的数据，推动数智化场景的创新，重构企业各个方面的业务运营流程，即 BPR+AI（叠加人工智能的流程重组），让数据真正成为流淌在企业中的血液。

（3）技术重构的目的在于灵活、高效承接各个业务领域的数智化场景，创新企业级云化基础设施、业务中台、数据中台、数字化能力开放平台等的协同布局与建设，构建与数字化转型相适配的、长远的、稳定的技术框架，从而持续推动企业数字化转型高质量发展。

（4）数据智能驱动企业数字化转型、推动业务变革的效果体现在重构了商业模式、重构了产品和服务、重构了客户体验、重构了运营流程。

（5）企业数字化转型是一项系统工程，需要加强顶层设计，厘清框架，在框架设计中需要把握创新思维、系统观念、数据驱动、开放生态的基本原则。

（6）适应企业数字化转型的能力框架总体上需要涵盖应用层、业务编排层、能力开放层、能力建设层、云化基础设施层。数据智能驱动的企业数字化转型的能力框架是自上而下的，以融入大数据与AI元素的创新应用及创新场景为出发点，以融合业务能力与大数据能力进行流程与能力联合编排为手段，以能力汇聚及开放平台为纽带，以业务系统及数据平台重构改造为核心，以统一云化基础设施为载体，对企业进行全方位的、体系化的、从业务到支撑系统的全面重构，从而确保"上云用数赋智"全面落地，确保数字化转型取得理想效果。

（7）"四步法"为企业数字化转型提供了数据与传统业务深度融合的规划方法，是推动企业运营系统从数字化迈向智能化的关键路径，主要包括以下4个部分。

核心生产要素数智化：企业中的关键资产需要全面数字化、智能化，它是企业数字化、流程化、智能化运营的基本要素，推动了物理资产到数字世界的映射，也拓展了要素本身的智能化外延。

业务场景数智化：AI注智的业务场景设计是企业实现高质量发展的关键，可以将大数据、AI技术与企业传统的生产、运营、管理深度融合，重构企业各个方面的智能化场景。场景输出了流程优化的方向，输出了业务系统重构的要求，也输出了数据建模的要求。智能化的场景是业务系统重构是否达成战略目标的重要验收依据。

生产流程数智化：根据创新的智能化场景，结合相关生产要素及相应的数据智能，重构或新建企业运营流程，将数据智能有机嵌入运营流程中，即BPR+AI，数据驱动企业运营的时刻真正到来。

数智循环迭代化：从数据采集、数据建模、模型迭代、数据智能全面有机融入企业流程角度出发，建立数据循环迭代及相应的组织、流程机制，驱动企业数字化转型长久发展。数据已经成为流淌在企业中的血液，为各级组织输送养分。

（8）业务系统的变革从场景优化与流程重构入手，将对企业原有的运营机制产生巨大的影响。实践表明，新系统投产后，如果不配合新的运营流程并调整岗位和组织甚至绩效管理方式，对企业的冲击将是致命的，转型必将失败。

（9）建立与企业数字化转型相适配的技术框架非常重要，它是长远、稳定、规模、可持续推动数据智能驱动企业数字化转型的重要基础。企业数字化转型改革创新的步伐是一步步走出来的，众多业务系统重构的步伐也是循序渐进的，没有统一的框架指导，众多系统各自为政，各自优化开发，将无法保证数字化转型的整体效果。因此，保持整体技术框架的战略稳定非常重要，否则，必然导致一盘散沙，还不如不搞数字化转型。

（10）对大中型企业来讲，建立与数字化转型相适配的技术框架，主要遵循 4个方面的原则。一是把握好云化基础设施的统一性、标准化、自主掌控问题。这是众多业务系统"上云"，云组件统一的、标准化的管理、维护、优化、故障诊断的期望。二是把握好业务中台建设过程中的能力中心化、服务化问题。能力中心化、服务化为企业业务及流程编排、应用敏捷开发、能力资产变现、生态开放打下坚实基础。三是把握好数据中台建设中的数据加工体系构建问题。抛开数据管理体系不讲，傻瓜式的数据加工体系是应对企业在各个专业维度规模、海量建模，体系化推动数据智能赋能业务运营的关键。四是把握好数字化能力开放体系建设在企业数字化转型中的重要位置。它是众多业务系统与数据中台能力统一管理，应用敏捷开发、敏捷运营的需要，更是未来企业能力与数据生态开放，资产变现，参与数据要素经济社会大循环，赋能数字经济的需要。

基于上述四方面的原则，可以构建出适合企业自身特点、与数字化转型相适配的技术框架。

为企业的业务系统与数据系统建立统一、标准化的 IaaS 平台和 PaaS 平台，基于平台建立内部各种系统的开发者生态并逐步迭代完善，实现基础平台的自主掌控。

业务中台可以由一个或多个集中或分布式的系统构成，不必过度追求物理地点的集中化，大中型企业大型系统构建要因地制宜，"有集有约"是重要特点，流程贯通是关键，业务中台中各个系统能力应该是独立且不能重复，可为外部应用重复利用的一组或多组能力集合，这些能力应统一注册到能力开放平台中供应用层编排调用。

打造数据中台及统一的数据应用开发生态对数据智能可持续、规模化赋能企业运营非常关键。数据工厂应该支持傻瓜式、流程化、租户化、统一的数据订阅、建模、训练、服务封装。数据中台与业务中台的有机分工、解耦使得在系统架构与组织形态上实现数据智能规模产生、规模赋能企业数字化转型成为可能。

打造企业级数字化能力开放体系，汇总来自业务中台、数据中台甚至外部合作伙伴的各种能力，推动平台即服务、平台即生态，推动应用系统的敏捷开发，推动各种能力资产、数据资产的对外交易、开放变现。

丰富的数据智能注智场景由流程与能力编排引擎调用来自能力开放平台的各种能力最终实现，这些能力来自数据中台、业务中台及外部合作伙伴，这种分层解耦的架构确保了丰富的企业数字化转型场景的高效迭代、快速落地。

（11）以终为始，方得始终。在业务板块，我们从构思数据注智企业各个方面的运营场景开始，通过BPR+AI重构企业运营流程，解构业务需求与数据需求，作为输出到业务中台、数据中台的开发依据；在技术板块，基于全企业统一的IaaS/PaaS平台，按照业务需求与数据需求开发相应的数据中台与业务中台能力，并全部注册到能力开放平台。最后，由业务编排层的流程与能力编排引擎调用能力并封装界面，最终完成了原先构思的业务场景的复现。至此，形成了从业务需求到技术实现的驱动逻辑，实现了所有智能化场景的有效落地。

（12）大型系统重构通常会涉及业务规范和技术规范，业务规范明确需要重构的业务场景与流程，技术规范设计支撑业务发展的技术体系。本书提出的适合数据智能驱动企业数字化转型的顶层能力框架、"四步法"与技术框架组成了一个逻辑严密的、具有内在联系的理论体系，确保了上述两个规范的有效落地，确保了企业数字化转型从构思到技术实现的闭环。